누적 판매량 63만 부 돌파
상식 베스트셀러 1위 985회 달성*

수많은 취준생이 선택한
에듀윌 상식 교재 막강 라인업!

[월간] 취업에 강한 에듀윌 시사상식

多통하는 일반상식 통합대비서

상식 통합대비 문제풀이집

공기업기출 일반상식

기출 금융경제 상식

언론사기출 최신 일반상식

86개월 베스트셀러 1위!*
Why 월간 에듀윌 시사상식

우수콘텐츠잡지
2021

업계 유일!
2년 연속 우수콘텐츠잡지 선정!*

Cover Story, 분야별 최신상식, 취업상식 실전TEST, 논술·찬반 등 취업에 필요한 모든 상식 콘텐츠 수록!

업계 최다!
월간 이슈&상식 부문 86개월 베스트셀러 1위!

수많은 취준생의 선택을 받은 취업상식 월간지 압도적 베스트셀러 1위!

업계 10년 이상의 역사!
『에듀윌 시사상식』 창간 10주년 돌파!

2011년 창간 이후 10년 넘게 발행되며 오랜 시간 취준생의 상식을 책임진 검증된 취업상식 월간지!

하루아침에 완성되지 않는 상식, 에듀윌 시사상식 정기구독이 답!

정기구독 신청 시 10% 할인

매월 자동 결제
정가 ~~10,000원~~ 9,000원

6개월 한 번에 결제
정가 ~~60,000원~~ 54,000원

12개월 한 번에 결제
정가 ~~120,000원~~ 108,000원

· 정기구독 시 매달 배송비가 무료입니다.
· 구독 중 정가가 올라도 추가 부담 없이 이용하실 수 있습니다.
· '매월 자동 결제'는 매달 20일 카카오페이로 자동 결제되며, 6개월/12개월/무기한 기간 설정이 가능합니다.

정기구독 신청 방법

인터넷
에듀윌 도서몰(book.eduwill.net) 접속 ▶
시사상식 정기구독 신청 ▶
매월 자동 결제 or 6개월/12개월 한 번에 결제

전 화
02-397-0178
(평일 09:30~18:00 / 토·일·공휴일 휴무)

입금계좌
국민은행 873201-04-208883 (예금주 : 에듀윌)

정기구독 신청·혜택
바로가기

정기구독을 신청하시는 분들께 #2022 다이어리를 선물로 드립니다!

대상자 매월/6개월/12개월 정기구독 신청자

※ 다이어리 증정은 2022년 3월 31일까지 적용되며 사은품 소진 시 조기 종료될 수 있습니다.
※ 정기구독 혜택은 진행 프로모션에 따라 증정 상품 변동이 가능합니다.

eduwill

에듀윌 시사상식과
#소통해요

#소통하는 방법

방법 1

QR코드 스캔 접속

방법 2

http://eduwill.kr/62dF

인터넷 주소 입력으로 접속

더 읽고 싶은 콘텐츠가 있으신가요?
더 풀고 싶은 문제가 있으신가요?
의견을 주시면 콘텐츠로 만들어 드립니다!

☑ 에듀윌 시사상식은 독자 여러분의 의견을 적극 반영하고자
   합니다.
☑ 읽고 싶은 인터뷰, 칼럼 주제, 풀고 싶은 상식 문제 등 어떤
   의견이든 남겨 주세요.
☑ 보내 주신 의견을 바탕으로 특집 콘텐츠 등이 기획될 예정
   입니다.

설문조사 참여 시
#스타벅스 아메리카노를 드립니다!

추첨 방법 매월 가장 적극적으로 의견을 주신 1분을 추첨하여 개별 연락
경품 스타벅스 아메리카노 Tall

취업에 강한

에듀윌
시사상식

FEB. 2022

02

CONTENTS

2022. 02. 통권 제128호

발행일 | 2022년 1월 25일(매월 발행)
편저 | 에듀윌 상식연구소
내용문의 | 02) 2650-3912
구독문의 | 02) 397-0178
팩스 | 02) 855-0008
ISBN | 979-11-360-1462-7
ISSN | 2713-4121

※ 「학습자료」 및 「정오표」도 에듀윌 도서몰
   (book.eduwill.net) 도서자료실에서 함께
   확인하실 수 있습니다.
※ 이 책의 무단 인용·전재·복제를 금합니다.

PART 02

분야별 최신상식

Cover Story

이 달 의 가 장 중 요 한 이 슈

1.

반드시 알아야 할
2022년에 달라지는 것들

첫만남이용권 지급·
탄소중립실천포인트제 등

기획재정부는 2021년 세밑(한 해의 마지막 때, 즉 12월 31일)에
2022년 임인년(壬寅年) 새해부터 달라지는 제도와 법규사항 등을
알기 쉽게 정리한 '2022년부터 이렇게 달라집니다' 책자를 발간했다.
매년 달라지는 제도는 상식 시험에 자주 출제될 뿐만 아니라
일상생활에 유익한 정보를 줄 수 있다. 정부에 따르면
2022년부터 청년이 장기펀드나 청년희망적금에 가입할 경우
세제 혜택을 준다. 2022년부터 출생한 아동에게는 첫만남이용권으로
200만원을 지급한다. 최저임금은 9160원으로 인상돼 적용된다.
국민들의 실생활 속 탄소 감축을 확대하기 위한
탄소중립실천포인트제가 도입된다. 차세대 전자여권이 전면 발급돼
일반 여권 표지 색상이 남색으로 바뀐다. 유명인의 초상과 성명의
재산적 가치는 법으로 보호받을 수 있게 됐다.

세제·금융 : 국가전략기술 세제 지원· 근로장려금 확대

반도체·배터리·백신 등 3대 국가전략기술의 연구개발·시설투자에 대한 세제 지원이 강화된다. 기존에 일반·신성장 원천기술의 2단계 구조에서 국가전략기술 단계를 추가로 신설하고 세액공제율도 우대해 적용한다. 우대 폭은 연구개발 비용의 경우 신성장 원천기술 대비 10%p 높은 30~50%, 시설투자의 경우 신성장 원천기술 대비 3~4%p 높은 6~16%의 세액공제율이 적용된다.

근로장려금 소득 상한 금액이 인상된다. 저소득 가구에 대한 지원을 확대하기 위해 근로장려금 소득 기준(연간 총소득 기준 금액)이 가구별로 200만원 인상된다. 단독 가구의 경우 지원 기준이 연 소득 2000만원에서 2200만원으로, 홑벌이 가구는 3000만원에서 3200만원으로, 맞벌이 가구는 3600만원에서 3800만원으로 인상된다.

청년층의 자산 형성을 지원하기 위해 청년형 장기펀드 소득공제가 마련된다. **청년이 장기펀드에 가입 시 연 600만원 한도로 납입금액의 40%를 종합소득금액에서 소득공제**해준다. 또한 **▪청년희망적금**에 가입할 경우 적금(연 납입 한도 600만원) 이자소득에 대해 비과세 혜택이 주어진다.

취업 취약계층 등 민간 일자리 창출 지원을 위해 고용증대세액공제 적용기한은 2024년까지 연장된다. 2021년과 2022년에 수도권 외 기업에서 청년과 장애인, 60세 이상 등의 상시 근로자가 증가하는 경우 공제 금액이 100만원 상향된다.

'착한 임대인' 세제 지원 대상이 확대된다. 코로나19로 경영 여건이 어려운 소상공인을 지원하기 위해 상가임대료를 인하한 임대사업자의 임대료 인하액에 대한 세액공제 적용 대상이 확대되고 적용 기한도 2022년 12월 31일로 연장된다.

중견기업에 대한 가업상속 지원을 위해 공제 요건이 종전 매출액 3000억원 미만 기업에서 4000억원 미만 기업으로 확대된다. 상속세 연부연납 기간은 기존 5년에서 10년으로 연장됐다. 모두 1월 1일 이후 상속이 개시되는 분부터 적용된다.

▪ 청년희망적금 (靑年希望積金)

청년희망적금이란 아르바이트, 인턴, 2년 미만 단기 계약직 등 단기 일자리 종사 청년의 소액 자산 마련을 돕기 위해 시중금리 외에 저축장려금을 얹어 주는 금융 상품이다. 총급여액 3600만원 이하 종합소득금액 2600만원 이하인 만 19~34세 청년(병역 이행 최대 6년 추가 인정)을 대상으로 시중 이자에 더해 1년 차 납입액에 대해서 2%, 2년 차 납입에 대해 4%로 최대 36만원의 장려금을 지원하며 이자소득에 대해 비과세를 적용한다. 가입 직전 3개 연도 중 1회 이상 금융소득 종합과세 대상자는 제외된다.

보건·복지·교육 : 영아기 첫만남이용권 지급·최저임금 9160원

아동 양육 부담을 경감하기 위해 영아기 첫만남이용권과 영아수당이 지급된다. **2022년 1월 1일부터 출생한 아동에게 정부는 첫만남이용권**(바우처)**이란 이름으로 200만원을 지급**한다. 첫만남이용권은 유흥이나 사행(射倖 : 요행을 노림)·레저 업종 등을 제외한 전 업종에서 사용 가능하며 4월 1일부터 지급된다.

2022년 1월 1일 이후 출생한 만 0~1세 아동에

게는 매월 30만원씩 영아수당이 지급된다. 영아수당은 부모가 직접 양육하거나 가족·이웃 등이 양육 시 현금으로 지원하고 어린이집 이용 시에는 바우처로 지급한다. 아동수당 지급 연령도 만 7세에서 8세로 확대된다.

7월부터 **근로자가 질병·부상으로 일하기 어려운 경우 생계 걱정 없이 쉴 수 있도록 노동자의 소득을 보전해주는 상병수당**(傷病手當) 지급 시범사업을 추진한다. 전국 6개 지역에서 공모해 시범적으로 실시하며 해당 지역의 취업자는 질병·부상으로 인해 일을 하지 못하는 경우 그 기간 동안 하루에 4만1860원씩 상병수당을 받을 수 있다.

최저임금은 시간급으로 전년 대비 440원 오른 9160원으로 인상됐다. 일급으로 환산하면 8시간 기준 7만3280원, 주 40시간 기준 월 191만4440원이다. 5인 이상 30인 미만의 민간기업도 명절, 국경일 등 관공서의 공휴일과 대체공휴일을 유급휴일로 보장해야 한다.

플랫폼을 기반으로 하는 종사자도 고용보험을 적용함으로써 고용안전망이 확대됐다. **▪특수형태근로종사자** 고용 보험 적용 직종이 기존 12개 직종에서 **플랫폼 기반 노동자**(앱이나 SNS 등 디지털 플랫폼을 매개로 노동이 거래되는 근로 형태에 종사하는 노동자)인 퀵서비스기사·대리운전기사까지 확대됐다.

교육급여 보장 수준이 강화된다. 저소득층(기준 중위 소득 50% 이하) 가구 초·중·고등학생에게 주어지는 교육급여가 전년 대비 평균 21.1% 확대된다.

교육·사범 대학생이 초·중등 학생의 학습 보충이나 상담 등을 지원하는 대학생 튜터링 사업이 전국에서 3월부터 1년간 시행된다. 오후 5시까지 운영되던 초등돌봄교실 오후 돌봄 시간은 학부모 수요와 시도별 여건에 따라 오후 7시까지 확대 추진된다.

> **▪특수형태근로종사자 (特殊形態勤勞從事者)**
> 특수형태근로종사자(일명 특고)란 계약의 형식에 관계없이 근로자와 유사하게 노무를 제공함에도 근로기준법 등이 적용되지 않아 업무상 재해로부터 보호할 필요가 있는 자이다. 사업 운영에 필요한 노무를 상시적으로 제공하고 보수를 받아 생활하며 노무를 제공함에 있어서 타인을 사용하지 않는다는 특징을 지닌다.
> 특수형태근로종사자에 해당하는 기존 12개 직종은 ▲보험설계사 ▲학습지 방문강사 ▲교육교구 방문강사 ▲택배기사 ▲대출모집인 ▲신용카드회원 모집인 ▲방문판매원 ▲대여제품 방문점검원 ▲가전제품 배송설치기사 ▲방과후학교 강사(초·중등학교) ▲건설기계조종사 ▲화물차주이며 2022년부터 여기에 플랫폼 기반 노동자인 ▲퀵서비스기사와 ▲대리운전기사가 포함됐다.

산업·에너지·환경 : 친환경차 구매목표제·탄소중립실천포인트제

렌터카, 대기업, 버스·택시·화물 등 민간 차량 수요자가 신차를 구입 또는 임차 시 일정 비율 이상을 친환경차로 의무 구매하도록 하는 '친환경차 구매목표제'가 도입된다. 또한 신축시설에만 부과되던 전기차 충전기 설치 의무를 기존 신축에서 구축 시설까지 확대 개편한다.

국민들의 실생활 속 탄소 감축을 확대하기 위한 **탄소중립실천포인트제**가 시행된다. 환경부와 '종이 없는 점포' 협약을 맺은 유통업체와 연계해 전자영수증이나 다회용기를 사용하는 소비자에게 현금으로 바꿀 수 있는 포인트를 제공한다. 예를 들어 대형마트 등에서 세제, 샴푸 등을 매장에서 리필해서 쓰는 '리필 스테이션'을 이용하면 영수증에 표기된 횟수에 따라 포인트를 쌓는 식이다.

4월 20일부터는 **■재제조 대상 품목 고시 제도**가 **폐지되고 재제조된 제품임을 알리는 표시제가 도입**된다. 그동안 정부가 고시로 정한 품목만 재제조로 인정됐지만 앞으로는 다른 법률에서 금지하지 않는 한 원칙적으로 모든 품목이 재제조가 가능해진다.

송·변전 설비 주변 지역의 보상 및 지원에 관한 법률이 지난해 개정됨에 따라 송·변전 설비 주변 지역 자원의 기존 2분의 1로 제한된 주민지원사업의 비중을 높일 수 있도록 제도가 개선된다. **마을 주민 주도하에 마을 내 다양한 부지에 태양광을 설치하고 이익을 공유하는 '햇빛두레 발전소'** 시범 사업도 시범 실시된다.

■ **재제조 (再製造, remanufacturing)**
재제조는 폐기 단계에 있는 사용 후 제품이나 부품을 회수하여 분해, 세척, 검사, 보수·조정, 재조립 등 일련의 과정을 거쳐 제품의 원래 기능 및 성능으로 회복시켜 재상품화하는 것이다. 재제조는 적은 비용, 자원 또는 에너지로 몇 번이든 제품 그 자체로서 녹이거나 파괴하지 않고 순환시킬 수 있다는 점에서 물질 재활용과 차별화된다. 물질 재활용은 사용 후 제품이나 부품을 수거해 물리·화학적 가공을 통해 원재료로 생산에 다시 투입하는 것이다. 재제조는 사용 후 제품이나 부품을 특별한 생산 공정 없이 단순한 세척이나 수리를 통해 다시 사용하는 재활용과도 구분된다.

행정·안전·문화 : 차세대 전자여권·지진 속보 두 배로 빨라져

차세대 전자여권이 전면 발급된다. 차세대 전자여권은 보안성·내구성이 강화된 폴리카보네이트 타입으로 제작됐다. 일반 국민 대상 **여권 표지 색상은 기존 녹색에서 남색으로** 바뀌고 사증면수가 확대되며 주민등록번호 표기가 제외된다.

특별지방자치단체 제도가 시행된다. **특별지방자치단체는 2개 이상의 자치단체가 특정 목적을 위해 광역적으로 사무를 처리할 필요가 있는 경우에 공동으로 설치하는 특수한 형태의 지방자치단체**로서 광역과 광역, 광역과 기초, 기초와 기초자치단체 간 구성이 가능하다.

지진 속보가 두 배 이상 빨라진다. 기존에는 **지진 규모 5.0 이상인 경우 발동되는 지진조기경보**의 경우 최초 관측 후 통보 시간이 5~10초였고 **지진 규모 3.5 이상 4.5 미만에서 발동되는 지진속보**는 통보 시간이 20~40초가 걸렸다. 피해 가능성 있는 규모인 4.0 이상 4.5 미만 지진에 대한 지진속보가 지진조기경보와 같은 5~10초로 빠르게 발표된다. 4월부터 시행될 예정이다.

의무 복무 병사들의 복지 향상을 위해 병 봉급은 2021년 대비 대비 11.1% 인상됐다. **2022년 병장 봉급은 월 67만6100원**이다. 또한 병역 의무 이행자에 대해 전역 시 목돈 마련 지원을 위해 장병내일준비적금 납입 금액의 적립분에 대해 3분의 1을 정부가 추가 지원한다.

도로교통법에 법적 근거가 마련됨에 따라 자율주행자동차의 도로 통행이 가능해진다. 자율주행시스템을 갖춘 자동차의 운전자 준수사항을 신설하며 자율주행시스템을 사용하는 경우 운전 중 휴대전화 사용금지 등 운전자 주의 의무 일부가 완화된다.

주택가 골목길 등 중앙선 없는 보·차도 미분리 도로에서 4월 20일부터 보행자에 대해 통행 우선권이 부여된다. 기존에는 좁은 도로에서 보행자가 차를 조심하며 가장자리로 다녔지만 이제 모든 차 운전자는 보행자가 안전하게 통행토록 서행하거나 일시 정지해야 한다.

6월 8일부터는 **유명인의 초상과 성명 등이 지닌 재산적 가치를 법으로 보호**받을 수 있게 됐다. 그동안 유명인의 초상·성명은 인격권으로서 헌법과 민법에 따라 정신적 피해(위자료)만 보호받을 수 있었고 실제 피해로 발생한 재산적 피해에 대해 보호받지 못했다.

12월 1일부터는 **저작권 검찰연계조정제도**를 시범 시행한다. 검찰청이 저작권 형사사건 중 위원회의 전문적 조정이 필요한 사건을 선별해 한국저작권위원회에 조정 의뢰하면 한국저작권위원회에서 의뢰받은 사건에 대해 조정을 시행한다. 조정이 성립하면 재판상 화해와 같은 효력을 발휘한다.

지상파·종합편성채널 방송 산업 전반의 활력을 제고하기 위해 방송 프로그램 편성 규제가 완화된다. 드라마·예능 등 방송프로그램의 경쟁력 강화를 위해 **지상파, 종편 등 종합편성을 행하는 방송사업자가 오락프로그램을 편성할 수 있는 비율을 '매월 전체 방송시간의 50% 이하'에서 '매반기 60% 이하'로 확대**한다.

➕ 초상권과 퍼블리시티권

초상권(肖像權)이란 자기의 초상이 허가 없이 촬영되거나 또는 공표되지 않을 권리다. 초상권은 인격권으로, 인격을 남에게 넘겨줄 수 없는 것처럼 양도가 불가능하다. 만약 남의 초상을 본인의 허가 없이 촬영, 공표, 전시하거나 그림엽서 등에 사용하여 권익의 침해가 발생하면 침해받은 자는 손해배상을 요구할 수 있다. 그러나 그 목적이 상업용이 아니라 공공의 이익을 위한 것일 때는 예외에 속한다.

퍼블리시티권(publicity權)이란 유명인이 자신의 성명이나 초상을 상품 등의 선전에 이용하는 것을 허락하는 권리다. 퍼블리시티권은 재산권의 성격이 강하며, 그 권리를 양도하거나 사고팔 수 있는 것을 핵심으로 한다. 퍼블리시티권은 초상권과 유사하지만 인격권보다 재산권 가치에 더 초점을 두고 있다는 점에서 차이가 있다.

우리나라에서는 퍼블리시티권을 명시적으로 보호하는 법률이 없어 이를 침해당할 때 어떤 구제 수단으로 보호받을 수 있는지 논란이 계속됐는데 지난해 12월 대법원이 아이돌그룹 방탄소년단(BTS) 화보를 무단으로 제작 판매한 행위에 대해 부정 경쟁 행위라고 인정하면서 사실상 퍼블리시티권을 보호한 사례로 이해되고 있다.

2.

박근혜 전 대통령 특별사면

"국민 대화합 목적"…
한명숙 복권·이석기 가석방

문재인 대통령이 박근혜 전 대통령을 전격 특별사면·복권했다. 한명숙 전 국무총리도 복권 명단에 이름을 올렸다. 문 대통령은 박 전 대통령의 건강 상태와 임기 말 국민 통합 차원에서 사면을 결단한 것으로 알려졌다. 박 전 대통령 지지자와 '촛불 시민'들의 반응이 극명하게 엇갈리는 가운데 정치권에서는 박 전 대통령 사면이 미칠 이해득실 계산에 분주하다. 한편, 내란선동죄로 수감 중인 이석기 전 통합진보당 의원도 이번에 가석방됐다.

문 대통령, 박근혜 특별사면...
"국민 대화합·건강 상태 고려"

▲ 박근혜 전 대통령

문재인 대통령이 **박근혜 전 대통령을 전격 특별사면·복권**했다. 지난 12월 24일 정부는 신년을 앞두고 12월 31일자로 전직 대통령 등 3094명에 대한 특별사면을 단행한다고 밝혔다. 이번 사면 대상에는 지난 2017년 만기 출소한 뒤 정치와 거리를 뒀던 **한명숙 전 국무총리도 복권** 명단에 이름을 올렸다. 수감 중인 이명박 전 대통령은 사면 대상에 포함되지 않았다.

문 대통령은 박 전 대통령 특별사면에 대해 "생각의 차이나 찬반을 넘어 통합과 화합, 새 시대의 개막의 계기가 되길 바란다"며 "이젠 과거에 매몰돼 서로 다투기보다는 미래를 향해 담대하게 힘을 합쳐야 할 때"라고 말했다고 박경미 청와대 대변인이 전했다.

박 전 대통령은 2017년 3월 31일 국정농단(聖斷 : 이익이나 권력을 간교하게 독차지함) **사건으로 파면된 뒤 직권남용·강요·공직선거법 위반 등의 혐의로 징역 22년을 선고받고 수감**됐다. 박 전 대통령은 자신의 대통령 임기보다 긴 약 4년 8개월간의 수감 생활을 했다. 전직 대통령으로선 가장 오랜

옥살이였다. 박 전 대통령은 몸 상태가 매우 좋지 않아 지난 11월 22일부터 서울삼성병원에서 입원 치료를 받았다.

문 대통령은 후보 시절 뇌물·알선수재(斡旋收財 : 직무에 속하는 사항을 알선해 금품이나 이익을 수수·요구·약속하는 일)·알선수뢰·배임·횡령 등 중범죄자는 사면권을 제한하겠다고 공약한 바 있다. 지난 12월 20~21일 법무부 사면심사위원회에서도 박 전 대통령의 사면은 검토되지 않았다. 하지만 박 전 대통령의 건강 상태와 임기 말 국민 통합 차원에서 문 대통령이 사면을 결단한 것으로 알려졌다.

한 전 총리는 노무현 정부 당시 사상 첫 여성 국무총리를 역임하는 등 '친노(무현)계의 대모'로 불리는 인물이다. 9억원의 불법정치자금을 받은 혐의로 2015년 징역 2년과 추징금 8억8300만원을 선고받고 2017년 8월 만기 출소했으나 2027년까지 피선거권(被選擧權 : 선거에 입후보할 수 있는 권리)이 박탈됐었다. 이번 복권으로 한 전 총리는 다시 피선거권을 회복했고 정치 활동을 재개할 수 있게 됐다.

이번 특별사면에는 선거사범 315명에 대한 복권도 이뤄졌다. 다만 직전 선거 관련 범죄자에 대해서는 사면을 실시하지 않았고 제18대 대선, 제5·6회 전국동시지방선거, 제19·20대 총선 선거사범들만 대상에 넣었다. **차기 선거는 제20대 대선**(2022년 3월 9일), **22대 총선**(2024년 4월 10일), **8회 전국동시지방선거**(2022년 6월 1일)이다.

제주해군기지, 사드(THAAD·고고도미사일방어체계) 배치, 밀양 송전탑 공사, 세월호 등 사회적 갈

등 사건으로 범죄자가 된 65명에 대해서도 특별 사면 및 복권 조치가 내려졌다. **2019년 낙태죄에 대해 헌법 불합치 결정이 나온 취지를 고려해 낙 태죄로 처벌받은 1명도 복권됐다.**

이 밖에도 건설업 면허 관련 정지 처분 및 입찰 제한, 서민들의 사회활동에 필수적인 운전면허 취소·정지·벌점, 생계형 어업인의 어업면허 취 소·정지 등 행정제재 대상자 등 98만3051명에 대한 특별감면 조치도 단행됐다.

다만 사회적으로 지탄받고 재범 위험성도 큰 음 주운전의 경우 1회 위반자라도 감면 대상에서 제 외했고 교통 사망 사고, 뺑소니, 난폭·보복 운전, 약물 사용 운전, 차량 이용 범죄, 보호구역 내 법 규 위반 등 행위도 감면 대상에서 제외됐다.

➕ 특별사면·일반사면·복권

특별사면(特別赦免)이란 형의 언도를 받은 특정 범죄인 에 대해 국가원수가 국회의 동의 절차 없이 자신의 특 권으로 형의 전부나 일부를 소멸시키거나 형을 선고받 지 않은 사람의 공소권을 소멸시키는 제도다. 특별사면 은 형의 집행을 면제하는 것이 원칙이나, 특별한 사정이 있을 때는 이후 형의 선고의 효력을 상실시킬 수 있다. 일반사면(一般赦免)은 범죄의 종류를 지정하여 이에 해 당하는 모든 범죄인에 대해서 형의 선고의 효과를 전 부 소멸시키거나 선고를 받지 아니한 자에 대한 공소 권을 소멸시키는 것이다. 특별사면은 대통령의 고유 권 한이므로 국회 동의를 거치지 않지만, 일반사면은 국회 동의를 거쳐야 한다. 또한 특별사면이 이뤄지면 남은 형의 집행이 면제되지만, 일반사면처럼 형의 선고 자체 가 실효되지 않으며 사면의 효과도 소급되지 않는다. 복권(復權)은 형의 선고나 파산으로 인하여 상실 또는 정지된 일정한 자격을 회복시키는 것이다. 복권에는 형 법, 사면법, 파산법상의 복권이 있는데 일반적으로 국 가원수의 특권으로 행하는 사면법상 복권을 말한다.

시민들 극과 극 반응
"화환 1000개"–"촛불 배신"

▲ 박근혜 전 대통령이 특별사면으로 석방된 12월 31일 오전 삼성 서울병원 앞에 박 전 대통령의 쾌유를 기원하는 화환이 줄을 잇 고 있다.

박 전 대통령 사면을 하루 앞둔 12월 30일 그가 머물고 있는 서울 강남구 삼성서울병원 앞에는 지지자들이 보낸 화환 1000여 개가 늘어섰다. **친 박(근혜) 정당인 우리공화당**과 지지자 300여 명은 병원 앞 도로에서 대형 무대를 설치하고 집회를 열었다. 조원진 우리공화당 대표는 "박근혜 대통 령 ▪탄핵은 거짓이다. 좌파 사회주의자들에 의한 탄압이었다"라고 주장했다.

반면 12월 30일 서울 종로구 청계천 일대에서는 박 전 대통령 사면에 반대하는 1006개 진보 성향 시민사회단체가 '박근혜 사면 반대·문재인 정부 규탄 시민발언대'를 열었다. 5년 전 박 전 대통령 퇴진을 요구하는 촛불시위가 열린 이곳에서 참석 자들은 **"촛불시민에 의해 탄핵된 국정농단 주범 박 씨의 사면을 강행한 문 정부가 촛불을 배신했** 다"고 목소리를 높였다.

정치권에서는 대선을 70여 일 남긴 시점에서 나 온 박 전 대통령 석방이란 대형 변수가 미칠 이해 득실 계산에 분주하다. 박 전 대통령은 대변인 격인 유영하 변호사를 통해 "신병 치료에 전념할 것이고 병원에 있는 동안 정치인을 비롯해 누구도 만나지 않겠다"는 뜻을 전했다. 그러나 '선거의 여왕'으로 불렸던 박 전 대통령이 영남 보수권 표심에 여전히 적지 않은 영향력을 미치고 있는 만큼 **박 전 대통령의 메시지에 따라 대선판이 요동칠 수 있다.**

이재명 더불어민주당 대선 후보로서는 국민 통합 차원에서 이뤄진 박 전 대통령 사면이 중도·보수층으로 외연을 넓힐 수 있는 계기가 될 수 있다.

윤석열 국민의힘 대선 후보는 2016년 12월 '최순실 국정농단 사건'을 맡은 박영수 특검팀의 수사팀장으로서 박 전 대통령 구속에 앞장섰던 인물이었던 만큼 박 전 대통령을 지지하는 강성 보수 진영으로부터 역풍을 맞을 수 있다.

■ **탄핵 (彈劾)**

탄핵은 신분 보장이 돼 있는 공무원의 위법행위에 대해 국가기관의 심판으로 처벌하거나 파면하는 제도로서 탄핵소추와 탄핵심판의 절차로 이뤄진다. 대통령에 대한 탄핵소추는 국회 재적의원 과반수의 발의와 국회 재적의원 3분의 2 이상의 찬성이 있어야 한다. 일반 대상자 탄핵소추는 국회 재적의원 3분의 1 이상의 발의가 있어야 하며, 그 의결은 국회 재적의원 과반수가 찬성해야 한다. 탄핵심판은 헌법재판소가 행하며 탄핵의 결정을 할 때는 재판관 6인 이상의 찬성이 있어야 한다.

'내란선동' 이석기 전 의원 가석방 출소

내란선동죄로 8년 3개월간 수감 중인 이석기 전 통합진보당 의원은 이번 특별사면·복권 대상에 포함되지는 않았지만 만기출소 1년 5개월여를 앞두고 12월 24일 ■ **가석방**됐다.

▲ 이석기 전 통합진보당 의원

이 전 의원은 북한의 대남혁명론에 동조해 대한민국 체제를 전복하기 위한 혁명조직(RO, Revolutionary Organization)의 총책을 맡아 구체적인 실행 행위를 모의해 내란을 선동한 혐의로 2013년 9월 구속기소됐고 2015년 대법원에서 징역 9년과 자격정지 7년이 확정됐다.

이 전 의원은 또한 자신이 운영하는 선거 홍보 업체 자금 수억원을 횡령하고 2010~2011년 지방선거에서 물품 공급 가격을 부풀려 선거보전 비용을 부정하게 타낸 죄로 2019년 8개월의 실형이 추가로 확정돼 만기 출소 예정일이 2022년 9월에서 2023년 5월로 늦춰지기도 했다.

당시 대한민국을 떠들썩하게 한 통진당 내란음모 사건으로 통합진보당은 2014년 12월 헌법재판소의 위헌정당해산심판 결정에 따라 강제 해산됐다. 헌법 제8조 제4항은 **'정당의 목적이나 활동이 민주적 기본질서에 위배될 때는 정부가 헌법재판소에 정당 해산을 제소할 수 있으며, 정당은 헌법재판소 심판에 의해 해산될 수 있다'**고 명시한다.

■ **가석방 (假釋放)**

가석방은 수형자의 교정 성적이 양호하고 뉘우침의 빛이 뚜렷한 경우 형기 만료 전에 수형자를 조건부로 석방하는 제도다. 형법 제72조에 따르면 징역 또는 금고의 집행 중에 있는 자가 그 교정성적이 양호하여 뉘우침의 빛이 뚜렷한 경우, 무기에 있어서는 20년, 유기에 있어서는 형기의 3분의 1을 경과한 후 가석방심사위원회의 신청에 의해 법무부 장관이 행정처분으로 가석방을 할 수 있다. 법무부 예규에 따르면 형기의 60% 이상을 채운 수감자는 가석방 대상이 된다.

분야별
최신상식

정치|
행정

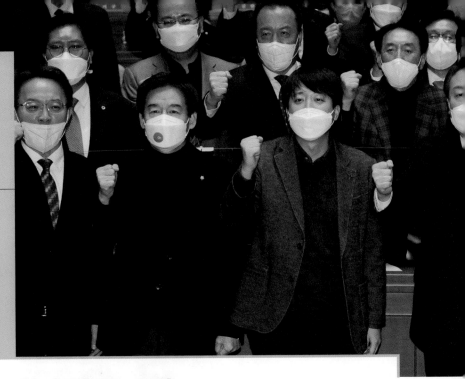

尹, '김종인 배제'
선대위 해체 후 재건

부동층 (浮動層)

부동층이란 투표를 할 때 자신이 지지하는 특정한 정당이 존재하지 않는 사람들을 말한다. 스윙보터(swing voter)라고도 불린다. 선거에 있어 특정 정당이나 정치인을 확고하게 지지하는 이들은 반대하는 정당 또는 정치인이 무슨 말을 하든 자신의 마음을 바꾸지 않기 때문에 부동층 유권자는 선거에서 최대 변수로 꼽힌다. 21대 대선에서 각 후보는 부동층으로 주목받는 2030세대를 타깃으로 정책을 쏟아내고 있다.

尹, 홀로서기 승부수

윤석열 국민의힘 대선 후보가 자신의 선거대책위원회의 수장이던 김종인 총괄선대위원장과의 결별을 선언하고 정치적 '홀로서기' 도전에 나섰다. 윤 후보는 이날 여의도 당사에서 기자회견을 열어 "지금까지 해온 것과 다른 모습으로 다시 시작하겠다"며 **선대위 해체 및 전면 쇄신을 선언**했다. 김 전 위원장이 빠진 선대위를 선거대책본부로 재편하고 선대본부장에 4선 권영세 의원을 임명하겠다고 밝혔다.

윤 후보는 '김종인과 결별'을 선언한 이유로 첫째 의사결정 구조 변경, 둘째 2030의 선대위 내 영향력 확대를 꼽았다. 전략가인 김 전 위원장이 선대위에서 막강한 영향력을 행사하고 있는 현재 구조보다 수평적인 조직으로 변화하겠다는 뜻이다. 윤 후보는 "기본적으로는 실무형으로, 그리고 2030세대가 더 주도적으로 참여할 수 있는 체제로 바꾼 것"이라고 설명했다.

"연기만 해달라" 발언, 갈등 촉발

논란의 시작은 김 전 위원장의 선대위 개편 발표였다. 윤 후보의 지지율 하락세가 심각하다는 판단에 김 전 위원장이 내린 결정이었다. 문제는 김 전

위원장의 발표가 당내에서 충분한 동의를 얻지 못한 채 전격적으로 이뤄졌다는 점이다. 김 전 위원장이 1월 3일 의원총회에서 "윤 후보에게 선대위가 요구한 것만 잘 연기해 달라"고 언급한 것이 도마 위에 오르기도 했다.

여기에 김 위원장이 백브리핑에서 "후보로서는 갑작스럽게 그런 얘기를 들어 심정적으로 괴롭겠지만 저녁이 지나면 정상적으로 가지 않겠나"라고 말한 것도 문제가 됐다. 선대위 개편 과정에서 윤 후보와 긴밀히 소통하지 않은 것을 인정한 데다 개혁의 전권을 본인이 쥐고 있다는 점을 자신하는 발언으로 비쳤다.

국민의힘은 '소통 부족에 따른 해프닝'이라며 일단락하려 했으나, 이번 사건을 계기로 윤 후보와 김 위원장 사이 불협화음이 그대로 노출됐다. 결국 **김 전 위원장은 1월 5일 오전 "뜻이 안 맞으면 헤어지는 것"이라며 자진 사퇴**하기로 하면서 끝났다.

윤석열·이준석, 의총서 극적 화해

한편, 윤 후보와 이준석 국민의힘 대표가 의원총회에서 그간의 갈등 관계를 일시에 전격 봉합하고 '원팀'으로 급선회했다. 이준석 대표가 12월 21일 선대위직을 사퇴한 지 16일 만이다. 국민의힘은 1월 6일 의원총회를 열어 이준석 당 대표에 대한 사퇴 촉구 결의안을 추진했으나 이 대표와 윤 후보의 막판 의총 참석을 계기로 철회했다.

이 대표는 의총에서 마무리 발언을 통해 "저는 우리 후보가 유일한 야권후보라는 생각"이라며 "대선 승리 방향에서 이견이 있을 수 있어도 진심을 의심하지 말아달라"며 "다른 생각이 있어서 저런 게 아니라면 대화와 소통이 된다. 의총에서도 대화할 수 있다. 저는 대선 승리를 위해 노력하겠다"고 했다.

➕ 이준석, 선대위 사퇴 배경

이준석 대표는 12월 21일 상임선대위원장직 사퇴를 선언한 바 있다. 이 대표의 사퇴는 당시 조수진 공보단장과 선대위 지휘체계를 놓고 충돌하며 갈등을 촉발한 것이 원인이다. 이 대표는 자신과 갈등을 빚은 선대위 공보단장인 조수진 의원을 겨냥, "선대위 구성원이 상임선대위원장의 지시를 따를 필요가 없다고 한다면 선대위 존재의 필요성을 부정하는 것"이라고 말하며 선대위직을 모두 사퇴하겠다고 밝혔다.

POINT 세 줄 요약

❶ 윤석열 국민의힘 대선 후보가 1월 5일 선거대책위원회를 공식 해산하고 홀로서기에 들어섰다.

❷ 김종인 전 총괄선대위원장은 윤 후보와의 갈등이 표면화되자 자진 사퇴에 나섰다.

❸ 윤석열 대선 후보와 이준석 대표가 의원총회에서 그간의 갈등 관계를 일시에 전격 봉합하고 '원팀'으로 급선회했다.

문 대통령 마지막 신년사...
대선 앞두고 '통합' 강조

▲ 문재인 대통령이 1월 3일 청와대에서 신년사를 하고 있다.

문재인 대통령이 1월 3일 임기 마지막 신년사를 통해 통합을 당부했다. 문 대통령은 이날 청와대 본관에서 발표한 '2022년 신년사'에서 "국가의 미래를 좌우하는 대통령 선거를 앞두고 있다"며 **"적대와 증오와 분열이 아니라 국민의 희망을 담는 통합의 선거가 됐으면 한다"**고 말했다.

문 대통령은 "국민의 삶과 국가의 미래를 놓고 치열하게 경쟁해 국민의 선택을 받는 민주주의 축제의 장이 되길 바란다"며 이렇게 밝혔다. 아울러 "정치의 주인은 국민이며 국민의 참여가 민주주의를 발전시키고 정치의 수준을 높이는 힘"이라면서 "국민께서 적극적으로 선거에 참여해주시고 좋은 정치를 이끌어달라"고 당부했다.

"위기 극복 정상화 원년"

문 대통령은 올해를 위기를 완전히 극복해 정상화하는 원년(元年 : 어떤 일이 시작된 해)으로 만들겠다고 밝혔다. 문 대통령은 "방역을 튼튼히 하며 일상회복으로 나아가는 것이 모든 회복의 출발점"이라고 말했다. 코로나19 재유행으로 사회적 거리두기가 재개된 것과 관련해 "소상공인들

에게 특별한 위로의 말씀을 드린다. 최대한 두텁고 신속하게 보상과 지원이 이뤄지도록 최선을 다할 것"이라고 말했다.

문 대통령은 부동산 문제에 대해서도 "마지막까지 주거 안정을 위해 전력을 기울이겠다. 최근 주택가격 하락세를 확고한 하향 안정세로 이어가며 실수요자를 위한 주택 공급에 속도를 내겠다"고 의지를 보였다.

문 대통령은 "탄핵 국면에서 인수위 없이 출범한 우리 정부는 무너진 헌정질서를 바로 세웠다"고 지난 국정운영을 평가하며 **"대한민국은 지난 70년간 세계에서 가장 성공한 나라**가 됐다. 2차 세계대전 이후 개도국에서 선진국으로 진입한 유일한 나라이며, K문화가 세계인의 마음을 사로잡고 K산업이 글로벌 시장을 주도하고 있다"고 자부했다.

국민의힘 "자화자찬" 혹평

황규환 국민의힘 중앙선대위 대변인은 "자화자찬, 딴 세상 인식이 마지막 신년사까지도 반복됐다"고 혹평했다. 황 대변인은 "법치 파괴로 삼권분립을 훼손시키고서는 민주주의 진전을 이야기하고 야당 의원과 언론인, 민간인에 대한 무더기 불법사찰을 자행하는 괴물 공수처(고위공직자범죄수사처)를 탄생시키고서 권력기관 개혁을 치켜세웠다"고 지적했다.

이어서 황 대변인은 "자영업자들은 집단휴업을 하느냐 마느냐를 결정하고, 천정부지로 솟구치는 물가에 서민은 아우성인데 대통령은 체감도 안 되는 국민소득 4만불을 이야기하며 자화자찬에 여념이 없었다"고 비판했다.

🔾 문 대통령 '콘크리트' 지지율 47%

엠브레인퍼블릭·케이스탯리서치·코리아리서치·한국리서치 등 4개 여론조사기관이 합동으로 조사해 2021년 12월 30일 발표한 12월 5주 조사에 따르면 문 대통령 국정운영 지지율은 47%로 전주보다 2%p 올랐다. 임기 말 지지율로는 상당히 높은 수준이다. 한국갤럽이 조사했던 5년차 기준 전직 대통령의 지지율은 김영삼 14%, 김대중 33%, 노무현 16%, 이명박 25%였다.

문 대통령의 이러한 공고한 지지율을 놓고 다양한 분석이 나온다. 먼저 과거에는 국정운영 성과나 각종 의혹 등에 따라 대통령 지지율이 변동했지만 정치적 분열에 따른 팬덤 현상으로 무조건 지지를 보내는 이른바 콘크리트 지지층이 있다. 또한 과거 정부와 달리 권력형 게이트라고 불릴만한 사건이 두드러지지 않은 점도 문재인 정부가 지지율을 유지하는 배경으로 볼 수 있다.

공수처 통신자료 조회 '사찰' 논란

▲ 김진욱 공수처장

고위공직자범죄수사처(공수처)가 윤석열 국민의힘 대선 후보와 부인 김건희 씨 등을 포함해 국민의힘 전체 의원의 90%에 가까운 88명의 ■**통신자료**를 여러 차례 조회한 것으로 나타나 파장이 커졌다. 주간조선 보도에 따르면 공수처는 국민의힘 경선 막바지였던 2021년 10월 중순 윤석열·홍준표·유승민·원희룡 후보들의 경선 캠프 실무

관계자들의 휴대전화 통신자료도 조회한 것으로 확인됐다.

김기현 국민의힘 원내대표와 임태희 총괄상황본부장은 12월 29일 국회에서 긴급 기자회견을 열고 "**민주 국가에서 도저히 벌어질 수 없는 일**이 일어나고 있다"며 "야당 뒷조사만 하는 공수처는 즉각 해체돼야 한다. 김진욱 공수처장은 구속돼야 마땅하고 당장 감옥에 보내야 한다"고 목소리를 높였다.

공수처의 통신자료 조회 사례는 계속 드러났다. 오세훈 서울시장도 1월 4일 공수처가 자신의 통신자료도 조회했다며 "사찰이라고 볼 수밖에 없다"고 밝혔다. 오 시장은 "공수처를 비롯한 문재인 정부 수사기관의 무분별한 통신자료 조회가 도를 넘고 있다"고 비판했다.

공수처는 **통신자료 조회가 합법적인 수사 방식**이라는 입장을 고수했다. 김 공수처장은 지난 12월 30일 국회 법제사법위원회에 출석해 "왜 우리만 가지고 사찰이라고 그러시나"라며 "법에 따라 통신자료를 받은 것"이라고 밝혔다. 더불어민주당도 "윤석열 검찰 때 더 많은 통신 조회가 있었다"고 엄호에 나섰다.

공수처의 해명대로 불법 수사는 아니지만 **영장 없는 통신자료 조회가 헌법상 개인정보자기결정권 등 국민 기본권을 침해한다는 지적**은 이전부터 있었다. 공권력 남용을 막기 위해 수사기관이 정보를 제공받은 사실을 이용자에게 서면으로 알리도록 하는 전기통신사업법 개정안 등이 국회에서 발의되기도 했지만 신속하고 은밀한 수사가 필요하다는 반대 논리에 부딪혀 폐기됐다.

■ **통신자료 (通信資料)**

통신자료는 이용자의 이름과 주민등록번호, 주소, 전화번호 등 기본적인 인적사항 정보와 아이디, 가입일과 해지일 등으로 수사 기관이 수사에 활용하는 통신 관련 자료 중 하나이다. 통신자료는 법원의 영장 발부 없이 공문 요청으로 전기통신사업자가 수사 기관에 제공하는데, 이러한 과정이 자의적이고 무분별하다는 지적이 많다.

수사 기관이 활용하는 통신 관련 자료에는 크게 통신자료와 통신사실 확인자료가 있는데 통신사실 확인자료는 당사자의 통화·문자 일시, 착·발신 전화번호, 발신기국 위치 등을 담고 있으며 핵심 사건 관계인 조사 시, 법원이 합당하다고 판단해 영장을 내줘야만 수사기관이 조회할 수 있다.

▌ **통신자료·통신사실 확인자료 비교**

	내용	절차	관련법
통신자료	• 이용자 이름 • 주민등록번호 • 주소 • 전화번호 • 아이디 • 가입 또는 해지절차	수사기관이 검사·4급 이상 공무원·총경 등이 결재한 제공요청서를 통신사업자에게 제시	전기통신사업법 제83조
통신사실 확인자료	• 통화일시 • 문자전송 일시 • 발·착신 통신번호 • 통화시간 • 발신기국 위치 등	검찰·경찰·국정원 등 수사기관이 법원의 허가를 받아서 통신사업자에 자료제공을 요청	통신비밀보호법 제13조

자칫 물가를 자극할 수 있다는 비판이 나온다. 정부의 쌀 시장격리 조치는 2017년 이후 이번이 처음이다.

더불어민주당과 정부는 12월 28일 당정 협의를 열고 2021년 초과 생산된 쌀 27만 톤 중 20만 톤을 조속한 시일 내 시장격리하기로 합의했다.

2021년 쌀 생산량이 예상 수요량을 26만8000톤 웃돌면서 산지 쌀값이 10월 5일 20kg당 5만6803원에서 12월 25일 20kg당 5만1254원으로 9.8% 하락한 바 있다. 이에 이 후보는 2021년 11월 24일부터 수차례 시장격리를 요구해왔다.

정부는 추후 시장 상황과 민간 재고 등을 고려해 잔여 물량 7만 톤의 격리 시점을 결정하기로 했다. 이는 **농민의 소득 보전과 물가 상승 억제 사이에서 균형점을 찾은 결과**라는 것이 정부 측 설명이다. 초과 생산 물량 27만 톤을 한꺼번에 매입하지 않고 20만 톤만 우선 매입하기로 결정한 것 역시 가격 인상 효과를 최소화하기 위한 방안이다.

하지만 정부가 하필 대선 직전 4년 만에 쌀 시장격리를 결정해 **포퓰리즘**이라는 비판을 피할 수는 없을 것으로 보인다. 기록적인 장마·태풍으

당정 "쌀 20만 톤 정부 매입" 결정

정부가 쌀값 보전을 위해 2021년 과잉 생산된 쌀 20만 톤을 매입(**■시장격리**)한다. 이재명 더불어민주당 대선 후보가 농민 표심을 의식하며 쌀 시장격리를 주장하자 당정이 화답한 결과다. 하지만 2021년 **쌀값이 이미 평년 대비 높았던 상황에서 정부가 5000억원 이상을 들여 쌀을 사들이면**

로 쌀 생산량이 급감했던 2020년을 제외하면 쌀 시장은 매년 약 30만 톤의 재고가 발생하는 구조적 공급과잉 상태다. 1인당 쌀 소비량은 2011년 71.2kg에서 2020년 57.7kg으로 9년 새 약 19% 감소해 역대 최저치를 기록했다.

2021년 12월 25일 산지 쌀값을 기준으로 단순 계산하면 이번 쌀 시장격리에는 약 5120억원의 비용이 든다. 정부가 격리한 물량을 시중에 풀었을 때 거둬들이는 수익이 해당 금액에 미치지 못하면 나머지는 고스란히 혈세로 메워야 한다. 쌀 재고 1만 톤을 관리하는 데 5억원이 든다는 점을 고려하면 이번 결정으로 100억원의 재고 관리 비용이 추가로 들게 된다.

농식품부는 시장격리 조치 외에도 쌀 과잉 생산이 반복되지 않도록 벼 재배 면적 조정 방안을 마련해 발표하기로 했다. 서세욱 국회예산정책처 사업평가심의관은 "정부는 쌀 소득 보전 직불제를 폐지하고 공익직불제를 도입하는 대신 농가의 소득 안정을 위한 장치로 시장격리를 확대하고 있다"며 "쌀을 매입하는 정책은 실효성이 담보되지 않은 상황에서 정책 효과도 없이 양곡 관리비만 증가시킬 우려가 있다"고 꼬집었다.

■ 시장격리 (市場隔離)
시장격리란 쌀 과잉 생산에 따른 가격 파동사태에 효과적으로 대응하기 위해 정부가 남는 쌀을 매입해 쌀값 하락을 막는 제도다. 정부는 2020년 양곡관리법 시행령 및 고시를 제·개정해 쌀 생산량이 수요량의 3% 이상 초과하고, 가격이 5% 이상 떨어지면 초과 생산량에 대해 정부가 매입할 수 있도록 하는 시장 격리제를 법제화했다.

■ 포퓰리즘 (populism)
포퓰리즘은 대중의 견해와 바람을 대변하고자 하는 정치 사상 및 활동이다. 어원은 인민이나 대중 또는 민중을 뜻하는 라틴어 '포풀루스(populus)'에서 유래하였으며, 대중주의(大衆主義) 또는 민중주의(民衆主義), 인민주의(人民主義)라고도 한다. 한편, 현대의 포퓰리즘은 특히 정치적인 목적으로 일반 대중, 저소득계층, 중소기업 등의 지지를 확보하기 위해 취하는 일련의 경제정책에서 흔히 볼 수 있다. 국내 수요를 창출하기 위한 적자예산 운용, 소득 재분배를 위한 명목임금 상승과 가격 및 환율통제 등이 그 예라고 할 수 있다.

이재명, 이낙연과 '신복지' 공약발표

▲ 이재명 대선 후보와 이낙연 중앙선거대책위원회 공동상임위원장 (인스타그램 캡처)

이재명 더불어민주당 대선 후보가 지난 12월 29일 국제협력개발기구(OECD) 30위권인 대한민국 삶의 질 순위를 임기 내 15위까지 끌어올리겠다는 내용의 신복지 공약을 발표했다.

이 후보는 이날 오후 서울 광진구 한국사회보장원에서 이낙연 전 대표와 함께 후보 직속 신복지위원회의 공약 1호 '국제적 수준 사회보장 실현 : 최저보장 확립과 적정보장 구축'을 공개하고, 차기 정부에서 추진할 신복지의 취지와 목표, 정책 개요를 밝혔다. 신복지위는 한국의 사회보장 수준을 국제적 수준으로 끌어올리기 위해 **■ 국제노**

동기구(ILO)에서 '사회보장의 최저기준에 관한 협약'을 비준하고, 사회보장제도를 내실화한다는 구상이다.

이에 **아동수당은 현행 만 7세에서** 1단계로 15세까지 확대해 최저기준을 충족시키며, 2단계로 임기 내 18세까지 확대할 계획이다. 상병수당도 1단계로 노동자의 50%에 적용하고, 2단계로 보편주의 적용을 추진한다. 또 국민연금의 유족, 장애연금은 2023년 예정된 제5차 재정재계산을 기점으로 국제적 최저수준을 충족할 수 있는 수준으로 급여 상향을 추진한다.

이낙연 전 대표는 "신복지는 소득·주거·노동·교육·의료·돌봄·문화·환경의 8대 영역에서 삶의 최저기준을 보장하고 중산층 수준의 적정기준을 지향하자는 것"이라며 "좁은 의미의 복지를 뛰어넘는 종합적 사회정책"이라고 설명했다. 이어 "대중 정부가 IMF(국제통화기금) 외환위기를 극복하면서 기초생활보장제를 시작했듯이, 차기 민주당 정부는 코로나 위기를 극복하며 신복지를 시작할 것"이라고 덧붙였다.

■ **국제노동기구 (ILO, International Labour Organization)**

국제노동기구(ILO)는 노동 문제를 다루는 국제연합(UN)의 전문기구이다. 1919년에 창설됐으며 본부는 스위스 제네바에 있다. 영문 약칭인 ILO로 흔히 불린다. 2018년 11월 기준 193개 유엔 회원국 중 187개국이 회원국으로 가입해 있다. 1969년 노벨 평화상을 받았다. ILO는 자유롭고 평등하고 안전하게 인간의 존엄성을 유지할 수 있는 노동을 보장하는 것을 목표로 한다. ILO는 이러한 당면 과제를 수행하기 위해 노동기본권, 고용, 사회보장, 사회협력과 같은 분과를 운영하고 있다.

기출TIP 2020년 경향신문 필기시험에서 ILO 핵심협약에 대해 묻는 문제가 출제됐다.

더불어민주당-열린민주당, 더불어민주당으로 통합

더불어민주당 열린민주당

2021년 12월 26일 더불어민주당과 열린민주당이 '더불어민주당'이라는 이름으로 다시 한 몸이 됐다. 열린민주당은 창당 2년도 되지 않아 역사 속으로 사라지게 됐다. 열린민주당의 창당 자체가 연동형 비례대표제의 취지를 훼손한 것인데 그마저도 대선을 앞두고 여권 표 결집을 위해 당의 간판을 내린 격이어서 유권자를 우롱하는 처사라는 비판이 나온다.

송영길 민주당 대표와 최강욱 열린민주당 대표는 12월 26일 국회에서 통합 합의문을 발표하고 서명식을 했다. **열린민주당은 2020년 4월 총선 때 정봉주·손혜원 전 의원 등이 만든 강성 친문재인계 비례위성정당**이다. 양당은 이번 합당을 두고 당 대 당 통합이라고 주장했지만, 민주당이 열린민주당을 흡수·통합했다는 평가가 지배적이다.

양당은 정치 개혁을 위해 비례대표 국회의원 등 열린공천제, 국회의원 3선 초과 제한, 국회의원 ▪**국민소환제** 등의 과제를 추진하기로 합의하고, 각 당이 5 대 5로 참여하는 당정치개혁특위를 구성하기로 했다. 또한 사회개혁의제로 검찰수사권 폐지, 포털의 뉴스편집배열금지, 공무원의 정치 기본권 보장, 부동산 감독기구 설치 등을 추진하기로 했다.

송영길 대표는 이날 "양당이 민주진보진영의 승리를 위해 다시 한 번 뭉치게 됐다"며 "이재명 후보를 중심으로 민주당과 열린민주당이 하나로 통합해 국민의 요구에 부응하도록 최선을 다하겠다"고 말했다. 송 대표는 "통합 직후 국민주권 강화, 정당민주주의 보완, 국회의원 특권 개혁 등 전방위적인 정치개혁 조치에 나서겠다"고 말했다.

최강욱 대표는 "열린민주당은 총선 이후부터 한국사회의 개혁을 선도하는 등대 역할, 민주당을 이끄는 쇄빙선 역할을 하겠다는 약속을 드린 바 있다"며 "어떤 상황에서도 열린민주당의 가치는 결코 빛 바라지 않고 맡은 바 소임을 다하도록 최선을 다하겠다"고 말했다.

현재 **민주당은 169석, 열린민주당은 최강욱, 강민정, 김의겸 의원 3석이다. 이에 따라 최종 합당 시 더불어민주당의 의석수는 172석**이 됐다.

■ 국민소환제 (國民 召喚制)
국민소환제는 국민이 선출한 국회의원이 부패했거나 불법 행위를 하는 등 국회의원으로서 자질이 없다고 판단될 때 국민이 직접 그 책임을 물어 파면시키는 것이다. 오늘날 스위스의 몇몇 주나 일본의 지방자치단체 등에서 채택하고 있으나 우리나라에서는 현재까지 도입된 바가 없다.

'이대남' 떠날라...
윤석열, 신지예 영입 후폭풍

'페미니스트 정치인' 신지예 새시대준비위원회 수석부위원장의 국민의힘 합류를 둘러싸고 당 안팎의 후폭풍이 거셌다. 특히 기존에 국민의힘을 지

▲ 신지예 수석부위원장(가운데·사퇴)과 윤석열 대선 후보(오른쪽)
(자료 : 새시대준비위원회)

지해온 당내 청년 그룹을 중심으로 '신지예 비토' 정서가 강하게 표출됐다. "당 정체성과 맞지 않는 '세 불리기식' 인사 영입이 국민의힘을 지지해온 일부 2030 표심마저 잃게 할 것"이라는 위기감이다.

신 부위원장의 합류 이튿날인 2021년 12월 21일 하태경 의원은 페이스북에 "신지예는 (국민의힘 기조와) 핵심 차이가 한둘이 아니다. 강성 페미로 젠더갈등 유발자고, 급진적 동성결혼 합법화론자이자 대책없는 탈원전론자"라며 "정권 교체의 뜻이 같다고 해서 무작정 영입하면 우리 핵심지지 세력은 우리 노선에 혼란을 느끼고 이탈하게 된다"고 적었다.

당원 게시판과 남성 커뮤니티에서도 "이번 영입은 선을 넘었다"거나 "탈당을 인증한다"는 등의 글들이 여럿 올라왔다.

국민의힘 청년 조직 관계자는 "이번 영입은 2030 남성을 '잡은 토끼'로 보고 **■페미니즘**으로 2030 여성 표를 얻겠다는 오만한 발상"이라며 "청년들도 가치와 지향이 저마다 다른데 무작정 한 무더기로 묶어놓은 것"이라고 전했다.

당내 일각에서 신 부위원장의 영입이 **이대남**(20대 남성) **지지율 하락의 원인**이 됐다는 주장이 제기되며 포화가 집중되자 결국 신 부위원장은 약 2주 만인 1월 3일 전격 사퇴했다. 그는 페이스북에 올린 사퇴의 변에서 "사퇴하라는 종용이 이어졌다. 쓸데없는 짓 하지말고 가만히 있으라는 이(준석) 대표의 조롱도 계속됐다"고 폭로했다.

■ 페미니즘 (feminism)

페미니즘은 정치·경제·사회 등의 모든 분야에서 여성의 권리를 회복하려는 여성해방운동을 말한다. 라틴어 'femina(여성)'에서 유래된 것으로, 자본주의 또는 남성 중심적인 가부장제로 인해 억압받고 있는 여성을 해방시키고자 하는 운동을 말한다. 여성에 대한 모든 사회적 차별을 부정하고, 남녀평등을 주장하며, 종래 불평등하게 취급되고 있는 부분에 대한 변화를 추구한다. 이런 페미니즘을 따르거나 주장하는 사람들을 일컬어 '페미니스트(feminist)'라고 한다.

'아들 입사지원서 논란' 김진국 민정수석 사퇴

▲ 김진국 전 청와대 민정수석

아들의 자기소개서 청탁 논란이 불거진 김진국 청와대 민정수석 비서관이 2021년 12월 21일 사의를 표명했다. 문재인 대통령은 이를 즉시 수리했다. 김 수석의 아들은 ■**조현병** 치료를 받아온 것으로 알려졌다.

청와대는 김 수석이 아들의 취업 과정에 개입한 것도 아니라는 입장이다. 다만 대선을 앞둔 민감한 상황에서 여야 대선주자를 중심으로 한 '가족 리스크'가 청와대로 확산되는 것을 막기 위한 조치라는 분석이 나온다.

박수현 청와대 국민소통수석은 춘추관 브리핑에서 "문 대통령은 김 수석의 사의를 수용했다"고 밝혔다. 김 수석은 이날 출근 직후 사의를 표명한 것으로 알려졌다.

MBC에 따르면 김 수석의 아들 김 모 씨는 최근 한 컨설팅회사에 제출한 자기소개서 '성장 과정' 항목에 "아버지께서 현 민정수석이신 김진국 민정수석이십니다"라고 한 문장만 적어냈다. 또 '학창시절'과 '성격의 장단점' 항목에는 각각 "아버지께서 많은 도움을 주실 겁니다", "제가 아버지께 잘 말해 이 기업의 꿈을 이뤄드리겠습니다"라고 기재했다.

김 씨는 총 5개 기업에 유사한 내용의 입사지원서를 제출했다. 이후 해당 기업들은 모두 김 씨에게 연락을 한 것으로 전해졌다. 김 씨는 이력서에 2018년 3월 용인대 격기지도학과를 졸업했다는 허위 학력을 기재하기도 했다. 김 수석은 이에 대해 "아들이 불안과 강박 증세 등으로 치료를 받아왔지만, 변명의 여지가 없고 진심으로 사과드린다"고 밝혔다고 청와대는 전했다.

2021년 3월 **문재인정부 다섯 번째 민정수석으로 발탁된 김 수석**은 참여정부 법무비서관 시절 민정수석·비서실장이던 문재인 대통령과 호흡을 맞췄다. 김 수석은 '민주사회를 위한 변호사모임(민변)' 부회장 등을 지냈고, 현 정부 들어서는 감사원 감사위원을 3년 여간 역임했다.

■ 조현병 (調絃病)

조현병(정신분열증)이란 사고, 감정, 지각, 행동 등 인격의 여러 측면에 걸쳐 광범위한 임상적 이상 증상을 일으키는 정신질환을 말한다. 조현병은 2011년에 정신분열증이 개명된 이름이다. 정신분열증이라는 단어 자체가 풍기는 부정적인 인상과 편견이 개명을 하게 된 이유였다. 조현병은 여러 가지 유형으로 나타나며, 단일 질병이 아닌, 공통적 특징을 지닌 몇 가지 질병으로 이루어진 질병군으로 파악되고 있다. 조현병을 경험한 환자들이 대표적으로 호소하는 증상은 환각, 망상, 사고장애 등이다.

전 세계의 조현병 평생 유병률(개인이 평생 단 한 번이라도 걸릴 확률)은 1%로 비교적 흔한 정신질환이다. 우리나라의 경우 조현병 환자의 수는 약 50만 명으로 그들의 가족까지 포함한다면 200만 명이 넘는 국민들이 조현병으로 고생하고 있다.

> **➕ 문재인 정부 민정 수석**
>
> 조국(재임 : 2017.5.11.~2019.7.26.) → 김조원(2019.7.26.~ 2020.8.11.) → 김종호(2020.8.11.~2020.12.31.) → 신현수 (2020.12.31.~2021.3.4.) → 김진국(2021.3.4.~2021.12.21.)

김건희, 대국민 사과
"잘 보이려 경력 부풀려"

윤석열 국민의힘 대선 후보의 아내 김건희 씨가 2021년 12월 26일 오후 본인의 '허위 이력' 기재 의혹에 대해 직접 대국민 사과를 했다. 김 씨는 본인의 잘못을 인정하고 사과하면서 남편에 대한 비난에 가슴이 무너지고 두렵다고 했다.

▲ 국민의힘 윤석열 대선 후보 부인 김건희 씨가 12월 26일 오후 서울 여의도 국민의힘 당사에서 자신의 허위 이력 의혹과 관련해 입장문을 발표하고 있다.

김 씨는 이날 오후 3시 서울 여의도 국민의힘 당사에서 기자회견을 열고 "잘못된 저 김건희를 욕하시더라도 그동안 너무 어렵고 힘든 길 걸어온 남편에 대한 마음만큼은 거두지 말아주시길 간곡히 부탁드린다"며 "사죄 말씀 드린다. 죄송하다"고 밝혔다. 이 과정에서 김 씨는 눈물을 보이기도 했다.

김 씨는 그동안 제기된 의혹들에 대해 인정했다. 그는 "일과 학업을 함께 하는 과정에서 제 잘못이 있었다. 잘 보이려고 경력을 부풀리고, 잘못 적은 것도 있었다"며 "그렇게 하지 말았어야 했는데 돌이켜보니 너무나도 부끄러운 일이었다. 모든 것이 저의 잘못이고, 불찰"이라고 말했다.

그는 그러면서 "국민 여러분께 진심으로 사죄의 말씀을 드린다"며 잠시 훌쩍거렸다. 이어서 "저 때문에 남편이 비난받는 현실에 가슴이 무너진다"며 "과거의 잘못을 깊이 반성하고 국민의 눈높이에 어긋나지 않도록 조심하고 또 조심하겠다"라고 했다.

한편, 인터넷신문 서울의 소리 이명수 기자가 김 씨와의 20여 차례 도합 7시간 통화 녹음 파일을 다른 언론에 제공한 사건이 논란을 일으켰다. MBC는 이 녹취록을 방송했고 국민의힘은 이를 정치 공작이라고 비판했다. 민주당 측에서는 김 씨의 언행을 박근혜 정부의 '비선 실세' 최순실 씨에 빗대면서도 네거티브 공세에 따른 역풍을 우려했다.

▲ 성남도시개발공사

개공 전·현직 직원은 12월 10일 극단적 선택을 한 유한기 전 개발사업본부장에 이어 두 번째다.

김 처장은 2021년 초까지 대장동 개발의 실무 책임을 맡았던 인물로, 유동규 전 기획본부장과 함께 대장동 사업협약서에서 초과이익환수 조항을 삭제한 핵심 인물이라는 의혹을 받았다. 김 처장은 성남도개공을 그만둬 민간인 신분이었던 정민용 변호사로 하여금 지난 9월 25일 공사를 방문해 비공개 자료인 민간사업자 평가배점표 등을 열람토록 한 일로 공사 자체 감사를 받고 이날 중 징계 의결 통보를 받은 바 있다.

검찰은 이재명 더불어민주당 대선 후보의 최측근인 정진상 선대위 비서실 부실장을 소환할 예정이었지만, 핵심 관련인들의 극단적 선택으로 '윗선' 수사에 제동이 걸렸다.

이재명 변호사비 대납 의혹 제보자 사망
한편, **이재명 후보의 이른바 '변호사비 대납 의혹'**을 최초로 제기한 제보자인 이 모 씨가 1월 11일 숨진 채 발견됐다. 숨진 이 씨는 이재명 후보가 공직선거법 위반 혐의로 재판을 받던 때 변호사비를 한 기업으로부터 20억원 어치 전환사채로 받았다고 주장했다.

성남도개공 '대장동 실무책임' 김문기 처장 숨진 채 발견

특혜 의혹을 받는 성남 대장동 개발사업의 주무 부서장을 맡아 온 성남도시개발공사(이하 성남도개공) 김문기 개발1처장이 12월 21일 경기 성남시 분당구 성남도개공 사무실에서 숨진 채 발견됐다. 대장동 개발 특혜 의혹 관련해 숨진 성남도

홍준표 국민의힘 의원은 페이스북에 "자살인지 자살 위장 타살인지 모를 이재명 후보 관련 사건 주요 증인이 또 죽었다"며 "우연치고는 참 기인한 우연의 연속이다. 철저히 조사해야 할 것"이라고 말했다. 민주당 측은 "고인과 이 후보는 아무런 관계가 없다"고 선을 그었다.

➕ 대장동 개발 사업 논란

이재명 대통령 후보의 성남시장 재직 시절 대장동 개발 산업을 둘러싼 논란을 말한다. 이재명 당시 성남시장은 택지 개발 이익을 공공영역으로 환수하겠다는 목적 아래 성남판교대장도시개발사업 방식을 민간 개발 방식에서 민간·공영 공동 사업으로 바꾸었다. 2015년 성남의 '마지막 노른자 땅'으로 불렸던 대장동 개발 계획이 진행됐고, 진행 결과 이 시장은 5500억원을 성남시에 환수했다. 그런데 환수액을 제외한 나머지 개발사업 이익금 중 상당액이 특정 개인이 지분을 100% 소유한 회사인 화천대유자산관리에 돌아간 것이 드러나면서 논란이 확산됐다. 또 이 작은 회사에 박영수 전 특별검사, 강찬우 전 수원지검장, 권순일 전 대법관, 곽상도 국민의힘 의원, 원유철 전 미래한국당 대표 등 유력 인사들이나 그 자녀들이 고문이나 직원으로 재직한 사실이 밝혀져 사건은 더욱 커졌다.

국회의원 피선거권자 연령 만 25→18세로 변경

국회의원 선거와 지방선거에 출마할 수 있는 **피선거권자의 연령이 만 25세에서 만 18세로 낮아진다.** 2022년 3월 9일 대선과 함께 치러지는 국회의원 재·보궐 선거부터 적용될 예정이다. 국회 정치개혁특별위원회는 12월 28일 공직선거법 및 지방선거구제 개편 심사 소위원회와 전체회의를 잇따라 열어 이 같은 내용의 공직선거법 개정안을 의결했다.

현행 공직선거법 제16조 2항에 따르면 국회의원 출마는 선거일을 기준으로 만 25세가 돼야 가능하다. 이에 여야는 지난 12월 **국회의원 선거와 지방선거에 출마할 수 있는 나이를 만 18세로** 낮추는 법안을 각각 발의했고, 정개특위 구성 후 활동 시작 20여일 만에 속전속결로 의결했다.

국회는 12월 31일 본회의에서 이러한 내용을 담은 정당법 개정안을 통과시켰고 정부가 1월 11일 국무회의에서 해당 법안을 심의·의결했다. 1월 중순께 국무회의에서 의결될 전망이다. 여야 의원들은 전체회의에서 "의미 있는 결정"이라고 한목소리로 강조하면서 청년층을 의식해 앞 다퉈 자당의 노력을 부각했다.

중앙선관위에 후속 조치를 당부하는 발언도 잇따랐다. 이은주 정의당 의원은 "**정당 가입연령이 여전히 만 18세 이상으로 제한**돼 있어서 실제 선거일에 만 18세가 되는 청년은 정당 공천 자체가 불가한 상황이다. 참정권에 사각지대가 발생하지 않도록 정당법 개정이 동시에 이뤄져야 한다"고 주문했다.

이탄희 민주당 의원은 "군 미필의 경우 당선되면 병역의무 이행의 문제가 있고, 정당 가입 문제도 있는 등 후속조치가 필요하다"며 "대통령 피선거권 제한도 30대의 전 세계적인 리더들이 다양한 나라에서 나오고 있는 만큼 30대로 낮추는 방안을 신속히 논의해야 한다"고 했다.

법정 연령 기준

구분	나이
투표 가능	만 18세 이상
보호자 동의 없이 아르바이트 및 취업 가능	만 18세 이상
군대 입영 가능	만 18세 이상
9급 공무원 지원 가능	만 18세 이상
민법상 성년	만 19세 이상

이재명 "탈모 건강보험" 공약 내세우며 화제몰이

▲ 이재명 대선 후보 온라인 탈모 공약(인스타그램 캡처)

이재명 더불어민주당 대선 후보가 탈모 치료제 건강보험 적용 공약을 제시해 화제가 됐다. 지난 1월 4일 국회 보건복지위 소속 최종윤 민주당 의원은 이 후보가 이른 바 **'소확행**(소소하지만 확실한 행복) **공약'으로 '탈모약 건강보험'을 추진**하고 있다고 전했다.

최 의원은 페이스북에 '나의 머리를 위해, 이재명'이라는 제목의 글을 올려 "탈모는 공식적인 질병코드가 부여된 질병이지만 탈모 치료약은 보험 적용이 되지 않는다"면서 "천만 탈모인들의 약값 부담을 덜어드려 '소확행'을 보장할 수 있도록 이

후보와 민주당이 최선을 다하겠다"고 말했다.

이 후보의 탈모약 건강보험 적용 공약에 탈모인들은 "오늘부로 이재명 심는다"라며 열광했다. 특히 탈모인들이 모여 있는 한 온라인 공간에는 이 후보를 지지한다는 내용의 글이 다수 올라왔다. 이 후보의 탈모약 공약이 온라인상에서 화제가 되자 이동학 민주당 최고위원은 해당 온라인 공간을 찾아 "많은 분께서 호응해 주셔서 고맙다"며 "이참에 의견들을 세밀하게 들어보고 싶다. 조만간 '심는 사람들' 간담회를 만들겠다"고 밝히기도 했다.

안철수도 '탈모 공약' 동참

한편, 이재명에 이어 안철수 국민의당 대선 후보도 탈모 공약을 내놓았다. 안 후보는 이 후보의 탈모약 건강보험 적용에 맞서 "탈모약 카피약(■제네릭)의 가격을 낮추겠다"고 제안했다. 안 후보는 1월 5일 페이스북을 통해 "곧 고갈될 건보 재정은 어디서 만들어 오겠나. 결국 건강보험료의 대폭 인상밖에 더 있겠나"고 지적했다.

그러면서도 "과거 탈모는 유전적 요인이 대부분이었지만, 이제는 환경이나 각종 스트레스 등 비유전적 요인으로 인한 탈모도 증가하고 있다"며 "그래서 이제 탈모에 대해서 국가가 적극적으로 나서야 한다고 생각한다"고 했다.

한편, 일각에서는 이 후보와 안 후보의 탈모 공약이 현실성을 고려하지 않은 이른바 **'모(毛)풀리즘**(모발+포퓰리즘)'이라고 비판하고 있다. 건강보험공단의 재정에 무리가 올 수 있고, 탈모에 보험 혜택을 주면 피부나 미용, 비만 등에도 보험 혜택을 줘야 형평성이 맞다는 지적이다.

■ **제네릭 (Generic)**

제네릭은 약의 특허가 만료되어 다른 제약사에서 그 약과 주성분. 효능. 용법이 동일하게 만드는 약을 말한다. 특허가 만료되기 전에 물질을 개량하거나 제형을 바꾸어서 만드는 약을 일컫는 말이기도 하다.

기출TIP 2017년 부천시 협력기관 통합채용에서 제네릭을 묻는 문제가 출제됐다.

윤석열발 '멸공 인증' 릴레이 확산

▲ 윤석열 대선 후보가 신세계 이마트에서 멸치와 콩을 사고 인증하고 있다. (인스타그램 캡처)

국민의힘에서 난데없이 '멸공 인증' 릴레이가 벌어졌다. 윤석열 대선 후보가 전날 인스타그램에 신세계 이마트 이수점을 찾아 장을 보는 사진을 올리며 #멸치, #콩 등 해시태그를 달자, 당내 인사들이 이틀째 이와 비슷한 '장바구니 목록'을 앞다퉈 게시하고 나선 것이다.

앞서 인스타그램에서 74만 명이 넘는 팔로워를 거느린 신세계 정용진 부회장이 지난 1월 6일 숙취해소제 사진과 함께 '끝까지 살아남을 테다. 멸공'이라는 해시태그를 달아 올려서 시선을 모은 가운데 윤 후보가 이를 이어받으며 정치권 이슈

로 번지는 모습이다.

윤 후보가 쏘아 올린 이른바 '멸공 챌린지'를 두고 여야에서 다양한 반응이 나왔다. 국민의힘에서는 "멸공을 포함해 사나흘 국민의힘이 이슈를 주도하는 모습이 보이지 않나"라며 **온라인상의 '밈'**(meme·인터넷에서 유행하는 콘텐츠)**이 됐다는 점에 의미를 부여**했다.

반면 더불어민주당은 '멸공 인증' 릴레이에 "일베놀이"라며 맹비난했다. 윤호중 원내대표는 이날 중앙선대위 회의에서 "모 유통업체 대표의 철없는 멸공 놀이를 말려도 시원찮은데 (야당이) 따라 하고 있다"고 지적했다.

➕ **'멸공' 논란 속 신세계 주가 급락**

정용진 신세계그룹 부회장은 논란이 지속되자 1월 10일 오후 늦게 주변에 "더 이상 '멸공' 관련 발언은 하지 않을 것"이라고 말한 것으로 알려졌다. 자신의 '멸공' 관련 발언을 둘러싼 논란이 정치권으로까지 번지고 신세계그룹 주가가 급락하면서 관련 발언을 더는 하지 않겠다고 선언하며 수습에 나선 것이다. 앞서 정 부회장의 '멸공' 발언 논란이 이어지자 1월 10일 신세계 주가가 7% 급락한 바 있다. 정 부회장은 앞서 인스타그램에 "사업하면서 북한 때문에 외국에서 돈 빌릴 때 이자도 더 줘야 하고 미사일 쏘면 투자도 다 빠져나가는 일을 당해봤다"면서 북한 리스크로 인한 '코리안 디스카운팅'이 '멸공' 발언의 한 배경이 됐음을 내비쳤다.

분야별
최신상식

경제
산업

직원 한 명이 2215억 횡령...
오스템임플란트 거래 정지

■ **슈퍼개미**

슈퍼개미는 대규모 자금을 투자하는 개인 투자자를 말한다. 이들은 수십~수백억원을 투자하며 단순히 투자를 넘어 경영 참여를 시도하기도 한다. 보통 상장기업에 대한 지분을 5% 이상 취득해 기업과 시장을 좌우하는 행태를 보인다.

한편, 소득세법상 한 종목당 보유액이 10억원 또는 지분율 1%(코스닥 2%) 이상이면 해당 주주(배우자와 직계존비속의 해당 주식 보유액 포함)는 대주주로 분류된다. 대주주로 분류되면 이듬해 거래부터 양도 차익에 대해 최대 30%를 세금으로 내야 한다.

역대 상장사 최대 금액 횡령

국내 1위 임플란트 전문기업인 오스템임플란트에서 유례를 찾기 힘든 대규모 횡령 사건이 벌어졌다. 1월 3일 오스템임플란트 측은 자사 자금관리 직원 이 모 씨를 특정경제범죄 가중 처벌 등에 관한 법률 위반(업무상 횡령) 혐의로 고소했다고 공시했다.

이 씨가 횡령한 자금은 무려 1880억원(이후 2215억원으로 정정 공시)으로 이 회사 자기자본인 2047억6057만원의 91.81%에 해당하는 거액이다. **횡령 규모로는 역대 상장사 최대 수준**이다. 회사 측에 따르면 2018년 입사한 45세 이 모 씨는 재무관리팀장으로 일하며 입출금 내역과 자금수지, 잔액증명서 등을 위조하는 방식으로 자금을 횡령한 것으로 전해졌다.

이 씨는 거액을 횡령한 뒤 주식시장에서 ■**슈퍼개미** 행세까지 한 것으로 드러나 충격을 줬다. 한국거래소는 지난해 10월 1일 코스닥 상장 반도체 생산업체인 동진쎄미켐 지분을 대량 매입했다가 처분한 슈퍼개미가 횡령 용의자인 이 씨와 동일 인물인 것으로 보고 조사에 착수했다. 금융감독원 공시에 따르면 이 씨는 동진쎄미켐 전체 주식의 7.62%에 이르는 391만7431주

수연동형 펀드 상품)에 투자한 소액 투자자들은 피해가 불가피해 보인다. 날벼락을 맞은 오스템임플란트 소액주주들은 집단 소송에 나설 움직임을 보이고 있다.

한편, 서울 강서경찰서는 1월 5일 경기도 파주에서 횡령 피의자 이 씨를 검거했다. 이 씨는 자신의 혐의를 대부분 인정했다. 이 씨는 횡령 후 잠적 직전 파주의 건물을 부인과 여동생, 지인에게 1채씩 증여했고 횡령 후 1kg짜리 금괴 851개를 매입한 사실이 확인됐다.

이 씨가 경찰에 체포된 가운데 이 씨 가족들은 그가 체포되기 전 주변에 "윗선의 지시를 받았다"는 취지의 주장을 한 것으로 알려져 경찰 수사 결과가 주목된다. 공범 가능성을 열어놓은 경찰 수사가 본격화할 것으로 보인다.

를 약 1430억원에 매수했다가 120억원의 손해를 보고 처분했다.

관련 업계에서는 시가총액 2조원 규모의 우량한 상장 기업에서 3년차 직원 한 명에게 회사 자본금을 통째로 강탈당했는데도 이를 석 달 가까이 인지하지 못했다는 사실을 납득하기 어렵다며 내부 공모가 있었을 것으로 보고 있다.

날벼락 맞은 투자자들

한국거래소는 횡령 사건이 공시된 1월 3일 오스템임플란트 주식 거래를 즉각 중단시켰다. **상장사 직원이 자기자본의 5% 이상을 횡령한 사실이 확인될 경우 해당 종목 거래는 정지**되며 상장 적격성 심사 대상이 되고 심사 결과에 따라 ▪**상장폐지**될 수 있다.

상장폐지 여부와 관계없이 오스템임플란트의 기업 가치와 위상이 치명적으로 훼손된 만큼 개별 종목이나 오스템임플란트를 높은 비중으로 담고 있는 **상장지수펀드**(ETE, Exchange Traded Fund : 지

▪ 상장폐지 (上場廢止)

상장폐지는 주식시장에 상장된 유가증권이 매매 대상으로서 적정성을 잃게 되었을 때 일정한 기준에 따라 상장이 취소되는 것을 말한다. 주식을 발행한 회사에 ▲파산 ▲부도 ▲영업 정지 ▲자본잠식 ▲사업보고서 미제출 ▲감사인의 의견 거절 등 경영상의 중대한 사태가 발생해 투자자가 손실을 보거나 증시 질서의 신뢰를 훼손할 우려가 있을 경우 증권거래소는 증권관리위원회의 승인을 얻어 해당 증권을 상장폐지할 수 있다. 최종 상장폐지가 결정되면 약 1주일 동안 정리매매 기간이 주어지고 그 이후에는 장내 거래가 불가능해진다. 장외 시장에서 거래할 수 있으나 큰 폭의 가격 손실은 불가피하다.

POINT	세 줄 요약

❶ 국내 1위 임플란트 기업 오스템임플란트에서 역대 상장사 최대 횡령 사건이 벌어졌다.

❷ 회사 측은 회사 자본금을 통째로 강탈당했는데도 석 달 가까이 인지하지 못했다.

❸ 검거된 피의자 이 씨가 "윗선의 지시를 받았다"고 주장해 경찰 수사 결과가 주목된다.

요소수 이어 석탄 대란 조짐...
인니 수출 금지령

지난해 10~11월 중국 석탄 품귀 현상으로 경유(디젤) 차량 운행에 필수적인 물질인 ▪요소수가 품귀 사태를 빚은 데 이어 새해부터 인도네시아의 석탄 수출 금지 조치로 공급망에 비상이 걸렸다.

세계 최대 석탄 수출국인 인니는 1월 1일(현지시간) 1월 한 달간 발전용 유연탄 수출을 금지했다. 인니 전력공사는 내수 석탄 구매가를 톤당 70달러로 제한했는데 겨울철 난방 시즌이 되자 현지 업체가 톤당 90달러의 고가로 중국 등 주변국으로 석탄을 수출했다. 이에 현지 수급이 빠듯해지자 인니 에너지광물자원부는 전력 공급이 중단될 위험이 있다며 석탄 수출 금지 조치를 결정했다.

인니는 발전용 유연탄을 전량 수입에 의존하는 우리나라의 주요 수입선이다. 가뜩이나 에너지 비용이 오른 상황에서 석탄값까지 더 뛰면 전력 생산 원가 부담이 우려된다. 인니 석탄 수출 금지가 길어지면 중국에서 전력난이 재발할 것이고 요소수 사태 때처럼 연쇄적인 원료와 부품 공급난으로 이어질 수 있다.

정부는 이미 확보한 재고량과 수입선이 다원화된 상황을 고려하면 국내 전력 수급에 큰 문제가 없을 것이란 입장이다. 산업통상자원부에 따르면 지난해 수입 석탄 국가별 비중은 호주(49%), 인니(20%), 러시아(11%), 미국(9%), 기타(11%) 순이다. 그러나 북극 한파로 전기 사용량이 급증하는 상황에서 수출 금지 사태가 길어지면 전력 수급에 차질이 생길 수 있다는 견해도 나온다.

우리나라는 기후 변화 대응과 탄소중립 원칙에 따라 순차적인 석탄 발전 감축을 추진하고 있지만 전력 수요가 폭증하는 시기에는 여전히 석탄 의존도가 높다. 최근에는 **러시아가 천연가스의 무기화를 노골화하며 가스관을 걸어 잠가 유럽에서 액화천연가스(LNG) 가격이 폭등세**를 나타내는 등 가스 수급도 안심할 수 없는 상황이다.

▪ 요소수 (尿素水)

요소수는 암모니아(NH₄)에 일산화탄소(CO)를 반응시켜 합하는 수용액으로서 디젤 내연기관의 배기가스 후처리 장치인 '질소산화물 저감장치(선택적 촉매환원 장치·SCR, Selective Catalytic Reduction)' 작동에 필수적인 물질이다.

질소와 산소가 결합된 화합물인 질소산화물(NOx)은 발암물질일 뿐만 아니라 미세먼지를 유발하고 비에 섞여 내리면 토양을 오염시킨다. 요소수는 질소산화물을 물과 질소로 바꿔 정화하는 역할을 한다. 요소수는 차량 구동 자체에 관여하는 물질은 아니다. 그러나 2015년부터 유럽의 배출가스 규제인 유로6가 세계적으로 도입되면서 모든 디젤차에 필수적으로 SCR 부착이 의무화됐고 요소수는 자동차 연료와 마찬가지로 인식되고 있다.

SCR은 차량의 메인 시스템과 연동된 기본 장착 부품이므로 설정 변경 없이 떼어내면 차량 운행이 아예 불가능해진다. 즉 요소수가 없으면 SCR이 작동하지 않고 SCR이 작동하지 않으면 디젤차도 움직일 수 없다.

기출TIP 2021년 MBC플러스에서 요소수의 특징을 묻는 문제가 출제됐다.

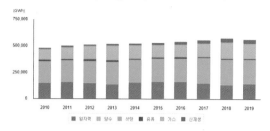

체 실적의 2%인 2600만달러로 집계됐다.

업종별로는 서비스업에서 리조트개발·물류·연구개발(R&D) 등 분야에서 투자가 늘어 64.7% 증가한 7억8000만달러로 집계됐고 제조업은 의약·금속 분야 중심으로 전년 대비 19.2% 증가한 5억2000만달러를 기록했다.

국가별 비중은 유럽연합(EU) 40.8%, 중화권 31.6%, 북미 10.6%, 필리핀 10.0%, 일본 6.0% 순으로 조사됐다. EU(유럽연합)는 의약·리조트개발·물류, 중화권은 의약·물류·금속, 북미는 의약·물류·2차전지, 필리핀은 리조트개발을 중심으로 경제자유구역에 투자했다.

경제자유구역별로는 인천 7억1000만달러, 부산 진해 2억9000만달러, 동해안권 1억달러, 경기 9000만달러, 광양만권 8000만달러, 충북 2000만달러, 대구 경북 1000만달러 순이다.

경제자유구역 외국인직접투자 3년 만에 최고

▲ 인천 송도에 있는 인천경제자유구역청

지난해 국내 **■경제자유구역(FEZ)**에서 유치한 **외국인직접투자**(FDI, Foreign Direct Investment) 규모가 최근 3년 내 최고 수준인 것으로 집계됐다. 산업통상자원부는 2021년 경제자유구역 FDI가 투자가 신고 기준으로 전년 대비 42.8% 증가한 13억1000만달러라고 1월 4일 밝혔다. 도착 기준으로는 126% 증가한 8억4000억달러로 최근 3년래 최고 실적이었다.

FDI를 세부적으로 보면 대상별로 기업이 직접 사업장이나 공장을 새로 설립하는 **■그린필드형 투자** 유입이 12억8000만달러로 전체 실적의 98%를 기록했다. M&A(인수·합병)형 투자는 전

■ 경제자유구역 (FEZ, Free Economic Zone)
경제자유구역은 경제 활동의 예외사항을 허용해 주고, 별도의 다른 혜택을 부여해 주는 경제 특별 구역이다. 국제적으로 경쟁력이 있는 공항·항만 지역을 주로 지정하여, 동북아 물류 중심지 및 기업의 거점으로서 역할을 목표로 한다. 입주 외국인 투자기업에는 소득세·법인세·관세·취득세·등록면허세·재산세를 5~15년간 100% 면제 또는 감면해 주어 안정적인 투자를 유도하고, 기반시설 설치비 등 자금을 지원하며, 각종 규제를 완화해 주는 특혜를 부여하고 있다.
국내에서는 ▲인천경제자유구역 ▲부산진해경제자유구역 ▲광양만권경제자유구역 ▲황해경제자유구역 ▲대구경북경제자유구역 ▲충북경제자유구역 ▲동해안경제자유구역 ▲광주(AI융복합지구, 미래형자동차산업지구, 스마트에너지산업지구Ⅰ·Ⅱ) ▲울산(수소산업거점지구, 일렉드로겐오토밸리, R&D비즈니스밸리) ▲황해(시흥 배곧지구) 등을 FEZ로 지정하고 있다.

■ 그린필드형 투자 (green field investment)
그린필드형 투자는 외국인직접투자(FDI)의 한 방식으로서 국

외 자본이 투자 대상국의 땅을 직접 매입해 공장이나 사업장을 새로 짓는 방식의 투자를 말한다. 비용이 많이 들고 생산하기까지 시간이 오래 걸리지만 투자를 받는 국가 입장에서는 고용창출 효과가 크다는 장점이 있다.

이에 비해 기존 기업에 대한 인수·합병(M&A)형으로 이뤄지는 외국인 직접투자 방식인 브라운필드형 투자(brown field investment)는 그린필드 투자에 비해 고용창출 효과는 적지만 초기 설립비용을 들이지 않고 인력·생산라인 등의 확장을 꾀할 수 있을 뿐 아니라 투자 후 조기에 정상조업이 가능하다는 장점이 있다.

美 연준, 조기 금리 인상에 양적긴축까지 시사

미국 중앙은행인 연방준비제도(Fed·연준)가 기준 금리를 이른 시일 내 인상하는 방안은 물론 ▪양적긴축(QT)까지 검토하기로 했다. 최근 40년 만에 최악으로 평가될 만큼 인플레이션이 가파르다는 판단에 따른 것이다.

연준이 1월 5일(현지시간) 공개한 2021년 12월 연방공개시장위원회(FOMC, Federal Open Market Committee) 정례회의 의사록에 따르면 회의 참석자들은 "경제, 노동시장, 인플레이션 전망을 고려할 때 앞선 예상보다 더 빠르게, 더 일찍 기준

금리를 올리는 게 정당화될 수 있다"고 언급했다.

연준은 조기 금리 인상과 테이퍼링(tapering : 양적완화 규모 점진 축소)에 그치지 않고 보유 중인 자산을 축소하는 양적긴축도 단행할 수 있다고 예고했다. 의사록에 따르면 일부 참석자들은 "기준 금리 인상 시작 후 상대적으로 조기에 연준의 대차대조표 규모를 줄이기 시작하는 게 적절할 수 있다고 지적했다"고 밝혔다.

블룸버그통신은 연준의 대차대조표 규모가 8조 8000억달러(약 1050조원)에 이르며 연준이 양적완화로 비대해진 대차대조표를 정상화하는 방안을 논의하고 있다고 전했다.

연준이 예상을 뛰어넘는 강력한 긴축을 시사하면서 이날 뉴욕 증시는 급속히 얼어붙었다. 해당 소식이 전해지자 뉴욕 증시 3대 지수인 다우존스 30 산업평균지수, 스탠더드앤드푸어스(S&P) 500 지수, 나스닥 지수는 각각 1.07%, 1.94%, 3.34% 급락했다. 특히 나스닥 지수는 11개월 만에 하루 최대 낙폭을 기록했다.

■ 양적긴축 (QT, Quantitative Tightening)
양적긴축은 금리 인상을 통한 긴축 효과가 한계에 다다랐을 때 중앙은행이 보유한 채권을 매각하고 시중 자금을 회수하는 방법 등으로 통화의 유동성을 줄이는 정책이다. 양적긴축은 금리 인상이나 테이퍼링보다 더 직접적이고 강력한 긴축 정책이다.
미 연준은 2008년 당시 글로벌 금융위기로 무너진 경기를 살리기 위해 연방정부가 발행하거나 보증한 채권을 대량으로 사들여 시중에 자금을 푸는 양적완화를 단행했다. 경기 정상화 이후 연준은 매입했던 채권의 매각을 통해, 풀었던 자금을 회수함으로써 통화량을 긴급 사태 이전으로 정상화하는 양적긴축을 단행했다.
현재 코로나 팬데믹 상황에서 미 연준을 비롯한 각국 중앙은

행은 얼어붙은 경기를 되살리기 위해 시중에 막대한 자금을 풀었다. 그 후폭풍으로 현재 유동성 과잉과 자산 버블, 기록적 인플레이션 조짐이 나타났기에 연준 등은 다시 양적긴축을 고려하고 있는 것이다.

홍남기 "1주택 보유세 완화 검토"

▲ 홍남기 경제부총리 겸 기획재정부 장관 (자료 : 기획재정부)

홍남기 경제부총리 겸 기획재정부 장관이 2021년 12월 23일 검토 중인 1주택자 **보유세** 부담 완화 방안에 대해 밝혔다. 세 부담 상한 조정과 올해 공시가격 적용 등의 대안을 놓고 검토 뒤 2022년 3월 최종 확정한다는 계획이다. 다만 **다주택자의 양도소득세 중과 유예에는 선을 그었다.**

그는 "1세대 1주택자의 세부담 완화를 위하여 현재 ▲세부담상한(현행 150%)을 조정하는 것 ▲2022년 종부세 과세표준 산정 시 2021년 공시가격을 활용하는 것 ▲고령자 종부세 납부유예제도를 도입하는 것 등 다양한 대안 중 어느 것이 적정한지 꼼꼼하게 검토 중"이라며 "대안별 부담 경감 수준 및 효과 등을 충분히 검토한 후 2022년 3월 중 구체적 추진 방안 발표 예정"이라고 전했다.

아울러 상속주택 등에 대한 세 부담 경감 방안도

마련 중이라고 밝혔다. 홍 부총리는 "상속주택, 종중보유 주택, 공동체 마을 및 협동조합형 주택, 전통보전 고택 등 부득이하게 보유하게 되거나 **투기 목적으로 보유한 주택이 아닌 경우에 대해서는 세부담이 경감될 수 있도록 현재 보완 방안을 마련 중"**이라고 했다.

그는 이 같은 방안을 검토 중인 기재부 세제실 직원들을 격려하며 세수추계의 정확성에 대한 요구도 덧붙였다. 기재부는 지난 2차 추경 당시 초과 세수를 31조6000억원으로 봤지만, 이후에도 더 걷힐 세금이 19조원으로 추정되면서 세수추계 오류 논란이 불거졌다.

■ 보유세 (保有稅)

보유세는 말 그대로 내가 보유하고 있는 재산에 걷는 세금이다. 재산세와 종합부동산세(종부세)가 보유세의 대표적 사례다. 재산세와 종부세는 과세 대상이 다르다는 점에서 차이가 있다. 재산세가 재산을 가진 사람이라면 누구나 납부해야 하는 세금이라면 종부세는 일정 금액 이상의 재산에 대해서만 선택적으로 부과하는 세금이다. 종부세는 부동산 보유 정도에 따라 조세의 부담 비율을 달리하여 납세의 형평성을 제고하기 위해 2005년부터 시행되었다. 종부세는 전국의 주택 및 토지를 유형별로 구분해 인별로 합산한 결과 그 공시 가격 합계액이 일정 기준금액을 초과하는 경우 그 초과분에 대하여 세금을 매기며 누진세율을 적용한다.

기출TIP 2018년 한국일보 필기시험에서 보유세 대상 세금을 묻는 문제가 출제됐다.

프랜차이즈, 가맹점 늘었지만 매출액·종사자는 확 줄어

프랜차이즈 업계에 불어 닥친 신종 코로나19 충격은 혹독했다. 카페, 치킨, 피자·햄버거 등 가

맹점 수는 늘었지만, 매출과 고용은 큰 폭으로 하락했다. 프랜차이즈 전체 매출이 감소한 것은 2013년 관련 조사 이후 처음이다. 코로나19로 인한 사회적 거리두기와 영업시간 제한 등이 관련 업계에 직격탄이 됐다는 분석이다.

2021년 12월 27일 통계청이 발표한 '2020년 프랜차이즈(가맹점) 조사 잠정 결과'에 따르면 업종별로는 자동차 수리(-21.9%), 가정용 세탁(-2.7%), 문구점(-0.1%)을 제외한 모든 업종에서 가맹점 수가 늘어난 것으로 집계됐다. 특히 김밥·간이음식(18.5%), 한식(16.5%), 커피·비알코올 음료(16.4%), 피자·햄버거(14.9%) 프랜차이즈는 두 자릿수 증가율을 보였다.

가맹점 수는 늘었지만, 내실은 마이너스를 나타냈다. 2020년 전체 프랜차이즈 매출액은 74조 3653억원으로, 2019년보다 0.3% 줄었다. 특히 가맹점당 연 매출액은 3억1550만원으로 9%나 감소했다. 영업시간 제한 등의 여파에 한식당, 주점, 카페 매출이 큰 폭으로 줄어들었기 때문이다.

전체 프랜차이즈 종사자 수는 80만2501명으로 전년보다 5.2%(4만4331명) 감소했다. 종사자 수 상위 3대 업종은 편의점(19만364명·23.7%), 한식(11만4161명·14.2%), 커피·비알코올 음료(7만

7695명·9.7%)이며, 전체의 47.6%를 차지했다.

가맹점당 종사자 수를 보면 마이너스 폭은 더욱 컸다. 2019년 3.9명이던 가맹점당 종사자는 2020년 3.4명으로 12.8% 줄었다. 문구점을 제외한 대부분의 업종에서 종사자 수가 감소했다. 이는 고용원 있는 자영업자의 감소와도 연관이 깊다. 코로나19와 무인화의 영향으로 고용원이 있는 자영업자는 2018년 12월부터 2021년 11월까지 36개월 연속 감소세를 보이고 있다.

■ **프랜차이즈 (franchise)**

프랜차이즈는 제조업자나 판매업자가 독립적인 소매점을 가맹점으로 하여 하는 영업 형태를 말한다. 상표·상호·특허·기술 등을 보유한 제조업자나 판매업자가 소매점과 계약을 통해 상표의 사용권·제품의 판매권·기술 등을 제공하고 대가를 받는 시스템이다. 이때 기술을 보유한 자를 프랜차이저(franchisor : 본사), 기술을 전수 받는 자를 프랜차이지(franchisee : 가맹점)라 한다.

주요 대기업...
한국 경제에 연간 1300조원 기여

국내 주요 대기업이 2021년에 3분기까지 우리 경제에 직접적으로 기여한 금액이 1000조원에 육박

한 것으로 조사됐다. 연간 경제기여액은 1300조 원에 달할 것으로 전망된다. 기업별로 보면 삼성전자의 경제기여액이 117조9762억원으로 가장 많았다.

2021년 12월 22일 기업데이터연구소 CEO스코어가 500대 대기업 중 경제기여액을 알 수 있는 207곳을 조사한 결과에 따르면 3분기 누적 경제기여액은 974조311억원이었다. 이는 2020년 같은 기간과 비교해 15.9%(133조7450억원) 늘어난 수치다.

경제기여액이 가장 높은 업종은 IT·전기전자 업종이다. 2021년 3분기까지 IT·전기전자의 기여액은 218조2537억원으로 전년 동기(185조8124억원) 대비 32조4413억원 늘었다. 자동차 부품(160조6700억원), 석유화학(158조5305억원) 등이 뒤를 이으며 기여액 상위 3위에 들었다. 이들 3대 주력 업종의 경제기여액이 전체의 절반 이상을 차지한다.

기업별로는 삼성전자가 117조9762억원을 기여하며 1위를 차지했다. 비중으로는 전체의 12.1%다. 삼성전자의 3분기 실적을 보면 누적 매출액 203조393억원, 영업이익 37조7671억원, 순이익 29조695억원으로 매출의 절반 이상을 우리 경제에 기여하고 있다고 CEO스코어는 설명했다.

➕ **대기업집단 지정 제도**

대기업집단 지정 제도는 공정거래위원회가 자산총액 5조원 이상 그룹을 공시대상 기업집단으로, 이 가운데 자산 규모가 10조원 넘는 그룹을 상호출자제한 기업집단으로 지정해 관리하는 것을 말한다. 대기업집단 지정

제도는 재벌들의 독점 행태나 문어발식 기업 확장 등 경제력 집중을 억제하기 위해 지난 1987년 처음 시행됐다.

공시대상 기업집단은 공정거래법에 따라 공시와 신고 의무가 부여되고 총수 일가의 사익편취 등이 규제된다. 상호출자제한 기업집단에는 이 규제들에 더해 상호출자 금지와 순환출자 금지, 채무보증 금지, 금융보험사 의결권 제한 등이 추가로 적용된다.

대기업집단 기준은 1987년 자산총액 4000억원 이상에서 1993년 자산총액 상위 30개 기업집단, 2002년 자산총액 2조원 이상, 2009년 5조원 이상, 2016년 10조원(공시대상 기업집단 5조원 이상) 이상으로 바뀌었다.

공정위는 1987년부터 대기업집단과 함께 동일인(총수)도 지정해왔다. 그룹을 사실상 지배하는 총수를 지정해 총수 일가의 사익편취와 일감몰아주기 등을 규제하는 것을 목적으로 한다.

공정위, 대한항공·아시아나 결합 조건부 승인

공정거래위원회가 **대한항공과 아시아나항공의 기업결합을 조건부 승인**하기로 했다. 공정위는 2021년 12월 29일 대한항공·아시아나항공 기업결합 심사보고서를 상정했다. 공정위는 두 기업의 계열 항공사(진에어·에어부산·에어서울)를 포

함한 5개 항공사가 운항하는 250개 노선에 대한 경쟁 제한성을 판단했다.

공정위는 두 회사가 기업결합하면 '인천-LA', '인천-뉴욕', '인천-장자제', '부산-나고야' 등 점유율이 100% 달하는 독점노선 10개를 포함해 다수 노선에서 독과점 현상이 발생하는 것을 확인했다. 이에 공정위는 두 기업의 결합을 승인하되 독과점을 해결할 시정조치 방안을 함께 내놨다.

공정위는 구조적 조치로 두 기업이 보유한 국내 공항의 **슬롯**(slot : 시간당 비행기 이착륙 횟수) 일부를 반납하는 방안을 제시했다. 두 기업이 보유한 운수권(양국 정부가 협정을 통해 항공사에 배분하는 운항 권리)을 국내 저비용항공사(LCC, Low Cost Carrier)에 분배하는 방안도 언급했다.

하지만 해외 주요국의 심사가 남아 있어 국적 통합항공사 출범이 최종 확정된 건 아니다. 공정위는 "우리가 먼저 심사를 완료하더라도 해외 경쟁당국의 심사가 끝나야만 주식을 취득하고 기업결합을 완료할 수 있다"며 "해외 당국의 심사 상황에 따라 조치가 변경될 수도 있다"고 강조했다.

항공업계 "공정위 방침 무책임해"

이날 항공업계에서는 운수권을 회수한 뒤 국내 항공사에 다시 분배하겠다는 공정위 방침이 무책임하다는 지적이 쏟아졌다. 대한항공과 아시아나항공을 제외하면 국내에 유럽이나 미주 등 장거리 노선을 운용할 항공사가 없기 때문이다. 제주항공 등 LCC들이 중대형 항공기를 구매하는 등 대규모 투자에 나서야 하지만, 코로나19로 여객 수요가 언제 살아날지 불확실해 선뜻 결정하기 어려운 상황이다.

항공업계 측은 "노선을 가져갈 역량이 되는 LCC가 없는 상황에서 독과점을 이유로 운수권을 회수하면 멀쩡한 공급이 줄고 소비자의 선택권만 축소될 것"이라면서 "항공편 운항 감소에 따른 사업량 축소로 합병 이후 고용 유지에 악영향을 끼칠 수밖에 없고 국적 항공사의 운항횟수 감소로 인천공항의 환승 허브 기능도 약화할 것"이라고 반발했다.

➕ 빅딜 (big deal)

빅딜이란 문자 그대로 '큰 거래'를 뜻 하는 말로, 주로 기업이 대형 사업을 맞교환하는 것을 의미한다. 빅딜의 형태는 각각 두 개 이상의 업종을 모두 가지고 있는 두 회사가 경쟁력이 없는 사업을 상대방에게 넘겨주고 다른 사업을 넘겨받는 식으로 진행된다. 경영학에서는 사업교환(business swap)이라고 한다. 대규모 사업을 맞교환하는 빅딜과 달리 기업이 사업을 부문별로 나누어서 매각하거나 통합하는 등의 구조개편은 '스몰딜'(small deal)이라고 한다. 정치권 등에서 빅딜은 여야가 이해관계가 엇갈리는 법률안과 같은 사안을 관철하는 조건으로 다른 것을 양보한다는 의미로 쓰이고 있다.

文, 6대 기업 총수와 오찬… "청년 일자리 창출에 힘 써달라"

문재인 대통령은 12월 27일 청와대에 대기업 총수들을 초청해 "청년들이 코로나로 인해 잃어버린 세대로 주저앉지 않도록 기업인 여러분께서 든든한 힘이 되어 주시기를 바란다"고 당부했다.

문 대통령은 이날 청와대 본관 인왕실에서 ▲이재용 삼성전자 부회장 ▲정의선 현대자동차 그룹

회장 ▲최태원 SK주식회사 회장 ▲구광모 LG 회장 ▲최정우 포스코 그룹 회장 ▲구현모 KT 대표이사 등 6개 그룹의 총수들과 오찬 간담회를 가졌다.

'청년희망온' 프로젝트에 참여한 이들 기업에 대해 문 대통령은 "**6대 기업은 앞으로 3년간 청년 일자리 18만여 개를 창출하고, 교육훈련과 창업을 지원**하겠다는 약속을 해 주셨다"며 "훌륭한 결단을 내려 주신 기업인 여러분께 직접 감사드리고, 이러한 노력들이 민간 기업에 더 확산되기를 바라는 마음에서 자리를 마련했다"고 설명했다.

그러면서 "좋은 일자리를 창출하는 것은 기본적으로 기업의 몫이고, 정부는 최대한 지원할 뿐"이라며 "기업이 필요로 하는 디지털 전문 인력 양성과 기술창업의 활성화를 위해 민관이 다각도로 협업해 나가기를 바란다"고 촉구했다.

'청년희망온' 프로젝트는 기업이 채용, 교육·훈련, 멘토링 등 청년에게 기회를 제공하고 정부가 교육·훈련비, 인턴십 수당 등을 지원하는 사업이다. 김부겸 국무총리가 취임 초부터 "청년 문제 해결은 우리 부모 세대의 책임이고 정부의 의무"라며 의욕적으로 추진했다.

정부는 이 프로젝트 대상을 2022년에 더 넓히겠다는 구상이다. 문 대통령이 총수들을 만난 날, 윤성욱 국무2차장은 정부서울청사에서 브리핑을 열고 "2022년에는 청년이 선호하는 IT·플랫폼 기업, 중견·강소기업까지 참여하는 시즌2를 착실히 준비하겠다"고 말했다.

▌6대 기업, 청년 일자리 창출 계획

기업	내용
삼성전자	• SW 인재양성 및 벤처 창업 • 지역청년 지원 등 3만 개 일자리 창출 (8월에 신규 채용 4만 명 발표
SK그룹	• 신규채용 2만7000명 • 인재육성 1200명
포스코	• 신규채용 1만4000명 • 벤처지원 5900명 • 취업지원 5100명
현대차그룹	• 신규채용 3만 명 • 인재육성 1만5000명 • 창업지원 1000명
KT	• 신규채용 1만2000명 • 교육·훈련 3600명
LG그룹	• 신규채용 3만 명 • 산업 생태계 지원 9000명

코로나 충격에
소상공인 87만 명 사라졌다

코로나19 충격은 소상공인에게 직격탄이 됐다. 2020년 소상공인의 영업이익은 1년 전과 비교해 반토막이 났다. 사회적 거리두기, 무인화 등의 영향으로 같은 기간 소상공인 87만 명이 사라졌다.

중소벤처기업부와 통계청이 12월 28일 발표한 '2020년 소상공인 실태조사 결과'를 보면 2020년 소상공인 사업체 수는 290만2000개로 2019년

대비 4.7% 증가했다. 하지만 **종사자 수는 557만 3000명으로 1년 전보다 87만1000명(13.5%)이나 줄었다.** 이는 관련 통계 작성 이래 가장 큰 감소 폭이다.

특히 예술·스포츠·여가업 종사자 수는 3만 9000명이 줄어 20.5%나 줄었다. 일자리 5개 중 1개가 사라졌다는 의미다. 관련 분야 특성상 코로나19 이후 비대면 강화의 영향이 컸던 것으로 풀이된다. 절대적인 종사자 수 감소 폭으로 보면 도소매업이 31만3000명으로 가장 많고 숙박·음식점업이 25만2000명으로 뒤를 이었다.

고용원을 줄여가며 영업을 했지만, 매출과 영업이익은 급감했다. 2020년 사업체당 매출액은 2억2400만원으로 전년 대비 4.5%(1100만원) 줄었다. 특히 사업체당 영업이익은 1900만원으로, 전년 대비 43.1%(1400만원)이나 하락했다. 예술·스포츠·여가업은 1년 영업이익이 300만원으로 1년 전보다 85.2% 줄었고, 숙박·음식점업도 56.8% 하락했다.

> ➕ **코로노미 쇼크 (coronomy shock)**
> 코로노미 쇼크란 코로나19로 인해 발생한 소비심리 위축, 생활고 증가, 자영업자와 기업들의 매출 급감 등의

경제적 타격을 의미한다. 코로나(corona)19와 경제(economy·이코노미)의 합성어다. 코로나19 확산 사태가 장기화되면서 전 세계적으로 기업들의 매출 급감. 실업 대란, 취약계층의 생활고가 가중되는 등 경제위기가 이어지고 있다.

이에 우리나라를 비롯한 전 세계 많은 국가들이 코로나19로 위축된 경기를 극복하기 위해 생활고에 처한 국민들에게 일정 액수의 현금을 지원하는 대책을 내놓고 있다. 국내 지자체에서는 일부 계층이나 전 지역민들에게 지역사랑상품권이나 지역화폐 등을 지급해 유효기간 내에 소비하도록 독려하고 있으며 정부 차원에서는 전 국민을 대상으로 한 긴급재난지원금을 지급하기로 결정했다.

전기·가스요금
2022년 4월부터 줄줄이 인상

대통령 선거 직후인 2022년 4월부터 전기요금과 가스요금이 줄줄이 오른다. 정부가 2022년 물가 안정을 위해 1분기 전기요금과 가스요금 등 공공요금을 동결한다고 밝힌 지 1주일 만에 나온 것으로, 대선을 의식해 인상 시기를 늦춘 것이 아니냐는 관측이 나온다.

한국전력공사는 연료비 연동제에 근거해 2022년도 기준연료비를 2회에 나눠 킬로와트시(kWh)당 9.8원씩 인상한다고 2021년 12월 27일 밝혔다. 2022년 4월에 인상 폭의 절반인 4.9원을 올린 뒤, 10월에 나머지를 올린다. 연료비 연동제는 기준연료비 대비 실적연료비의 변동을 반영하는 제도다.

2022년도 기준연료비는 최근 1년간인 2020년 12월부터 2021년 11월까지의 기간을 대상으로 산정하는 것이 원칙이다. 해당 기간 유연탄 가격이 20.6%, 천연가스 20.7%, BC유 31.2%가 상승함에 따라 2022년 기준연료비가 2021년 대비 9.8원/kWh 상승한 것으로 산정했다고 한전 측은 설명했다. 또한 환경정책 비용 등을 반영한 ▪**기후환경요금**도 2022년 4월부터 kWh당 2원씩 인상한다.

정부가 이미 요금 인상 유보를 결정한 1분기 전기요금은 그대로 유지되지만, 2022년 4월부터는 단계적인 인상을 예고한 것이다. 한전 측은 "2022년 기준 5.6%의 전기요금 인상 효과가 예상된다"고 설명했다. 주택용 4인 가구(월 평균 사용량 304kWh 기준)는 월 평균 1950원(기준연료비, 기후환경요금 인상분) 수준의 전기요금 부담이 늘어난다는 의미다.

가스요금 단가도 오는 5월 메가줄(MJ·가스 사용 열량 단위)당 1.23원이 오른다. 7월과 10월에는 각각 1.9원과 2.3원으로 인상된다. 이에 따라 월 평균 사용량 2000MJ을 기준으로 한 월평균 부담액은 현재 2만8450원에서 10월 이후에는 3만350원으로 4600원 늘어난다.

가스요금은 이러한 정산단가에 연료비와 공급비가 더해져 산정되는 구조다. 현재 원료비 연동제 시행지침은 지난해 말 누적 원료비 손실분(미수금)을 오는 5월부터 1년간 원료비 정산단가로 회수하도록 규정하고 있다.

그러나 특정 분기에 물가가 집중 상승하는 것을 방지하고 급격한 국민 부담 증가가 발생하지 않도록 하는 정부 방침에 따라 정산단가 조정 요인을 연중 분산 반영하기로 했다고 가스공사 측은 설명했다. 가스공사는 정산단가 인상으로 2021년 말까지 누적된 연료비 미수금 1조8000억 원이 2년 내 회수돼 가스공사의 재무 건전성이 개선될 것으로 전망했다.

▪ **기후환경요금 (氣候環境料金)**

기후환경요금은 기존 전력량요금에 포함되어 있는 기후환경비용을 별도로 구분하여 표기·청구함으로써 해당비용에 대한 투명성을 제고하기 위한 요금제도다. 기후환경비용은 신재생 의무할당제(RPS, Renewable energy Portfolio Standard) 이행비용, 배출권거래제(ETS, Emission Trading Scheme) 이행비용 및 석탄발전 감축비용으로 구성되며, 기후환경요금 단가는 RPS 비용 단가, ETS 비용 단가 및 석탄발전 감축비용 단가를 각각 산정, 합산하여 적용한다. 기후환경요금은 미국, 유럽, 일본 등 많은 국가에서 투명한 정보제공 및 소비자 인식제고를 위해 도입하여 운영 중이다.

당정, 연 매출 3억 이하 가맹점 카드 수수료 0.5%로 인하

더불어민주당과 정부는 연 매출 3억원 이하 영세 가맹점의 ▪**신용카드 수수료율**을 0.8%에서 0.5%로 인하하기로 2021년 12월 23일 결정했다. 연 매출 3억원 초과~5억원 이하는 1.3→1.1%, 5억원

초과~10억원 이하는 1.4→1.25%, 10억원 초과
~30억원 이하는 1.6→1.5%로 인하한다.

민주당과 정부는 이날 오전 국회에서 카드수수료 개편방안 당정 협의를 열고 이같이 결정했다. 코로나19 확산으로 경제적 어려움이 커진 소상공인·자영업자의 카드수수료 비용 부담을 덜어준다는 취지다.

정무위 민주당 간사인 김병욱 의원은 당정협의를 마치고 기자들과 만나 "수수료율 조정을 통해 약 4700억원의 수수료를 경감할 수 있는 인하 방안을 마련했다"며 "코로나19 확산에 따른 어려움을 감안해 영세 규모 자영업에 대한 가맹점 카드 수수료 부담이 더 많이 경감되도록 하는 것이 필요하다는 데 공감했다"고 말했다.

이번 카드수수료율 인하는 2022년부터 2024년까지 3년간 적용된다. 정부는 2012년 개정된 여신전문금융법에 따라 3년마다 카드수수료율을 재산정해 왔다. 이번 재산정에는 코로나19 확산으로 어려움이 커진 소상공인·자영업자의 비용 부담을 덜어줘야 한다는 정책적 의지가 반영됐다.

김 의원은 당정협의 모두발언에서 "최근 코로나19 상황이 지속되면서 영세 자영업자분들의 어려움이 더 가중되고 있다"며 "그분들의 부담을 조금이나마 더 경감시키고 덜어 드려야 할 책임이 저희 국회에 있다고 생각한다"고 말했다. 민주당이 정부에 전향적인 인하 조치를 주문한 것으로 풀이된다.

■ 신용카드 수수료율

신용카드 수수료율은 가맹점이 결제시스템을 이용하는 대가로 총금액에서 신용카드사에 지불하는 수수료의 비율이다. 현재 신용카드사는 업종별로 수수료율의 최소·최대 범위를 정해 놓고 있는데, 업종마다 수수료율의 차이가 클 뿐더러 산출 근거도 명확하지 않아 이를 둘러싼 갈등이 있다.

현행 여신전문금융업법(여전법)에는 카드사와 가맹점 간의 수수료율 결정에 대한 명확한 규정이 없어, 카드사들이 업체별로 다른 수수료율을 적용해도 법적 하자가 없다. 또 현행법에는 카드사와 수수료율을 협의하기 위해서는 연간 매출액이 9600만원을 넘는 업체들만 단체를 구성할 수 있다. 따라서 매출이 그 미만인 영세자영업자들은 사실상 개별 협상을 통해서만 수수료율을 결정할 수 있다.

공정위, 플랫폼 심사지침 제정… 자사 우대 등 위반행위 규정

공정거래위원회

공정거래위원회가 플랫폼 사업자들의 자사우대와 **멀티호밍**(multihoming : 타 플랫폼 이용)제한 등 법 위반 행위에 대한 감독에 나섰다.

공정위는 2022년 1월 6일 '온라인 플랫폼 사업자의 시장지배적 지위 남용 행위 및 불공정거래 행위에 대한 심사지침' 제정안을 마련해 1월 26일까지 행정예고했다. 현행 공정거래법상 심사지침은 온라인 플랫폼 분야의 ▲다면적 특성 ▲네트워크 효과·데이터 집중으로 인한 ▪쏠림현상 ▲시장의 혁신·동태적 효과 등을 반영하는 데 한계가 있다는 지적이 있었다.

이번 심사지침은 시장을 선점한 거대 온라인 플랫폼이 신규 플랫폼의 진입을 방해하고 독점력을 이용한 경쟁제한 행위를 막는 데 초점을 맞췄다. 이는 플랫폼 사업자의 행위가 현행법상 시장지배적 지위 남용행위 및 불공정거래행위에 해당하는지 여부를 판단할 때 쓰인다.

역외적용 원칙에 따라 **외국 사업자가 국외에서 한 행위라도 국내 시장에 영향을 미칠 경우 심사지침이 적용**된다. 공정위가 규정한 플랫폼 사업자의 주요 '갑질'은 자사우대와, 멀티호밍 제한, 최혜대우 요구 행위다.

구체적인 사례로는 2020년 10월 네이버가 쇼핑·동영상 관련 검색알고리즘을 조정해 자사 서비스를 이용하는 입점업체의 상품이 더 우선적으로 노출되도록 한 행위(자사우대), 2021년 9월 구글이 모바일 운영체제(OS)와 관련해 경쟁 OS 개발과 출시를 방해한 행위(멀티호밍 제한), 2021년 3월 배달앱 요기요가 입점업체에 최저가 보장을 요구하고 미이행 시 계약 해지를 요구한 행위(최혜대우 요구) 등이다.

공정위는 이번 심사지침을 통해 무료 서비스라도 플랫폼 사업자와 이용자 간 가치의 교환(거래)이 발생할 경우 관련 시장을 획정할 수 있도록 했다.

또 플랫폼 사업자가 시장지배적 사업자인지 여부를 판단할 때 다양한 요소를 종합적으로 고려하도록 했다.

예를 들어 규모의 경제로 인한 시장 진입장벽이 존재하는지, 다수 이용자를 연결하는 중개자 역할을 하면서 주요 이용자 집단에 대한 접근성을 통제할 수 있는지, 경쟁사업자가 데이터에 접근할 수 있는지 등이다.

공정위는 "이번 심사지침을 통해 시장획정과 시장지배력 평가 기준을 제시해 법 집행의 예측 가능성을 높였다"며 "대표적인 경쟁제한행위 유형을 구체적인 사례로 제시한 만큼 법 위반행위 예방에 기여할 수 있을 것"이라고 밝혔다.

▪ 쏠림현상 (tipping effect)

쏠림현상이란 일부 특정 부분에 몰리는 현상을 말한다. 횡단보도 앞에서 신호 확인 없이 다른 사람의 행동이 바뀐 신호에 근거했을 것이라 판단하고 타인을 따라 길을 건너는 것이 쏠림현상에 해당된다. 경제 분야에서 쏠림현상은 주식이나 부동산 가격의 폭등으로 이어져 거품현상을 낳기도 하며, 반대로 가격 폭락을 일으키기도 한다.

▌온라인 플랫폼 사업자의 주요 경쟁제한행위 유형 (자료 : 공정거래위원회)

구분	주요 내용	주요 경쟁제한 효과
멀티호밍 제한	자사 온라인 플랫폼 이용자의 경쟁 온라인 플랫폼 이용을 직·간접적으로 방해	온라인 플랫폼 시장의 독점력을 유지 강화
최혜대우 요구	자사 온라인 플랫폼상의 거래조건을 타 유통 채널 대비 동등하거나 유리하게 적용하도록 요구	
자사우대	자사 온라인 플랫폼상에서 자사 상품 또는 서비스를 경쟁사업자의 상품·서비스 대비 직·간접적으로 우대	온라인 플랫폼 시장의 독점력을 지렛대(leverage)로 연관시장까지 독점화
끼워팔기	자사 온라인 플랫폼상에서 자사 상품 또는 서비스를 함께 거래하도록 강제	

재계 2022년 경영 키워드는 '고객경험·친환경'

2022년 주요 기업 최고경영자(CEO)들은 '고객경험'과 '친환경'을 새해의 화두로 꼽았다. 삼성전자, 현대자동차, SK, LG 등 국내 주요 기업 CEO와 총수들은 2022년 1월 3일 일제히 신년사를 내놓고 혁신을 통한 체질 개선을 주문했다.

삼성전자 대표이사인 한종희 부회장과 경계현 사장은 "고객이 우리의 가장 중요한 가치가 돼야 하고, 최고의 **고객경험**(CX, Customer eXperience)을 전달할 수 있도록 노력해야 한다"고 신년사에서 강조했다.

한 부회장과 경 사장은 현재 경영환경에 대해 "경쟁이 치열해지고 있다"고 진단하며 "선두 사업은 끊임없는 추격을 받고 있고, 도약해야 하는 사업은 멈칫거리고 있다"고 위기의식을 강조했다.

정의선 현대자동차그룹 회장은 올해 청사진을 '가능성을 고객의 일상으로 실현하는 한 해'로 제시했다. 현대차그룹의 **친환경차, 로보틱스 등 미래 모빌리티 사업**들이 이제는 고객의 삶 속에 자리를 잡아야 한다는 의미다.

LG그룹은 구광모 대표가 2021년 12월 20일 앞서 내놓은 신년사에서 '고객 경험'을 강조한 데 이어 신학철 LG화학 부회장이 "올해는 **'고객의 해'**로 고객 없이 LG화학은 존재할 수 없다"고 강조했다. 황현식 LG유플러스 사장도 "특별한 서비스로 고객이 만족하도록 해야 한다"고 임직원들에게 전했다.

LS그룹은 **＊애자일 조직** 문화를 전면에 내세웠다. 구자은 LS그룹 회장은 애자일 문화 안착으로 그룹의 재도약을 이끌어갈 방침이다. 구자은 회장은 2021년 12월 '애자일 데모데이'를 열어 각 계열사의 프로젝트 사례를 공유했다. LS일렉트릭의 자동화연구소는 애자일 방식의 조직 전환을 시도, 약 150여 명 규모의 연구소 전체에 팀장 직책을 없애고 프로젝트별로 일을 하는 스쿼드 조직을 도입했다.

KT는 구현모 대표가 '고객중심'과 함께 '통신 인프라의 안정과 안전'을 핵심 화두로 꼽았다. 코로나19 여파로 2년간의 항공불황을 견디고 있는 조원태 한진그룹 회장은 "2022년은 위기가 가져온 패러다임을 대전환하는 중요한 시점이다. **글로벌 메가 캐리어**(global mega carrier)로 나아가는 원년이 될 것"이라고 강조했다.

김준 SK이노베이션 부회장은 **'카본 투 그린**(탄소에서 친환경으로) **혁신'**을 앞세운 신년사를 통해 친환경 경영을 통한 성과 창출을 역설했다. 최정우 포스코그룹 회장도 "친환경 미래소재로 국가경제 발전에 기여하자"는 신년사를 냈다.

2021년 인텔 낸드플래시 사업 인수 절차를 사실상 마무리한 박정호 SK하이닉스 부회장은 "앞으로 10년의 경영환경은 상상 이상으로 과거와 다를 것"이라며 "1등 마인드로 새로운 길을 개척하자"고 독려했다.

2022년 그룹 창립 70주년을 맞은 한화그룹의 김승연 회장은 성장에 방점을 찍었다. 김 회장은 "신사업 성과를 앞당기고 지속적으로 신규 사업을 발굴해 미래 한화를 구현하자"며 핵심 인재 영입 의지를 내비쳤다. 김 회장은 "100년 한화의 미래를 위한 도약의 한 해를 만들자"고 했다.

▪ 애자일 조직 (agile organization)

애자일 조직은 '민첩한', '기민한' 조직이라는 뜻으로 부서 간 경계를 허물고 목적에 따라 소규모 팀을 만들어 업무를 수행하는 조직을 말한다. 애자일 조직은 상명하달 형태의 수직적 조직과 달리 본인 스스로 전문가가 되어 책임을 갖고 업무를 수행하면서 필요에 따라 협업하는 것이 특징이다.

'먹튀 논란' 류영준 카카오 대표 내정자 사퇴

▲ 류영준 카카오페이 대표이사 내정자(왼쪽·사퇴)와 여민수 카카오 대표이사 (자료 : 카카오)

최근 카카오페이 ▪**스톡옵션** 행사로 '먹튀' 논란에 휩싸인 류영준 카카오 공동대표 내정자가 자진 사퇴 의사를 밝혔다. 카카오는 차기 최고경영자(CEO) 내정자인 류영준 카카오페이 대표가 사의를 표시했다고 전하면서 "카카오 이사회는 최근 크루(임직원)들이 다양한 채널로 주신 의견들을 종합적으로 숙고해 이 결정을 받아들이기로 했다"고 1월 10일 설명했다.

류 대표의 자진사퇴는 국회에서 '카카오페이 먹튀 방지법'까지 논의될 정도로 여론이 악화한 데다 카카오 노조의 퇴진 압박이 거세지면서 전격 이뤄졌다. 류 대표는 작년 11월 25일 카카오 신임 공동대표로 내정됐지만 카카오페이 상장 약 한 달 만인 작년 12월 10일 **임원들과 함께 카카오페이 주식 900억원어치를 블록딜 방식으로 매각**하면서 개인적으로 469억원을 현금화해 먹튀 논란을 촉발했다.

이 후폭풍으로 지난해 장중 한때 17만원을 돌파했던 카카오의 주가는 이날 3.4% 하락한 9만 6600원에 마감했다. 시가총액은 43조745억원으로 전고점(75조2461억원) 대비 32조1716억원 줄었다. 카카오페이 역시 지난해 11월 말 23만 8500원까지 올랐지만 경영진 주식 매도 논란 이후 꾸준히 하락해 14만8500원으로 마감했다.

한편, 류 대표는 오는 3월까지인 카카오페이 대표 임기는 유지한다. 카카오페이는 3월 주주총회에서 새로운 대표를 선임하는 절차를 마무리하기까지 대표이사 자리를 공백으로 두기가 어려운 상황이므로 류 대표가 남은 임기까지 카카오페이 대표직을 유지할 예정이라고 전했다.

▪ 스톡옵션 (stock option)

스톡옵션이란 기업이 임직원에게 일정 수량의 자기회사의 주식을 일정한 가격으로 매수할 수 있는 권리를 부여하는 제도로 주식매수선택권이라고 한다. 스톡옵션은 그 대상이 되는 임직원에게 함께 열심히 일하도록 유도할 수 있는 효과적인 능률급제도로 여겨짐으로써 경영전략의 하나로 사용된다. 주로 재정의 여유가 없는 스타트업에서 인재를 모을 때 스톡옵션을 활용한다.

기출TIP 2020년 TV조선 필기시험에서 스톡옵션에 대해 묻는 문제가 출제됐다.

분야별
최신상식

사회
환경

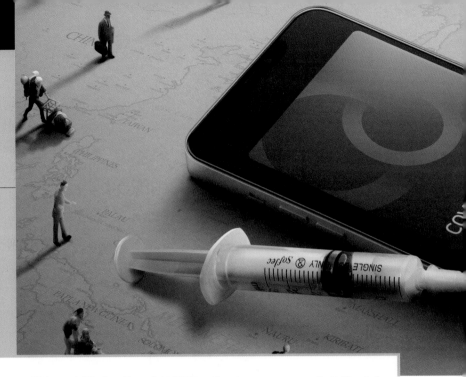

1월 3일부터 미접종자 QR코드 스캔 시
'딩동' 알림음

■ 방역패스

방역패스는 코로나19 백신 접종 완료자가 다중시설을 이용할 때 방역 조치로 인한 제한을 받지 않는 인센티브를 주는 것 등을 말한다. 방역패스는 포지티브 방식과 네거티브 방식이 있는데, 포지티브 방식은 접종 완료자의 인센티브를 늘려주는 것이고, 네거티브 방식은 미접종자들에게 불이익을 주는 방식이다. 한편, 일각에서는 개인 질환 등으로 백신을 접종할 수 없는 사람들도 있는데 백신패스를 도입해 미접종자에게 불이익을 주는 것은 인간 기본권을 침해하는 것이라고 반발한다.

방역패스 180일 유효기간 적용

정부는 지난 1월 3일부터 ■방역패스에 180일의 유효기간을 적용해 방역지침을 강화했다. 2차 백신 접종 완료가 6개월이 지난 이들은 식당·카페 등 다중이용시설에서 QR코드를 스캔할 때 '딩동' 소리를 듣고 입장을 제한받게 됐다.

자영업자들은 정부가 방역패스 지침을 수시로 바꾸면서 정작 현장에서 이를 일일이 확인해야 하는 자신들의 상황은 고려하지 않고 있다고 비판했다. 조지현 코로나19 대응 전국자영업자비상대책위원회 공동대표는 "바뀐 지침에 따라 애플리케이션을 업데이트하고, '딩동' 소리에 기분 나빠할 손님들에게 바뀐 지침을 일일이 설명해야 하는 것은 오롯이 우리 몫"이라고 한숨을 쉬었다.

조 공동대표는 "인건비 부담에 사람을 줄이는데 손님들 백신 유효기간 확인하고 설명하느라 오히려 직원이 필요한 실정"이라며 "지연되는 시간, 영업에 방해를 주는 정도를 고려해 정부가 1인 인건비 수준의 지원은 해줘야 한다. 방역지원금 100만원으로는 턱없이 부족하다"고 지적했다.

결정했다. 1월 4일 법원에 따르면 서울행정법원 행정8부는 함께하는사교육연합·전국학부모단체연합 등이 보건복지부 장관과 질병관리청장을 상대로 낸 집행정지(효력정지) 신청을 일부 인용했다.

정부는 법원 판결을 인용해 1월 18일부터 ▲보습학원 ▲독서실 ▲박물관 ▲영화관 ▲대형마트 ▲백화점 등 시설의 방역패스를 해제했다. 다만 청소년 방역패스는 계속 적용하기로 했다. 정부는 서울의 청소년 방역패스가 집행정지된 건에 대해서도 항고 주체인 서울시와 긴밀히 협력해 즉시항고를 진행, 청소년 방역패스 필요성을 설명할 방침이다.

집단 행정소송 제기도

정부의 방역패스 도입이 미접종자의 기본권을 과도하게 침해하고 있다며 방역패스 도입 중단을 요구하는 **집단 행정소송도 제기**됐다. 조두형 영남대 의대 교수를 비롯한 의료계 인사들과 종교인, 일반 시민 등 1023명은 보건복지부 장관과 질병관리청장, 서울시장을 상대로 2021년 12월 31일 서울행정법원에 소송을 냈다.

원고들은 "정부가 미접종자에 대해 식당, 카페, 학원 등 사회생활 시설 전반 이용에 심대한 제약을 가하는 방식으로 임상시험도 제대로 거치지 않은 코로나19 백신접종을 사실상 강요해 중증 환자와 사망자를 양산하고 있다"며 "행정처분은 취소돼야 한다"고 주장했다. 이들은 방역패스 조치를 잠정적으로 중단시켜 달라는 ▪**집행정지** 신청도 함께 법원에 제출했다.

법원, 청소년 방역패스 제동

한편, **법원이 학원과 독서실 등을 대상으로 하는 정부의 청소년 방역패스 효력을 일시 중지하도록**

▪ **집행정지 (執行停止)**

집행정지란 본안판결의 실효성을 확보하고 권리구제를 도모하기 위한 가구제제도의 하나다. 당해 행정처분 등에 불복하여 항고쟁송이나 항고소송을 제기한 원고를 위하여 당해 처분 등의 효력이나 그 집행 또는 절차의 속행을 정지케 함으로써 본안 판결이 있을 때까지 마치 당해 처분 등이 없었던 것과 같은 상태를 형성하는 재판을 말한다. 즉 행정처분은 공정력이 인정되어 집행력이 있으나, 이를 관철하면 상대방에게 회복할 수 없는 손해를 입힐 우려가 있어 예외적으로 집행정지를 인정한 것이다. 한편, 집행정지의 결정을 신청함에 있어서는 그 이유에 대한 소명이 있어야 하며, 집행정지의 결정에 대한 즉시항고에는 결정의 집행을 정지하는 효력이 없다(행정소송법 제23조 2항 내지 5항).

POINT	세 줄 요약

❶ 정부는 지난 1월 3일부터 방역패스에 180일의 유효기간을 적용해 방역지침을 강화했다.

❷ 정부의 방역패스 도입이 미접종자의 기본권을 과도하게 침해하고 있다며 방역패스 도입 중단을 요구하는 집단 행정소송도 제기됐다.

❸ 한편, 법원은 학원과 독서실 등을 대상으로 하는 정부의 청소년 방역패스 효력을 일시 중지하도록 결정했고, 정부는 서울시와 협조해 즉시항고를 진행했다.

EU "그린 택소노미에 원전·천연가스 발전 포함"

유럽연합(EU) 집행위원회가 원자력 발전과 천연가스에 대한 투자를 친환경 에너지로 분류하기로 한 데 일부 회원국이 반발했다. EU 집행위는 지난 12월 31일(현지시간) 일부 원자력·천연가스 발전을 **그린 택소노미**(green taxonomy·녹색 분류체계)에 포함시켰다. **그린 택소노미**(녹색 분류체계)는 친환경 경제활동을 분류해 녹색채권·녹색기금 등 각종 금융 혜택을 부여하는 제도다.

다만 원전 발전이 그린 택소노미에 포함되기 위해서는 방사성 폐기물을 안전하게 처분할 장소가 존재해야 하고 투자 관련 계획 및 조달 자금이 마련돼 있어야 한다. 신규 원전 투자는 2045년 이전에 건설 허가를 받은 때에만 가능하다.

천연가스 발전은 전력 1kWh(킬로와트시) 생산 시 나오는 온실가스가 **270gCO$_2$eq**(이산화탄소 환산량) 미만이면서 화석연료 발전소를 대체하는 경우에만 그린 택소노미에 포함시킬 수 있도록 했다. 새 천연가스 발전 시설은 2030년 12월 말까지 건축허가를 받아야 한다.

EU의 그린 택소노미 최종안은 4개월 이후 채택될 예정이지만 회원국 간 의견 차이가 크다. EU는 지난 1년간 원자력 및 가스 발전을 그린 택소노미에 포함시킬지를 두고 갑론을박을 벌였다. **전력 생산의 70%를 원전에 의존하는 프랑스나 폴란드 등은 포함시켜야 한다고 주장했지만 탈원전을 지향하는 독일과 오스트리아 등은 이를 공개적으로 반대**했다.

환경을 중시하는 녹색당과 연정을 통해 내각을 출범시킨 중도좌파 사민당 소속의 올라프 숄츠 독일 총리는 독일의 남은 6개 원전 중 3곳의 가동을 최근 중단했고 2022년 말까지 남은 3곳도 중단할 예정이다. 반대로 프랑스와 영국 등은 원전을 재가동할 방침이다.

EU의 이번 결정으로 **한국형 녹색 분류체계인 K 택소노미도 재검토가 불가피**해졌다. 환경부는 원전·가스 발전을 친환경으로 포함한 EU 그린 택소노미 기준에 대해 면밀히 재검토해보겠다고 1월 3일 밝혔다. 환경부는 최근 K택소노미 태양광·태양열 등 재생에너지 생산 활동 관련 기반시설 구축 활동 등 69개 경제 활동을 포함시키면서 원전은 제외했다.

▌K택소노미 주요 경제활동 (자료 : 환경부)

구분	경제활동
산업	▲탄소중립 핵심기술 활용을 위한 제조 ▲탄소중립 핵심기술 활용을 위한 소재부품장비 제조 ▲배출원단위가 낮은 철강 제조 ▲배출원단위가 낮은 시멘트 제조 ▲온실가스 감축설비 구축과 운영
발전 및 에너지	▲재생에너지 생산 : 태양광, 태양열, 풍력, 수력, 해양, 지열, 수열, 바이오매스, 바이오가스 ▲수소·암모니아 기반 에너지 생산 ▲전기·열·수소·암모니아 에너지 저장 ▲재생에너지 관련 송배전 인프라 구축

수송	▲무공해차량·철도·건설기계·농업기계·선박·항공기 제조 ▲무공해 대중교통 운영 ▲무공해 육상·철도·선박 운송
도시건물	▲제로에너지 특화 도시개발 운영 ▲저탄소 사료 및 대체가공식품 제조
농업	▲저탄소 농업 ▲저탄소 사료 및 대체가공식품 제조
이산화탄소 포집	이산화탄소 포집, 인프라 구축 영구격리 등
물	▲하·폐수 관리 ▲저영향 개발 ▲물공급 ▲대체 수자원 활용
자원순환	▲폐기물 발생 억제 ▲폐자원 재활용
대기해양오염 방지	악취 방지 등
생물다양성	▲육상 및 해양 생태계 보호·복원 ▲도시 내 탄소 흡수원 조성

"거지같은 알바만 온다" 식당 사장님 울분

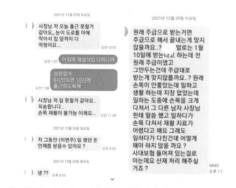

▲ 한 자영업자가 알바생과 주고받은 메시지를 공개했다. (자영업자 커뮤니티 '아프니까 사장이다' 캡처)

지난 1월 2일 자영업자 커뮤니티인 '아프니까 사장이다'에 고등학생을 아르바이트로 썼다가 무책임한 태도에 낭패를 봤다는 한 식당 사장의 사연이 화제가 됐다. 강원도에서 국밥집을 운영 중이

라고 소개한 A 씨는 "갈수록 거지같은 인간들만 일하러 온다"는 제목의 글을 올렸다.

A 씨는 "최근 아르바이트생 채용이 어려워 고등학생 2명을 채용했다"며 "시급을 1만2000원까지 올려도 일하겠다는 사람이 없다"며 채용의 고충을 토로했다. A 씨는 "알바생들에게 근로계약 시 수습기간 명시하고 무단 퇴사하면 **최저시급**(2022년 기준 9160원)만 준다고 고지했다"며 "할 자신 있으면 하라고 했더니, 둘 다 한다고 했다. 근데 2주 만에 1명 퇴사하고 오늘 나머지 1명마저 퇴사했다"고 말했다.

이어 "말도 안 되는 거짓말과 변명들, 산재(산업재해) 처리 해달라는 협박에 요새 참 무서워서 사람 쓰겠냐"며 알바생들과 주고받은 메시지를 캡처해 공개했다. 메시지에 따르면 알바생 B 양은 가족 사정으로 일을 쉬고 싶다고 A 씨에게 연락했다.

A 씨가 "지금 사람이 없어서 힘들다. 일하기로 했으면 가게 규칙을 지켜라"고 타일렀다. 그럼에도 B 양은 "가족이 1순위고 가게는 그 뒷전"이라고 답했고 결국 A 씨는 "계속 이런 일이 생길 것 같으니 그냥 쉬어라"라고 했다.

또 다른 알바생 C 양은 크리스마스 자정이 넘은 시간에 "눈이 많이 와서 출근 못할 것 같다"고 문자를 보냈다. A 씨는 "아침에 제설 작업 하니까 9시 출근이 힘들면 10시에 출근하라"고 답했다. 답이 없던 C 양은 정오 무렵 "일을 못 하겠다"며 "그동안 일한 돈은 언제쯤 받을 수 있느냐. 일하다 손목을 다쳤는데 산재 처리해 줄 거냐"고 물었다.

A 씨는 "빨리 가게 팔려서 가족끼리 작게 하고 싶다. 점점 사람한테 지쳐간다"며 "많은 걸 바라지 않았다. 그냥 0.5인분만이라도 해주길 바랐는데 욕심이 과했나 보다"고 허탈해 했다.

'5·18 왜곡 처벌법' 적용 첫 처벌... 광주경찰청 11명 송치

"5·18 왜곡 처벌법 시행 후 첫 처벌대상자가 나온다. 광주경찰청 사이버범죄수사대는 5·18 민주화운동 등에 관한 특별법 일부 개정안(5·18 왜곡 처벌법) 시행 후 이 법을 적용한 11명 피의자를 이날 한꺼번에 첫 송치한다고 12월 22일 밝혔다.

광주시는 지난 5월과 6월 두 차례에 걸쳐 '광주 5·18 민주화운동은 폭동이다'는 내용을 유튜브나 SNS상에 유포한 게시물 26건에 대해 광주경찰청에 수사 의뢰했다.

이형석 더불어민주당 의원에 따르면 1차 수사 의뢰한 14건은 5·18 민주화운동 41주년을 앞두고 주로 5월 17~18일 집중적으로 올라왔던 특정 사이트의 인터넷 게시물이며, 2차 수사 의뢰한 12건은 1차 수사 의뢰 이후 광주시의 조치를 조롱하며 5·18을 왜곡·폄훼한 동일한 사이트의 인터넷 게시물 등이다.

한때 강의 중 5·18을 북한군이 개입한 폭동으로 주장해 광주 지역 사회의 비난을 샀던 교수, 5·18 당시 공수부대원 사진을 그대로 모방해 정부 정책을 비판한 신문 만평도 왜곡 사례로 거론됐으나 수사 의뢰 대상에서 제외됐다.

왜곡 처벌법에 학문·연구 목적이었을 경우 처벌하지 않는 예외 규정을 둔 점 등으로 미뤄 문제의 강의에 대해 형사적 조처는 어렵고, 신문 만평도 역사 왜곡이 아닌 풍자의 영역이어서 비난 소지와는 별개로 처벌 대상이 되기에는 어렵다는 판단 때문이었다.

5·18 왜곡 처벌법을 대표 발의했던 이 의원은 "1980년 5월 이후 지속된 광주민주화운동에 대한 악의적 폄훼를 41년 만에 최초로 형사 처벌할 수 있게 됐다"며 "5·18의 숭고한 정신이 오롯이 계승·발전되고, 호남이라는 특정 지역에 색깔론을 덧씌워 차별하고 혐오하는 비이성적 행위가 근절될 수 있을 것으로 기대된다"고 평가했다.

■ **5·18 왜곡 처벌법**

5·18 왜곡 처벌법은 5·18 민주화운동과 관련해 허위사실을 근거로 악의적으로 왜곡하거나 폄훼하면 5년 이하의 징역이나 5000만원 이하의 벌금형에 처하는 법률로, 지난 1월 5일부터 시행됐다. 해당 법안은 독일, 오스트리아 등지에서 시행하는 선동범죄 처벌법을 모델로 삼았다. 이러한 역사 왜곡 처벌법에 대해 헌법상 중요한 기본권인 표현의 자유를 침해할 우려가 높다는 비판도 있었다. 이밖에 한국의 역사 왜곡 처벌법으로는 ▲제주4·3 특별법 개정안 ▲6·25 전쟁 특별법안 ▲천안함 폭침 사건 등에 관한 특별법 등이 있다.

CJ대한통운 택배노조 무기한 총파업

▲ CJ대한통운 택배노조 총파업 (자료 : 전국민주노동조합총연맹)

택배 물량이 평소보다 급증하는 연말연초 성수기가 한창인 가운데 국내 택배업계 점유율 1위 CJ대한통운 택배기사들이 12월 28일부터 무기한 총파업에 돌입했다. 이는 지난 12월 23일 ■**쟁의행위** 찬반투표에서 93.6%가 찬성한 데 따른 것으로, 2021년 들어 4번째 파업이다.

파업의 원인은 2021년 1월과 6월 두 차례 이뤄진 사회적 합의문에 대한 해석 차이다. 택배노조는 택배기사들의 과로사 방지 등을 위해 마련된 사회적 합의에 따라 택배요금을 170원 인상했지만

사측이 이 중 50원가량만 택배기사들을 위해 쓰고 나머지는 사측 이윤으로 챙기고 있다고 주장하며 이에 대한 배분을 요구하고 있다.

CJ대한통운은 통상 수수료 배분 방식에 따라 택배요금 인상분의 절반이 이미 택배기사들에 수수료로 배분된다며 오히려 택배노조가 정상적인 경영활동을 방해하고 있다는 입장이다. 인상된 택배비는 170원이 아닌 140원이며, 인상 폭과 관계없이 전체 택배비의 약 55%가 택배기사에게 돌아간다고 설명했다.

앞서 한국경영자총협회는 입장문을 통해 "택배노조는 올해(2021년) 들어 이미 세 번의 파업을 강행했고, 정부·정치권의 개입과 사회적 합의가 매번 뒤따랐다"며 "그런데도 택배노조는 연말연시 성수기 택배 물량을 담보로 자신들의 요구사항만을 관철하려 한다"고 비판했다.

■ **쟁의행위 (爭議行爲)**

쟁의행위란 파업·태업·직장폐쇄 기타 노동관계 당사자가 그 주장을 관철할 목적으로 행하는 행위와 이에 대항하는 행위로서 업무의 정상적 운영을 저해하는 행위를 말한다. 쟁위행위의 유형으로는 ▲파업 ▲태업 ▲사보타주 ▲보이콧 ▲피케팅 ▲직장점거 ▲준법투쟁 등이 있다.

■ **쟁의행위의 유형**

구분	내용
파업	근로 제공을 전면적으로 거부
태업	형식적으로 노동력을 제공하지만 고의적으로 불성실하게 근무해 업무능률을 저하시키는 행위
사보타주	생산·사무활동을 방해하거나 원자재나 생산시설을 파괴하는 행위
보이콧	사용자 또는 그와 거래관계가 있는 제3자의 상품구입 또는 시설이용을 거절하거나 그들과의 근로계약 체결을 거절할 것을 호소하는 행위

피케팅	다른 근로자나 시민들에게 쟁의 중임을 알리고 근로자 측에 유리한 여론을 형성하거나, 파업에 동조하도록 호소하는 행위
직장점거	파업을 할 때 사용자의 의사에 반하여 사업장에 체류하는 행위
준법투쟁	준법을 명분으로 실시하는 단체행동

기출TIP 쟁의행위를 묻는 문제는 매년 언론사에서 자주 다루는 주제다. 쟁의행위의 유형은 어떤 것이 있고, 무슨 의미인지 알아둬야 한다.

대학 정원 줄이면 '당근' 못줄이면 '채찍'...1조 투입해 감축유도

학령인구 급감에 대응해 정부가 정원을 미리 감축하는 대학에는 지원금을 지급하고, 충원율이 낮은데도 감축 권고를 따르지 않는 대학에는 일반재정지원을 중단하기로 했다. 교육부는 12월 29일 일반재정지원 방식으로 대학이 미래 경쟁력 강화를 추진하도록 하는 2022~2024년 대학혁신지원사업의 기본계획 시안을 발표했다.

2000년 이후 2021년 학령인구는 35만 명 감소했으며 대학 신입생은 24만 명 줄었다. 대학 미충원 인원은 2021년 4만586명이며, 2024년 10만 명에 달할 것으로 교육부는 추산하고 있다.

교육부는 대학이 정원 감축에 제대로 나서지 않으면 재정지원을 중단하기로 결정했다. 권역 내 충원율 하위 30~50% 수준 대학은 컨설팅 대상이 된다. 257개 대학 기준 30~50%는 77~128곳이다. 2차년도(2023년)에 이들 대학에 적정규모화를 권고하고, 이를 이행하지 않으면 3차년도(2024년) 사업비 지원을 중단한다.

정부는 반대로 선제적, 효율적으로 정원 감축에 나선 대학에는 인센티브를 준다. 2021년도 미충원 규모 대비 90% 이상 감축 계획을 세운 대학에 일반대 1곳당 최대 60억원(전문대 24억원)까지 지원금을 준다.

재정지원제한대학 5월 지정

교육부는 이날 2023학년도 정부 재정지원제한대학 지정 방안도 발표했다. 재정지원제한대학은 최소 수준의 고등교육 여건을 보장하기 위해 대학기본역량진단을 통해 평가, 지정하는 것으로 2022학년도에는 18곳(일반대 9곳, 전문대 9곳)이 지정됐다.

2023학년에도 전년처럼 교육여건과 성과 등 주요 정량 지표를 활용해 절대평가 방식에 따라 지표별 최소기준(지표값 분포의 하위 10%) 달성 여부를 평가한다. 다만, 코로나19 상황을 고려해 신입·재학생 충원율과 졸업생 취업률은 한시적으로 최소 기준을 조정해 권역별 하위 20% 대학만 지표를 미충족한 것으로 본다.

일반재정지원 대학이 재정지원제한 대학으로 지정되면 유형과 관계없이 해당 학년도부터 일반재정 지원이 중단된다. 교육부는 오는 5월 2023학년도 대학 명단을 발표할 예정이다.

＋ **대학기본역량진단 (大學基本力量診斷)**

대학기본역량진단은 대학 정원 감축을 목적으로 하는
문재인 정부의 대학 평가 방식을 말한다. 학령인구 감
소에 따른 지역대학·전문대학의 위기가 심화되자 대학
운영의 효율성을 고려한 적정 규모화 등 대학의 자체
적 정원 조정 기제 및 학사구조 개편의 필요성으로 나
타났다. ▲자율개선대학 ▲역량강화대학 ▲진단제외대
학 ▲재정지원제한대학 ▲한계대학 총 5단계로 구분하
며, 정해진 기준을 넘지 못하면 국가장학금 및 학자금
대출 등 정부재정지원사업 참여에 제한된다.

미성년 성폭력 피해자 진술 영상 법정서 증거로 못 써

헌법재판소에서 19세 미만 성폭력범죄 피해자가 법정에서 증언하지 않아도 영상으로 녹화한 진술을 법정에서 증거로 사용할 수 있도록 한 현행 법이 헌법에 어긋난다는 판단을 내놓았다. 헌재는 지난 12월 23일 성폭력범죄의 처벌 등에 관한 특례법(성폭력처벌법) 30조 6항 가운데 19세 미만 성폭력범죄 피해자에 관한 부분이 헌법을 위반했다는 위헌소헌을 재판관 6 대 3 의견으로 위헌 결정했다고 밝혔다.

성폭력처벌법 30조 1항은 성폭력범죄 피해자가 19세 미만이거나 장애로 인해 사물 변별 능력이나 의사 결정 능력이 미약한 경우 그 진술을 촬영해 보존하도록 규정한다. 또한 같은 법 6항은 이렇게 촬영된 동영상이 조사에 동석한 신뢰관계에 있는 사람 또는 진술조력인으로부터 '진정한 것'이라고 인정되면 증거로 쓸 수 있다고 정한다.

해당 법에 따라 피해자의 진술 없이 1·2심 모두 유죄가 인정돼 징역 6년의 실형을 선고받은 A 씨의 변호인이 상고심에서 위헌소원을 제기한 바 있다. A 씨 측은 **성폭력범죄 피해자가 미성년자인 경우 피고인으로서는 피해자에 대해 반대신문권을 행사하지 못하게 돼 있어 부당하다고 주장**했다.

헌재는 성폭력처벌법 30조 6항에 대해 "보호 필요성이 큰 미성년 피해자가 법정에서 피해 경험을 진술하거나 반대 신문을 받는 과정에서 입을 수 있는 심리적·정서적 고통 등 ▪**2차 피해**를 막기 위한 것"이라며 "정당성이 인정된다"고 판단했다.

헌재는 다만 "피고인의 반대신문권을 보장하면서도 미성년 피해자를 보호할 수 있는 조화적인 방법을 상정할 수 있는데도 반대신문권을 실질적으로 배제해 방어권을 과도하게 제한하는 것은 피해의 최소성 요건을 갖추지 못했다"며 A 씨의 손을 들어줬다.

헌재는 "성폭력범죄의 특성상 영상물에 수록된 피해자 진술이 핵심 증거인 경우가 적지 않고 진술증거를 탄핵할 필요성이 인정된다"며 "심판 대상 조항은 증거 왜곡이나 오류를 탄핵할 효과적 방법인 반대신문권을 보장하지 않고 대체 수단도 마련하지 못한다"고 지적했다.

헌재의 이번 판결에 따라 앞으로는 미성년 피해

자의 진술 동영상이 법정에서 증거로 쓰이는 것을 가해자가 반대할 경우 검찰이 다른 증거들로 혐의를 입증하거나 피해자가 직접 법정에 출석해 증언해야 할 것으로 보인다. 그러나 미성년 피해자가 법정에서 진술하거나 피고인 측의 신문을 받을 때 2차 피해에 노출될 우려가 큰 등 우려가 적지 않다.

■ **2차 피해**

2차 피해는 성범죄 등의 피해를 입은 피해자들에게 조심스럽지 못하게 접근해 피해자가 정신적 피해를 받는 것을 일컫는 말이다. 학술적으로 2차 피해라는 용어가 먼저 쓰였고, 법적으로는 2차 피해만 정의돼 있지만, 해당 용어가 피해자에 초점을 맞추는 용어로 적절하지 않다는 판단에 따라, 가해자의 범죄 행위에 초점을 맞추기 위해 '2차 가해'라는 용어를 사용하기도 한다.

반려동물 진료비 과다청구 막는다... 개정 수의사법 공포

동물병원이 고객에게 수술 등의 예상 진료비용을 미리 알리도록 하는 내용을 골자로 한 개정 수의사법이 1월 4일 공포됐다. 농림축산식품부는 동물병원 측이 이용자에게 수술 등 중대 진료의 예상 비용을 미리 고지하도록 하고 정부는 동물 진료에 관한 표준화된 분류체계를 마련하도록 수의사법 개정을 추진했다. 해당 법안은 공포 시점부터 6개월 후 시행된다.

그간 동물병원 측에서는 진료비를 자체적으로 책정할 수 있었고, 병원마다 진료 항목 명칭과 진료비 구성방식 등이 달라 이용자가 진료비를 미리 파악하기 어려웠다. 이는 진료비 과다 청구와 과잉진료 등 분쟁의 원인이 됐다.

이번 수의사법 개정안에 따라 **수의사는 수술 등 중대진료 전에 ▲진단명 ▲진료의 필요성 ▲후유증 또는 부작용 ▲소유자 준수사항을 설명하고 서면 동의**를 받아야 한다. 수술·수혈 등 중대진료가 필요할 때에는 예상되는 진료비용을 동물 소유자 등에게 알려야 한다.

대한수의사회가 개정 수의사법에 대해 '동물의료 발전으로 포장한 동물병원 규제'라고 혹평했다. 대한수의사회는 "동물의료체계에 대한 지원이나 발전 정책 없이 동물병원 규제만 강화한 이번 법 개정으로 어떻게 동물의료 발전을 이루겠다는 것인지 의문"이라고 밝혔다.

진료항목 표준화 등이 선행되지 않은 상황에서 진료비용 게시 등은 동물병원의 불안감을 자극해 진료비 인상을 부채질하고 결국 진료비 폭등으로 이어질 수 있다는 것이 수의사회의 주장이다.

▌반려동물 관련 신조어

구분	내용
펫팸족	애완동물을 자신의 가족처럼 생각하는 사람
펫코노미	반려동물과 관련된 시장 또는 산업

펫로스 증후군	키우던 반려동물이 죽었을 때, 반려동물을 키우던 사람이 슬픔이나 정신적 장애를 겪는 현상
뷰니멀족	반려동물을 직접 키우지 않고 온라인상에서 동물이 나오는 영상을 보며 펫 문화를 즐기고 소비하는 사람

순환경제, '바이오 플라스틱' 늘리고 폐기물 줄인다

정부가 석유계 플라스틱을 2050년까지 순수 **■바이오 플라스틱**으로 대체하고, 2023년부터 플라스틱 제조업체에 재생원료 사용 의무를 부과한다. 산업통상자원부와 환경부는 공동으로 이 같은 내용을 담은 '한국형(K)-**■순환경제** 이행계획'을 2021년 12월 30일 발표했다.

정부는 '생산·유통단계 자원 순환성 강화', '친환경 소비 촉진', '폐자원 재활용 확대', '안정적 처리체계 확립', '순환경제 사회로 전환'에 중점을 둬 이행계획을 추진한다. 이를 통해 폐기물 소각·매립을 최소화하고 폐자원 완전 순환이용을 촉진해 산업부문의 온실가스 배출량을 저감시키고 새로운 성장동력을 창출한다는 계획이다.

우선 자원순환성 강화를 위해 기존 석유 계열 플라스틱은 석유·바이오 재질이 혼합된 플라스틱으로 전환해 나간다. **2050년까지 순수 바이오 플라스틱**(생활 플라스틱 기준)**으로 대체한다는 목표**다. 환경표지 인증을 받은 바이오 플라스틱은 2023년부터 폐기물 부담금을 면제해주는 규정이 마련된다. 인증받을 수 있는 바이오매스 함량 기준은 현재 20%에서 2030년 50%까지 강화될 예정이다.

2023년부터 종이·유리·철 외에 플라스틱을 제조하는 업체도 재생원료 사용 의무가 부과된다. 특히 플라스틱 페트의 경우 2030년까지 30% 이상 재생원료 사용목표를 부여할 계획이다. 친환경 소비를 통한 폐기물 감축도 유도한다.

코로나19 이후 비대면 소비가 증가함에 따라 지자체, 배달 애플리케이션 업계, 음식점 등과 협업해 다회용기 사용 배달문화 조성에도 힘쓴다. 2022년 서울, 경기, 경북 등 8개 지역에서 다회용기 구매·세척 비용을 지원하는 '다회용기 음식배달 시범사업'을 추진하고, 광주시, 전주시, 청주시 등 5곳에 다회용기 세척시설을 설치한다.

아울러 폐플라스틱 열분해유를 석유·화학 공정에 투입하는 등 폐자원 재활용도 확대한다. 폐플라스틱 열분해 처리 비중을 2020년 0.1%에서 2030년 10%까지 확대하고, 현재는 주로 연료로 활용하는 열분해유를 석유·화학 공정의 원료로 사용할 수 있도록 개선한다. 또한 폐플라스틱 열분해유를 석유제품 원료로 활용하면 탄소배출권을 인정받을 수 있도록 관련 지침도 개정한다.

이와 함께 바이오가스화 시설을 지속 확충해 음

식물쓰레기의 바이오가스화 비율을 2019년 13%에서 2030년 52%까지 확대한다. 정부는 이러한 계획을 뒷받침할 수 있도록 제도 개선을 지속 추진하고 '순환경제사회 촉진법'과 '유기성 폐자원을 활용한 바이오가스의 생산 및 이용 촉진법' 등 법적 기반을 마련할 계획이다.

■ 바이오 플라스틱 (bioplastic)

바이오 플라스틱은 재생가능한 원재료로 만들어지는 플라스틱으로서 이 중에는 세균에 의해 분해되는 생분해성 플라스틱도 있다. 석유나 천연가스 등 화석원료 기반의 단량체로부터 만들어지는 플라스틱과 대비되는 개념이다. 유럽 바이오 플라스틱협회(EUBP)는 2025년에 바이오 플라스틱이 전체 플라스틱 시장의 10% 이상을 차지할 것이라는 예상을 내놓기도 했다. 이에 따라 몇몇 업체는 바이오 플라스틱의 생산을 미래 산업의 육성 차원에서 접근하고 있다.

■ 순환경제 (circular economy)

순환경제란 자원 절약과 재활용을 통해 지속가능성을 추구하는 친환경 경제 모델을 말한다. 순환경제는 '자원채취(take)—대량생산(make)—폐기(dispose)'가 중심인 기존 '선형경제'의 대안으로 최근 유럽을 중심으로 세계 곳곳에 확산되고 있다.

대법원 "요건 갖추면 조부모도 손주 입양 가능"

조부모가 손주를 자녀로 입양할 수 있다는 대법원 첫 판단이 나왔다. 입양이 아이의 행복과 이익에 도움이 되면 조부모가 어렸을 때부터 키운 손주를 자녀로 입양할 수 있다는 취지다.

대법원 전원합의체(재판장 김명수 대법원장)는 A 씨 등이 '입양 허가를 받아들이지 않은 결정을 취소해달라'며 낸 재항고 사건을 기각한 원심을 깨고 사건을 울산가정법원으로 돌려보낸다고 2021년 12월 23일 밝혔다. 대법관 13명 모두가 참여하는 전원합의체는 10 대 3의 다수의견으로 이렇게 판단했다.

조부모 A 씨 등은 딸이 고등학생 때 출산한 손자 B 군을 맡아 기르고 있다. 딸은 아이를 출산한 뒤 남편과 이혼했고, B 군이 7개월이 됐을 무렵 못 키우겠다며 A 씨 부부에게 아이를 맡겼다. B 군은 말을 배우기 시작하면서 지금껏 조부모를 엄마와 아빠로 알고 부르고 있다.

A 씨 등은 B 군이 초등학교에 입학한 뒤 사실을 알게 되면 충격을 받을 수 있고, 부모 없이 학창시절을 보내면 불이익이 클 것을 걱정해 일반 입양을 청구했다. B 군 친부모는 A 씨 등과 교류가 없고 입양에 동의한 상태다. A 씨 등은 2018년 B 군을 입양할 수 있게 해달라고 법원에 요청했다.

1·2심은 A 씨 청구를 기각했다. 원심은 "조부모가 부모가 되고 어머니는 누나가 되는 등 가족 내부 질서와 친족관계에 중대한 혼란을 초래하고 현재 상태에서 또는 후견을 통해 양육하는 데 지장이 없다"는 이유를 들었다. 민법 867조는 양자가 될 미성년자의 복리를 위해 양육상황과 입양 동기 등을 고려해 입양 허가를 하지 않을 수 있다고 규정하고 있다.

그러나 **대법원 재판관 가운데 10명은 조부모가 손자녀 입양허가를 청구하는 경우, 입양 요건을 갖추고 입양이 자녀 복리에 부합하면 입양을 허가할 수 있다고 판단했다.** 이들은 민법 867조 등을 들어 "가정법원이 미성년자 입양을 허가할지 판단할 때 '입양될 자녀 복리에 적합한지'를 최우선으로 고려해야 한다"며 "다만 조손관계가 존재하고 있고 입양 뒤에도 양부모가 자녀 친생부모라는 특수성이 있기 때문에 법원은 이런 사정을 자녀 복리에 미칠 영향을 세심하게 살펴야 한다"고 판시했다.

반면, 조재연·민유숙·이동원 대법관 등 3명은 반대의견을 냈다. 이들은 자녀 복리에 미칠 영향을 세심하게 살필 필요가 있다는 다수의견엔 동의한다면서도 "조부모가 입양 사실을 숨기는 상황에선 자연스러운 양친자 관계가 형성될 것을 기대하기 어렵고, 향후 자녀의 정체성 혼란을 야기할 우려가 크다. 친생부모가 생존하고 있는 경우 조부모 입양에 대한 허가는 엄격하게 이뤄져야 한다"고 판단했다.

앞서 대법원은 2011년 외손녀에 대한 친양자 입양을 불허한 바 있다. 친생부모와 친족관계를 끊고 아이를 법적으로 양부모 출생자로 만드는 친양자제도가 2008년 시행된 뒤 나온 첫 대법원 판결이었다. 그 뒤 법원은 조부모의 손자녀 입양에 관해 엄격하게 판단하는 경향을 보였다.

➕ 직계존속·직계비속·방계혈족·혈족·친족의 범위
직계존속은 아버지, 어머니, 할아버지, 할머니, 외할아버지, 외할머니 등 '나'를 기준으로 하여 위쪽 조상을 의미한다. 친부모가 아니라 호적상 부모이더라도 직계 존속에 해당된다. 직계비속은 '나'를 기준으로 아래 자손을 의미하고 아들, 딸, 손자, 손녀가 직계비속이다. 형제자매의 경우는 직계존비속에 포함되지 않는다. 방계혈족이란 '나'를 기준으로 옆의 혈족을 의미한다. '나'의 형제자매와, 형제자매의 직계비속(조카), 직계존속의 형제자매(삼촌, 고모 등)와 그 형제자매의 직계비속(사촌, 육촌 등)을 방계혈족이라고 한다. 한편, 혈족이란 혈연관계를 맺고 있는 사람을 의미한다. 친족이란 친척과 같은 말이다. 법률상 친족은 8촌 이내의 혈족, 4촌 이내의 인척, 배우자로 되어 있다.

공무원·교원 노조 '타임오프제' 상임위 소위 통과

공공기관 이사회에 노동자 대표를 참여시키도록 하는 ▪**노동이사제**가 2022년 1월 4일 국회 기획재정위원회 안건조정위 문턱을 넘었다. 공무원·교원노조 ▪**타임오프제**도 국회 환경노동위(환노위) 법안소위를 통과했다. 이재명 더불어민주당 대선 후보와 윤석열 국민의힘 대선 후보가 대선을 앞두고 한국노총 등 노동계에 약속한 법안들이 이날 소위를 통과했다. 두 법안 모두 재계의 반발이 거센 사안이지만, 두 후보 모두 노동계 표심을 잡기 위해 공약했다.

기재위는 이날 안건조정위를 열어 공공부문 노동이사제 도입을 골자로 하는 공공기관의 운영에 관한 법률 개정안을 의결했다. 개정안은 **공공기관과 준정부 기관 비상임 이사에 3년 이상 근무한 노동자가 1명 포함**되도록 하는 내용이 담겼다. 이 후보가 이번 정기국회 내 처리를 당부한 법안으로 시행은 공포 후 6개월 후다.

앞서 민주당은 노동이사제 법안이 기재위 경제재정소위에서 야당 반대에 막혀 심사가 지연되자 지난 12월 개정안을 안건조정위에 회부했다. 애초 반대 입장이던 국민의힘은 윤 후보가 한국노총을 찾아 찬성 입장을 밝히면서 합의 처리하는 방향으로 입장을 선회했다.

경제단체 "노사관계 불균형" 불만
이날 한국경영자총협회, 대한상공회의소, 한국무역협회, 중소기업중앙회, 한국중견기업연합회는 공동 입장문을 내 추가 입법 절차 중단을 촉구했다. 경제단체들은 "노동이사제 도입은 노사관계 힘의 불균형을 심화시키고 공공기관의 방만한 운영, 도덕적 해이를 조장할 것"이라며 "공공 부문 도입이 민간기업까지 확대되면 이사회의 기능을 왜곡시킬 것"이라고 주장했다.

환노위도 이날 고용노동법안심사소위원회를 열고 공무원·교원노조 전임자의 노사 교섭 등의 업무를 근무시간으로 인정해 임금을 지급하는 내용(타임오프제)의 공무원·교원 노조법 개정안을 의결했다. 여야는 공청회를 포함해 6차례 소위를 진행한 끝에 민주당이 제안한 '근로시간 면제 한도를 정하기 위해 **공무원 근로시간면제심의위원회**(심의위원회)를 **경제사회노동위원회**(경사노위)에 둔다'는 규정에 합의했다.

▪ 노동이사제 (勞動理事制)
노동이사제는 이사회에 노동조합 대표 또는 이사가 파견되는 제도를 말한다. 노동자이사는 이사회의 소속 구성원으로서 이사회 기관의 사업계획, 예산, 재산처분 등 주요 의사 결정 과정에 발언권 및 의결권을 갖고 참여할 수 있다. 노동이사제는 근로자 구성원을 대표하여 현장 경험을 살려 근로자의 목소리를 이사회에 반영할 수 있다는 장점이 있는 반면, 이사회 결정이 늦어지고 경영권 침해에 대한 우려도 있다.

▪ 타임오프제 (time-off制)
타임오프제란 노조의 필수 활동에 한해 노조 활동만 전담하는 노조 전임자에게 임금을 지급하면서 근로시간을 면제해주는 제도다. '유급근로시간면제제도'라고도 한다. 무노동 무임금 원칙에 따라 노조 전임자에게 임금을 지급하지 않는 것이 원칙이지만, 노사 공통의 이해가 걸린 활동과 관련된 시간은 근무시간으로 인정해 이에 대해 임금을 지급한다. 근무시간으로 인정하는 노조 활동은 노조원들을 위해 활동하는 일부 업무, 근로자 고충처리, 산업안전보건에 관한 활동, 단체교섭 준비 및 체결에 관한 활동 등이다.

마스크 1장당 5만원에 팔고 환불 거부한 약사

대전시 유성구의 한 약국에서 마스크와 반창고 등을 고가에 판매하고 소비자의 환불 요구를 들어주지 않는다는 민원과 고소가 잇따라 입방아에 올랐다. 1월 4일 유성구에 따르면 '약국에서 마스크, 반창고, 숙취해소제, 두통약 등을 개당 5만원에 판매하면서 폭리를 거둔다'는 내용의 민원이 최근까지 8건 접수됐다. 소비자들의 고소장을 접수한 경찰은 약사 A 씨에게 사기죄를 적용할 수 있는지 여부를 검토하고 있다.

A 씨는 환불 요청을 받으면 "카드 결제기 전원을 뽑거나 소송을 제기하라"는 식으로 나왔다는 게 민원인들의 전언이다. 해당 약국은 2021년 12월 24일 문을 열어 영업일이 겨우 열흘 정도밖에 지나지 않은 것으로 알려졌다.

A 씨는 언론과의 인터뷰에서 "전문약을 취급하지 않아 일반약에서 마진을 남길 수밖에 없다"며 **"약국이 일반약의 가격을 자율적으로 결정해 판매**

할 수 있는 판매자가격표시제(**오픈프라이스**)를 지킨 것이기 때문에 불법이 아니다"라는 입장이다. 대한약사회는 A 씨의 약사 면허 취소를 보건복지부에 요청했다.

■ 오픈프라이스 (open price)

오픈프라이스란 제조업체가 가격을 표시하는 권장소비자가격 제도와 달리 제품의 최종 판매자인 유통업체가 가격을 책정하여 판매하는 제도이다. 제조업체가 가격을 표시하는 권장소비자가격 제도와 달리 제품의 최종 판매자인 유통업체가 가격을 책정하여 판매하는 제도이다. 지나치게 높은 권장소비자 가격을 설정한 후 이를 할인판매하는 형식으로 소비자를 현혹하는 권장소비자가격의 병폐를 해결하고 유통업체 간 경쟁을 유도함으로써 가격의 하락을 도모하는 목적이다. 다만 소비자가 해당 제품의 적정 가격이 얼마인지 알 수 있는 기준이 모호해지고 이윤을 줄여 대량판매에 나서거나 많은 점포를 가지고 막강한 구매력을 행사할 수 있는 대형유통사 위주로 유통업계가 재편될 위험성도 안고 있다.

광주 신축 아파트 외벽 붕괴 참사...
또 HDC현산

▲ 광주 서구 화정동 현대아이파크 신축 공사 붕괴 현장

1월 11일 광주 서구 화정동에서 HDC현대산업개발이 시공 중인 현대아이파크 아파트 신축 공사 현장에서 외벽이 무너지는 사고가 발생해 현장 작업자 6명이 실종됐다. 사고는 39층 옥상에서 콘크리트 타설(打設 : 거푸집에 콘크리트를 부어 넣는 것) 작업 중 23~34층 양쪽 외벽이 무너지며 발생했다.

소방 당국은 실종자 수색에 나섰지만 추가 붕괴 우려로 수색을 잠정 중단했다. 사고 4일 만인 1월 14일 실종자 6명 중 1명이 숨진 채 수습됐다. 관계자들이 사고 원인을 거푸집 붕괴와 **콘크리트 양생** 불량 탓으로 추정했다.

무게를 지탱하는 아래층 콘크리트가 겨울철 추운 날씨에 제대로 마르지 않은 상황에서 공사 기간에 쫓겨 무리하게 상층을 쌓아 올리다 거푸집이 무너지고 그 충격으로 외벽이 순차적으로 붕괴했다는 것이다. 결국 안전 점검을 소홀히 한 인재로 드러났다. HDC현산은 7개월 전에도 광주 학동에서 철거 중이던 빌딩이 붕괴돼 사망자 9명과 중상자 8명이 발생하는 재난급 사고를 낸 바 있다.

광주시는 화정동 현대아이파크 사고 후 HDC현산이 진행하는 모든 건축 공사에 중지 명령을 내렸다. 정몽규 HDC현산 회장은 잇따른 붕괴 사고 책임을 지고 회장직에서 물러나기로 했다. 정회장은 안전진단 결과 문제가 있다면 철거 후 재시공도 고려하겠다고 밝혔다.

■ 콘크리트 양생 (concrete養生)

콘크리트 양생이란 콘크리트를 섞고 나서 경화하기까지의 사이에 적당한 온도와 습기(수분)를 주어 충분히 경화력을 발휘할 수 있도록 하는 것이다. 콘크리트의 강도가 충분히 크게 되기까지 과도한 충격이나 하중을 주지 않도록 하거나 또는 풍우, 서리, 햇빛 등에 대해서 콘크리트의 노출 면을 보호하는 것을 말한다.

분야별
최신상식

국제
외교

카자흐스탄 유혈 소요 사태...
사상자 1000여 명

■ 집단안보조약기구 (CSTO,
Collective Security
Treaty Organization)

집단안보조약기구(CSTO)는 옛 소련권 안보협의체다. 2002년 10월 러시아·벨라루스·아르메니아·카자흐스탄·키르기스스탄·타지키스탄 6개국을 멤버로 출범했다. 지역 내 군사적 위협이나 국제 테러, 조직적 범죄, 마약 밀거래, 비상사태 등에 공동 대응하는 것을 목적으로 삼아 '미니 나토(NATO·북대서양조약기구)'로도 불린다. CSTO는 유엔 총회 옵서버로도 활동하고 있다.

가스값 폭등으로 불만 점화

가스값 급등에 반발해 2022년 1월 2일 카자흐스탄 서남부 망기스타우주(州) 자나오젠과 악타우에서 시작된 시위는 전국 주요 도시로 번졌다. 정부는 1월 5일부터 2주간 전국에 국가비상사태를 선포하고 야간통금을 실시했다.

에너지 가격 인상에 반대해 일어난 카자흐스탄 시위가 무장 시위대와 진압 군경 간 충돌로 격화하면서 사상자가 1000명대로 급증했다. 카심조마르트 토카예프 카자흐스탄 대통령은 2022년 1월 7일(이하 현지시간) TV 연설에서 반정부 시위에 대응해 범죄자·살인자와 협상에 나설 수 없다며 "시위 진압군 등이 경고 없이 발포하는 것을 승인했다"고 말했다.

리아노보스티 통신은 이날 카자흐스탄 내무부 자료를 인용해 지금까지 체포된 시위 가담자가 3000명이 넘는다고 전했다. 내무부는 "무장한 범죄자 26명이 사망했고 18명은 부상을 입었다"고 전했다.

이번 폭동은 가스값이 계기가 됐지만 실상은 시민들의 정치·경제적 불만이 폭발해 발생했다. 뉴욕타임스는 "시위의 뿌리에는 코로나19로 악화된 사

회·경제적 격차와 민주주의 부재에 대한 분노가 자리 잡고 있다"고 지적했다.

대통령에서 물러난 후에도 '상왕'으로 군림하는 등 1991년 소련으로부터 독립한 후 30년 가까이 철권통치하고 있는 누르술탄 나자르바예프를 향한 분노라는 분석도 나온다. 민중혁명이 일어나고 있다는 평가도 제기된다.

러시아 공수부대 투입

러시아가 주도하는 옛 소련 국가들의 안보협의체인 ■**집단안보조약기구(CSTO)**는 카자흐스탄 정부 요청에 따라 현지에 2500여 명 규모의 평화유지군을 파견했다. 평화유지군에는 러시아, 벨라루스, 아르메니아, 타지키스탄, 키르기스스탄 출신 군인들이 포함됐다. CSTO 평화유지군이 훈련이 아닌 실제 작전에 투입된 건 이번이 처음이다.

시위 진압을 위해 러시아가 군대를 투입하는 등 적극 개입하고 나서자 미국과 유럽연합(EU) 등은 우려를 표했다. 네드 프라이스 미국 국무부 대변인은 브리핑에서 "러시아군 투입이 적절한지 의문"이라며 "면밀히 주시할 것"이라고 말했다. 조지프 보렐 EU 외교·안보 정책 고위대표도 트위터에서 "일어나선 안 될 상황의 기억이 떠오른다"고 말했다. 2014년 러시아의 크림반도 강제병합 등을 염두에 둔 발언으로 풀이된다.

전문가들은 이번 사태로 미국과 러시아 사이에서 중용을 추구해온 카자흐스탄의 입지가 흔들릴 수 있다고 전망했다. 뉴욕타임스는 "푸틴 같은 전술가가 이런 지원을 무료로 제공할 가능성은 희박하다"고 분석했다. 한편, 러시아 공수부대 등을 포함한 CSTO 평화유지군이 주요 지역을 장악하면서 반정부 시위는 1월 9일 일단 진정됐다.

➕ 카자흐스탄 혼란에 우라늄 대란 우려

반(反)정부 시위로 국가 전체가 혼돈에 휩싸인 카자흐스탄에 대한 우려가 커지면서 국제 우라늄 가격이 치솟았다. 카자흐스탄은 세계 우라늄 생산량의 40%를 차지하는 최대 생산지다. 카자흐스탄의 정치적 불안 상황으로 공급에 차질을 빚을 가능성이 커지면서 가격 급등으로 이어지고 있다. 2022년 1월 7일 기준 시카고상품거래소(CME)에서 우라늄 화합물인 U308 가격은 파운드당 47달러(약 5만6500원)에 달했다. 전날 45.25달러로 8% 가까이 급등한 데 이어 또다시 상승한 것이다. 한편, 세계 2위 비트코인 채굴지이기도 한 카자흐스탄 소요 사태로 비트코인 가격도 급락했다.

POINT   세 줄 요약

❶ 가스값 인상에 반대해 일어난 카자흐스탄 소요 사태로 1000여 명의 사상자가 나왔다.

❷ 이번 소요 사태는 누르술탄 나자르바예프 독재 정권에 대한 분노라는 분석도 나온다.

❸ 러시아 공수부대가 투입되며 소요 사태는 일단 진정됐다.

정부, 日 사도광산 세계유산 등재추진 철회 촉구

▲ 유네스코 세계유산 깃발

일본에서 일제강점기 조선인 강제 노역 현장인 **사도광산**을 유네스코 세계문화유산 후보로 추천하려는 움직임이 일자 정부가 강력한 대응에 나섰다. 일본이 **군함도**(하시마) 등 메이지 근대산업시설의 등재 때처럼 강제노역의 얼룩진 역사를 제외하고 사도광산을 국제사회에 홍보한다면 용납할 수 없다는 게 정부 입장이다.

교도통신에 따르면 **일본 문화심의회는 2021년 12월 28일 니가타현에 있는 사도광산을 유네스코 세계문화유산 추천 후보로 선정했다.** 문화심의회는 2023년 세계유산 등록을 위한 후보 추천 기간인 2022년 2월 1일까지 추천서를 제출할지 검토할 계획이다. 일본 문화청은 "정부가 종합적인 검토를 하고 결정할 것"이라고 밝혔다. 일본 정부가 정식으로 추천서를 제출하면 유네스코 자문기관인 국제기념물유적협의회(ICOMOS)의 심사와 권고를 거쳐 등재 여부가 최종 결정된다.

최영삼 외교부 대변인은 즉각 논평을 내고 "매우 개탄스러우며 즉각 철회할 것을 촉구한다"고 밝

혔다. 최 대변인은 "일본 근대산업시설 관련 세계유산위원회의 결정과 일본 스스로 약속한 후속조치가 제대로 이행되지 않는 상황에서 또 다른 한국인 강제노역 피해 현장인 사도광산의 세계유산 등재를 추진하기로 했다"고 말했다.

일본은 2015년 군함도 등 근대산업시설의 세계유산 등재 당시 조선인 강제노역이 있었다는 사실을 인정하고 희생자들을 기리는 정보센터를 설치하겠다고 약속했지만 이행하지 않고 있다. 이에 세계유산위원회가 2021년 7월 조선인 강제노역 관련 설명을 개선하라고 촉구한 바 있다.

최 대변인은 "(세계유산위원회가) 일본의 결정 불이행에 대해 심각한 유감을 표하고, 충실한 이행을 촉구한 것을 상기하며 일본이 동 위원회 결정부터 조속히 이행할 것을 엄중히 촉구한다"고 밝혔다. 이와 관련, 견종호 외교부 공공문화외교국장은 주조 가즈오 주한일본대사관 공보문화원장을 외교부 청사로 초치해 공식 항의했다.

일본 정부는 사도광산이 17C 수작업 기술로 세계 최대 규모의 금을 채굴한 곳이라고 의미를 부여하고 있다. 하지만 일본은 태평양전쟁 시절 이곳을 구리, 철, 아연 등 전쟁 물자를 확보하는 광산으로 활용했고, 부족한 노동력을 메우기 위해 조선인 노무자를 대거 동원했다. 이렇게 강제노역한 조선인은 1200여 명으로 파악된다.

▪ **사도광산 (佐渡鑛山)**

사도광산은 일본 니가타현 사도시의 사도 섬에 위치한 금광이다. 사도광산에는 2000명 이상으로 추정되는 조선인이 태평양전쟁 기간 일제의 의해 동원돼 가혹한 환경에서 강제노역을 했다. 사도광산 관리회사인 골드사도㈜ 측은 "조선인 강제동원은 없었다"고 주장한다. 그러나 일제강제동원피해자지

원재단이 2019년에 발간한 자료에 등장하는 사도광산 조선인 징용 노동자 임태호(1997년 사망)의 구술 기록에 의하면 강제 징용이 이루어졌고 노동 환경 또한 가혹했다. 아울러 조선인 노동자 모집 당시 근로조건이 전달되지 않은 문제와 일본인의 조선인에 대한 차별이 원인이 돼 노동쟁의가 두 차례 발생했다는 기록이 존재한다.

■ 군함도 (端島·하시마)

군함도는 일본 나가사키현 근처에 위치한 야구장 2개 크기의 섬이다. 1916년 미쓰비시가 세운 일본 최초의 철근콘크리트 건물이 빽빽이 들어서 있어 멀리서 보면 건물들의 모습이 마치 군함 같다고 해서 군함도라는 이름이 붙었다.

전범 기업 미쓰비시는 해저탄광이 있는 이 섬에서 조선과 중국 등으로부터 노동자들을 강제 동원했다. 1943년에서 1945년 사이 약 500~800여 명의 조선인이 징용된 것으로 추정된다. 일본은 '비(非) 서구지역에서 최초로 성공한 산업혁명 유산'이라는 점을 내세워 2015년 군함도의 유네스코 세계유산 등재를 신청해 성공했다.

애플, 시총 3조달러 돌파...
전 세계 기업 역사상 최초

아이폰 제조사 애플이 1월 3일(현지시간) 나스닥 시장에서 장중 시가총액 3조달러(약 3580조 5000억원)을 돌파하며 이정표를 썼다. 기업 하나의 가치가 3조달러를 넘은 것은 역사상 처음 있는 일이다.

애플 주가는 이날 182.88달러까지 치솟아 역대 최고점을 찍었다. 이로써 애플은 약 16개월 만에 시총 2조달러에서 3조달러 고지에 올라 전 세계에서 가장 가치가 큰 기업이 됐다. 스탠더드앤드푸어스(S&P)500 지수에서 애플이 차지하는 비중은 7%까지 올랐다.

시총 3조달러는 세계 5위 경제대국인 영국의 2020년 기준 국내총생산(GDP)인 2조6382억달러보다 많고 한국 GDP(1조5867달러)보다는 2배 가까이 많다. **한국 대표 기업인 삼성전자 시총보다도 8배 높은 수준**이다.

코로나 팬데믹 기간 전 세계 패턴이 온라인으로 이동한 가운데 애플은 아이폰 등 하드웨어와 소프트웨어, ■애플TV+와 애플뮤직 등 미디어서비스 분야에서 매출을 크게 늘렸다. 애플은 비주력 제품 부품을 아이폰13에 몰아주는 전략으로 글로벌 공급망 문제를 극복했다. 아이폰13은 미국 내에서 초기 6주간 판매량이 같은 기간 전작 대비 14% 많았다.

미중 패권 갈등에도 불구하고 아이폰13 효과로 애플은 중국 스마트폰 시장 점유율 22%를 기록해 현지 업체 비보를 2%p 차이로 앞섰다. 전문가들은 올해에도 애플이 세계 최대 스마트폰 시장인 중국에서 아이폰 수요 강세를 유지할 것으로 전망했다.

여기에 미국에서 인플레이션 압력이 고조되고 미국 중앙은행인 연방준비제도(Fed)가 금리 인상을 예고함에 따라 금융 불안을 우려한 투자자들이 안전한 투자처로 애플에 집중 투자하는 것도 주가 급등의 원인이라고 전문가들은 분석했다.

■ 애플TV+ (Apple TV+)

애플TV+(플러스)는 애플의 온라인동영상서비스(OTT, Over The Top)다. 우리나라에서는 2021년 11월 4일부터 서비스가 시작됐다. 넷플릭스나 웨이브, 디즈니+와 같은 기존 OTT는 자체 제작한 오리지널 콘텐츠와 함께 기존 TV나 영화관을 통해 공개된 작품의 유통권을 확보해 서비스하는 것과 달리 애플TV+는 오직 오리지널 콘텐츠만을 제공한다는 특징이 있다. 이로 인해 애플TV+는 콘텐츠가 부족하다는 지적이 있지만 4K 해상도 지원 및 월 6500원으로 6명까지 쓸 수 있는 저렴한 구독료 등이 장점으로 꼽힌다.

칠레 대선서 35세 좌파 보리치 당선

▲ 가브리엘 보리치 (인스타그램 캡처)

학생운동 지도자 출신의 **35세 젊은 좌파 정치인 가브리엘 보리치가 차기 칠레 대통령**으로 선출됐다. 2년 전 칠레를 뒤흔든 대규모 시위에서 표출됐던 변화를 향한 열망이 정권교체로 이뤄졌다. 12월 19일(현지시간) 치러진 칠레 대통령 선거 결선투표에서 좌파연합 '존엄성을 지지한다'의 후보로 출마한 보리치는 약 55.9%를 득표하며 당선됐다.

보리치 당선인은 2022년 3월 세바스티안 피녜라 대통령의 후임으로 취임해 4년간 칠레를 이끌게 된다. 취임일 기준 36세로, 칠레 역사상 최연소 대통령이 된다. 이날 투표율은 55%를 웃돌아 의무투표제 폐지 후 치러진 선거 가운데 가장 높았으며, 보리치는 역대 가장 많은 표로 당선된 대통령이 된다고 라테르세라 등 현지 언론이 전했다.

그는 승리가 굳어진 뒤 지지자들 앞에 서서 "모든 칠레 국민의 대통령이 될 것"이라며 통합의 메시지를 전했다. "구조적인 변화를 위해 책임감 있게 나아갈 것"이라며 국민의 사회적 권리 확대 등을 약속하기도 했다.

보리치의 승리는 2년 전인 지난 2019년 칠레를 뒤흔든 사회 불평등 항의 시위의 산물로도 볼 수 있다. 당시 산티아고 지하철 요금 인상에 대한 분노는 교육·의료·연금 등 불평등을 낳는 사회 시스템 전반에 대한 불만으로 번졌다.

시위 과정에서 피노체트 정권의 신자유주의 유물에 대한 거부감과 세바스티안 피녜라 중도우파 정권에 대한 반감도 커졌고, 이는 정권교체와 새로운 지도자 출현의 발판이 됐다.

보리치 후보의 당선으로 칠레엔 미첼 바첼레트 전 중도좌파 정권 이후 4년 만에 다시 좌파 정권이 들어서게 됐다. 앞서 멕시코, 아르헨티나, 페루 등이 최근 3년 사이 줄줄이 우파에서 좌파로 정권이 바뀐 데 이어 칠레에서도 정권 교체가 이뤄지면서 **중남미에선 좌파의 우세**가 더 뚜렷해졌다. 한편, 케이팝 팬으로도 알려진 보리치는 팔에 문신을 새기는 등 그간 기존 정치인들과는 확연히 다른 모습을 보여왔다.

러, '야말-유럽 가스관' 공급 중단

러시아에서 벨라루스, 폴란드를 거쳐 독일로 연결되는 '야말-유럽 가스관'의 가스 공급이 12월 21일(현지시간) 중단됐다. 이에 따라 이 가스관을 통한 독일로의 러시아 가스 운송이 완전히 중단되고, 가스 흐름이 독일-폴란드 방향으로 역전된 것으로 알려졌다.

러시아는 유럽연합(EU) 가스 수요의 40% 정도를 공급하고 있으며, **야말-유럽 가스관은 러시아 가**스의 유럽 수출을 위한 주요 수송로 가운데 하나다. 러시아 가스의 유럽 수출을 위한 다른 주요 수송로인 우크라이나 경유 가스관은 장기 계약에 따른 물량만 공급하고 있으며, 경매를 통한 추가 물량 공급에는 이용되지 않고 있다.

러시아 에너지 기업인 가스프롬은 유럽 내 높은 가스 가격으로 구매 수요가 줄면서 공급량을 줄이고 있다고 설명하고 있다. 하지만 EU 내에선 러시아가 지난 9월 완공한 **발트해 해저 관통 러-독 직결 가스관 '노르트 스트림-2'**에 대한 독일과 EU 당국의 조속한 가동 승인을 압박하기 위해 가스 공급을 제한하고 있다는 지적이 나오고 있다.

유럽가스가 역대최고 기록

이날 유럽 내 가스 가격은 심리적 경계선인 $1000m^3$당 2000달러선을 훌쩍 넘어서며 역대 최고치를 기록했다. **러시아가 가스공급을 제한하면서 유럽 내 가스 가격은 계속 치솟고 있으며,** 유럽에 본격적 겨울 추위가 닥치면 천연가스를 이용하는 전력 생산 차질로 정전 사태가 일어나고, 난방에도 차질이 빚어질 수 있다는 우려가 나온다.

리아노보스티 통신에 따르면 유럽 가스 가격 지표인 네덜란드 TTF 1월 선물가격은 이날 한때 $1000m^3$당 2187달러까지 치솟으며, 지난 10월의 사상 최고가 기록(1900달러)을 갈아치웠다. 전날보다 27% 이상 뛴 가격이다.

(CNPC)은 지난 2014년 5월 연간 380억㎥의 천연가스를 30년간 중국에 공급하는 조건에 합의하고 같은 해 9월부터 시베리아의 힘 가스관 건설에 들어갔다. 이후 12월 2일부터 중국으로의 송출이 시작됐다.

시베리아의 힘은 미국 셰일가스의 생산에 따른 저유가로 타격을 받던 러시아와, 미중 무역전쟁으로 에너지공급의 차질을 빚던 중국 쌍방 간의 깊은 상호이익이 되는 중·러 에너지 동맹이다. 나아가 양국은 몽골을 통과하는 서부노선 가스관 건설도 추진 중이다.

차별과 싸운 큰 별이 지다...
남아공 투투 대주교 선종

▲ 고(故) 데스몬드 투투 명예 대주교

남아프리카공화국의 아파르트헤이트(흑백 차별정책)에 맞선 투쟁의 상징 인물인 데스몬드 투투 명예 대주교가 12월 26일 (현지시간) 향년 90세를 일기로 세상을 떠났다. 남아공 대통령실은 이날 성명을 내고 투투 대주교의 선종 소식을 알렸다.

시릴 라마포사 대통령은 "**남아공 출신 노벨평화상 수상자인 투투 대주교**는 교계는 물론, 비종교적 분야까지 포괄하는 보편적인 인권 옹호자였다"며 "(남아공 첫 흑인 대통령인 넬슨 만델라가) 우리 민주주의의 아버지인 반면, 투투 대주교는 우리 새 국가의 정신적 아버지였다"면서 "우리의 윤리기준이자 국가의 양심"이라고 덧붙였다.

투투 대주교는 아파르트헤이트 정권이 무너지고 **■넬슨 만델라**가 최초 흑인 대통령이 됐을 때 남아공에 '무지개 국가'라는 별칭을 붙인 주인공이기도 하다. 그는 만델라 전 대통령과 함께 남아공 민주화와 흑인 자유 투쟁의 양대 지도자로 여겨진다. '용서 없이 미래 없다'는 구호를 앞세워 '**진실과화해위원회**'를 구성해 아파르트헤이트 종식 이후 인종 간 화해를 일궜다고 평가받는다.

세계 각국 애도 물결

자국의 인종차별 철폐 뿐 아니라 전 세계 인권 신장을 위해 목소리를 냈던 투투 대주교의 별세에 전 세계의 인사들이 애도를 표했다. 조 바이든 미국 대통령은 "그의 유산은 국경을 초월하고 시대를 초월해 울려퍼질 것"이라고 했다. 버락 오바마 전 미국 대통령은 "투투 대주교는 나와 다른 많은 사람들에게 멘토이고 친구이고 도덕적 나침반"이라며 애도했다.

프란치스코 교황은 "투투 대주교가 남아공에서 인종 간 평등과 화해를 이뤄냄으로써 복음에 헌신했다"며 추모 성명을 냈다. 엘리자베스 2세 영국 여왕은 성명에서 "지칠 줄 모르는 인권 옹호자인 그와 만났을 때 따뜻하고 유머러스한 모습을 기억한다"며 추모에 동참했다.

■ 넬슨 만델라 (Nelson Rolihlahla Mandela, 1918~2013)

넬슨 만델라는 남아프리카공화국 최초의 흑인 대통령이자 보통선거 실시 후 선출된 최초의 대통령이다. 만델라는 아파르트헤이트 정권에 맞서 흑인인권운동을 벌이다가 1962년부터 약 27년간 수감생활을 했다. 1990년 클레르크 정부에 의해 석방되었으며, 만델라는 그해 아프리카 민족회의(ANC) 의장으로 취임해 인종차별을 불식할 민주헌법을 제정했다. 1993년 남아프리카 공화국의 안정화와 인권운동에 대한 공로로 노벨평화상을 수상했다.

중국, 자동차 시장 전면 개방...
외국기업 지분제한 폐지

중국이 외국기업의 지분을 제한해 왔던 자동차 제조시장을 2022년 1월부터 전면 개방했다. 12월 28일 관영 글로벌 타임스와 광명일보 등에 따르면 중국 상무부와 국가발전개혁위원회(발개위)는 전날 발표한 '2021년 외상투자 진입 특별관리 조치'(이하 조치)에서 중국 승용차 제조 부문에서 외국인 투자 지분을 제한하지 않기로 했다고 밝혔다.

이에 따라 **외국 자본이 중국에서 승용차 생산 공장을 설립할 때 중국 기업과 합작을 해야 하는 근거는 사라지게 됐다.** 발개위는 또 외국 자본이 자국 내 공장을 설립할 때 2개 이하로 공장 개수를 제한하던 규정도 폐지했다. 2022년부터는 중국에 진출한 외국 자동차 기업들이 중국 내에 개수 제한 없이 공장을 건설할 수 있다.

중국 당국은 1994년 자동차 공업 산업 정책을 발표하면서 완성차 제조 기업에 외국인 지분이 50%를 넘지 못하도록 제한했다. 이후 시장 개방 압력이 강해지면서 2018년 친환경차 지분 제한을 폐지했고, 2020년 상용차 지분 제한도 폐지했다. 승용차 부문 역시 2022년부터 지분 제한을 없애겠다고 공표한 바 있다.

중국 당국의 자동차 제조 시장 개방 조치는 중국 업체의 성장을 반영한다는 해석도 나온다. 2021년 11월 기준 중국 내 주요 합작기업의 자동차 판매량은 78만 대로 전년 동기 대비 23% 급감했지만, 중국 자국 브랜드 판매량은 83만 대로 2% 증가했다.

중국 당국은 이번 조치를 통해 승용차 제조 부문을 완전히 개방했지만, ■**희토류**, 영화 제작 및 유통, 담배 등 31개 부문에 대해서는 여전히 외국인 투자를 제한 또는 금지하고 있다. 국내 자동차 업계에서는 중국 정부의 이번 결정이 중국에서 줄곧 부진한 판매 실적을 보이고 있는 현대차와 기아에 어떤 영향을 미칠지 주목하고 있다.

■ 희토류 (稀土類)

희토류는 말 그대로 '희귀한 흙'을 가리킨다. 학술적 측면에서는 화학 원소번호 57~71번에 속하는 란탄 계열 15개 원소(원자번호 57~71번)와 스칸듐, 이트륨을 합친 17개 원소를 뜻한다. 이들 원소는 화학적으로 매우 안정적이고 건조한 공기에서도 상태에 변화가 없으며 열을 잘 전달하는 특징이 있다. 또 소량으로도 기기의 성능을 극대화할 수 있어 관련 업계에서는 '첨단산업의 비타민', '녹색산업의 필수품'이라 불린다. 희토류는 액정표시장치(LCD), 발광다이오드(LED), 스마트폰 등 정보기술(IT) 전자제품과 미사일 제어장치, 전투기 등 군용물자에 두루 쓰이고 있다. 전기자동차의 엔진에 사용되는 영구자석에는 희토류 원소가 적게는 1kg에서 최대 12kg까지 들어가는 것으로 알려져 있다. 전자통신 기기에 다방면으로 활용되는 형광체와 광섬유 등에도 필수적인 물질이다. 희토류는 매장량으로 볼 때 이름만큼 희소한 물질은 아니지만 채굴 과정에서 심각한 환경오염을 유발하므로 채굴하는 나라가 드물다.

기출TIP 2019년 조선일보 필기시험에서 희토류 물질에 대해 묻는 문제가 출제됐다.

홍콩 입법회 선거,
90석 중 89석이 친중파

한국의 국회에 해당하는 홍콩 입법회 선거에서 전체 90석 의석 가운데 89석이 친중파로 채워졌다. 친중파가 아닌 후보 가운데 당선된 1명조차 반중파가 아닌 중도 성향으로 분류되는 인물이다. **반중파 의원이 단 한 명도 뽑히지 못한 것은 1997년 홍콩이 영국에서 중국으로 반환 후 처음**인 것으로 알려졌다.

2021년 12월 19일 실시된 입법회 선거에서 ▲시민들이 직접 뽑는 10개 지역구 의원 20명 ▲각 업계의 간접선거로 뽑는 직능대표 의원 30명 ▲선거인단이 뽑는 의원 40명 등 총 90명 가운데 89명이 친중파 의원들로 선발됐다. 나머지 1명은 중도 성향의 틱치연(狄志遠·64) 당선자다.

그는 직능대표 의원 선거에서 당선됐으며 이번 입법회에서 유일한 비(非)친중파 의원이 됐다. 틱 당선자는 홍콩 일간지 밍보에 "1 대 89의 상황에 직면하게 됐다"면서 "입법회에서 최선을 다해 내가 지지받을 자격이 있다는 것을 알리겠다"고 했다. 지역구 출마 후보 가운데 11명은 중도 성향이었지만 이들은 친중파에 밀려 모두 패했다.

중국은 24년 전 반환 당시 국제사회에 "'일국양제(一國兩制 : 한 국가 두 체제)'를 통해 홍콩 자치를 보장하겠다"고 했고 이를 뒷받침하는 개념으로 '항인치항(港人治港 : 홍콩은 홍콩인이 다스린다)'을 제시했다. 하지만 시진핑 중국 국가주석은 항인치항 대신 '■애국자치항(愛國者治港)'이란 원칙을 내세웠다. 홍콩인을 뜻하는 '항인' 대신 '애국자'를 써서 홍콩이 중국의 통제권 아래에 있음을 강조한 것이다.

이번 선거는 중국이 2021년 3월 애국자치항 원칙을 내세워 홍콩 선거제를 개편한 이후 처음 치러졌다. 지역구 후보는 홍콩 당국의 자격심사를 거치고 당국에 충성맹세도 해야 했다. 이 같은 조치에 반발해 범민주진영에서 아무도 후보를 내지 않으면서 유권자의 관심은 싸늘하게 식었고 투표율은 30.2%로 역대 최저치였다.

친중파 성향의 캐리 람 홍콩 행정장관은 이번 선거에서 친중파가 다수 뽑힌 점을 부각시키면서 "정부가 잘하고 있다는 증거"라고 주장했다. 중국 당국은 이날 '애국자치항 원칙으로 홍콩 정세가 안정됐고 민주주의 또한 발전했다'는 내용의 백서를 발간했다.

■ 애국자치항 (愛國者治港)

애국자치항이란 시진핑 중국 국가주석이 한 말로 "애국자가 홍콩을 다스려야 한다"는 의미다. 중국은 1997년 홍콩 반환 이후 "홍콩인이 홍콩을 다스린다(港人治港·항인치항)"는 원칙을 강조해왔지만 2019년 홍콩의 반중 시위를 거치면서 정치인이나 공무원은 애국자여야 한다는 점을 강조하고 있다. 홍콩 행정장관이나 입법회 의원 후보가 되려면 공산당의 사전 심사를 통과해야 한다. 애국자치항이 부각된 배경에는 조 바이든 미국 행정부 출범 이후에도 홍콩 문제에 대해 일절 양보하지 않겠다는 뜻이 있는 것으로 풀이된다.

한국, 유엔 정규예산 분담률 9위로 상승

한국이 향후 3년간 세계에서 유엔 정규예산을 9번째로 많이 부담하는 국가가 된다. 외교부는 2021년 12월 24일 76차 유엔총회 제5위원회에서 한국의 2022~2024년 유엔 정규예산 분담률이 2.574%로 확정됐다고 12월 28일 밝혔다.

분담률 순위는 미국과 중국, 일본, 독일, 영국, 프랑스, 이탈리아, 캐나다에 이어 9위다. 스페인, 호주, 브라질, 러시아 등보다도 앞선다. 이는 직전 3개년인 2019~2021년 정규예산 분담률인 2.267% 대비 0.307%p 상승한 것으로, 분담률 순위 역시 11위에서 9위로 2계단 올랐다.

특히 **1991년 유엔 가입 당시 분담률인 0.69%에 비교하면 약 30년 만에 약 3.7배로 늘어난 수치다.** ■**평화유지활동(PKO)** 예산 분담률 순위 역시 2019~2021년 10위에서 2022~2024년 9위로 상승했다.

이처럼 분담금 비율이 늘어난 것은 세계소득 대비 한국의 ■**국민총소득(GNI)** 비중이 1.784%에서 1.968%로 증가했기 때문이다.

유엔 예산 분담률은 세계 소득 대비 각국 GNI 비중과 외채, 지급 능력 등을 고려해 산정한다. 1인당 GNI가 적은 개발도상국의 부담은 줄이고 경제력이 있는 국가가 더 부담토록 하는 구조다.

한편, 북한의 유엔 정규예산 분담률은 2019~2021년 0.006%(129위)에서 2022~2024년 0.005%(133위)로 줄었다. 외교부 당국자는 "2021년 7월 유엔무역개발회의 선진국 그룹으로 지위가 격상된 데 이어 유엔 재정 기여에서도 주요 기여국이 됐다"며 "국제사회의 평가에 맞는 기여와 책무, 권리를 실현하도록 노력할 것"이라고 밝혔다.

■ **평화유지활동 (PKO, Peace Keeping Operations)**
평화유지활동이란 유엔(UN)의 승인하에 국경·인종·종교·자원 등의 문제로 당사자 간에 분쟁 해결이 어려운 지역에 파견되어 중립적 입장에서 정전감시 또는 평화유지를 위해 활동하는 것을 말한다. 유엔 안전보장이사회(안보리)가 채택한 결의안에 따라 유엔이 직접 주도(유엔평화유지활동)하거나, 유엔의 위임을 받은 특정 기구(EU, NATO 등) 또는 동맹국 주도(다국적군 평화유지활동)하에 이루어진다. 주된 임무는 군인을 비롯한 경찰·공무원을 포함한 민간인 등을 파견하여 분쟁지역의 사태의 진정이나 재발 방지 및 정전감시, 국가재건활동, 선거가 평화롭게 치러질 수 있도록 선거를 지원하는 등의 활동을 한다.

■ **국민총소득 (GNI, Gross National Income)**
국민총소득(GNI)은 한나라의 국민이 국내외 생산 활동에 참가하거나 생산에 필요한 자산을 제공한 대가로 받은 소득의 합계로서 이 지표에는 자국민(거주자)이 국외로부터 받은 소득(국외수취요소소득)은 포함되는 반면 국내총생산 중에서 외국인(비거주자)에게 지급한 소득(국외지급요소소득)은 제외된다. 국내총생산(GDP)은 한 나라의 경제규모를 파악하는데 유용하나, 국민들의 평균적인 생활수준을 알아보는 데는 적합하지 못하다. 왜냐하면 국민들의 생활수준은 전체 국민소득의 크기보다는 1인당 국민소득의 크기와 더욱 밀접한 관계가 있기 때문이다. 따라서 국민들의 생활수준을 알아보기 위하여 일반적으로 사용되는 것이 1인당 GNI이다. 1인당 GNI는 명목 GNI를 한 나라의 인구수로 나누어 구하며 국제비교를 위하여 보통 시장환율로 환산하여 미달러($)화로 표시하고 있다.

터키 리라화
2021년 한 해 40% 폭락

터키 정부의 기준금리 인하 정책으로 인해 리라화 가치가 요동치고 있다. 리라화가 2021년 40%까지 폭락한 가운데 터키 내 외환위기와 함께 2021년 12월 인플레이션이 30%까지 급등할 것으로 예상되며 우려가 커지고 있다.

로이터통신은 지난 12월 29일(현지시간) 리라화가 3일 연속 약세를 보이며 5.6% 폭락했다고 전했다. **리라화는 정부가 리라화 예금 보호 조치를 발표한 뒤 금융 당국의 개입으로 2021년 들어 그 가치가 40%까지 폭락한 상태**다.

레제프 타이이프 에르도안 터키 대통령이 금리 인하를 주장하며 터키 중앙은행이 4개월 연속 기준금리를 낮추었고 달러화 대비 리라화 가치는 2021년 12월 20일 장중 저점인 1달러당 18.36리라까지 급락했다.

이 가운데 터키 내 외환위기와 함께 인플레이션 우려도 커지고 있다. 로이터통신에 따르면 터키 중앙은행의 순 외환보유액은 12월 둘째 주에만 80억달러가 감소했다. 파이낸셜타임스(FT)도

12월 들어 터키의 외환이 바닥난 것으로 나타나고 있다며 "분석가들 사이에서 터키의 외환 보유 건전성에 대한 경고를 다시 불러일으킬 것"이라고 분석했다.

또한 이미 2020년보다 20% 이상 급등한 터키의 물가는 2021년 12월 더욱 오를 것으로 전망되고 있어 우려가 커지고 있다. 로이터통신의 여론조사에 따르면 터키의 전년 대비 12월 인플레이션은 30.6%를 기록할 것으로 추정된다. 일반적으로 인플레이션을 잡기 위해서는 기준금리를 올리지만, 에르도안 대통령은 고금리가 물가 상승의 원인이라 주장하며 4개월 연속 기준금리를 낮추고 있다.

터키 정부는 이러한 정부의 통화정책을 비판한 인사들을 기소하기도 했다. 12월 27일, 터키 은행규제감독청(BRSA)은 전 중앙은행 총재인 야당 의원을 포함해 기자, 이코노미스트 등 26명을 통화정책 비판을 통한 환율 조작에 가담한 혐의로 법적 조치를 취했다고 밝혔다.

➕ **거꾸로 가는 터키 금리...위험한 경제 실험**

에르도안 대통령은 강력한 금리 인하 의지를 불태우고 있다. 비슷한 상황의 다른 국가들과는 정반대의 행보다. 일반적으로 물가가 치솟으면 성장을 저해하기 때문에 금리를 올려 물가를 진정시킨다.

하지만 에르도안 대통령은 자국민에게 '참아달라'고 호소하며 자신의 금리 인하 정책으로 외국 자본, 수입 물가와 같은 외부 변수들에 휘둘리지 않게 될 것이라고 주장했다. 그러면서 높은 인플레이션에 2022년 최저임금을 50% 올리겠다고 약속했다.

최저임금 상승으로 치솟는 식품을 비롯한 생필품을 구입할 돈이 생겨 일시적으로 도움을 줄 수는 있다. 하지만 최저임금 인상은 결국 다시 인플레이션을 더 일

으키는 역효과를 낼 공산이 크다. 이스탄불 콕대학교의 셀바 데미랄프 경제학 교수는 파이낸셜타임스(FT)에 "인플레이션과 최저임금 사이 피드백이 있다"며 "인플레이션에 최저임금을 올리면 인플레이션이 더 생긴다"고 말했다.

터키 국민은 에르도안 대통령이 고집하는 위험하고 전례가 없는 경제적 '실험'의 대상으로 전락했다고 이코노미스트들은 경고했다. 앙카라 빌켄트대학교의 레페트 구카약 경제학 교수는 FT에 "8400만 명 터키 국민에게 고통(pain and suffering)만 안겨주지 않는다면 그의 정책은 환상적인 '경제학 실험'이 될 것"이라고 비난했다.

AP 통신에 따르면 최악의 경제 위기 속에 스리랑카의 외환보유고는 16억달러(약 1조9000억원)에 그치고 있으며, 올해 상환해야 할 채무가 45억달러(약 5조4000억원)에 이르기 때문에 주요 채권국인 중국의 협조가 필요한 상황이다.

중국의 역점 프로젝트인 일대일로가 협력 상대국을 '채무의 늪'에 빠트린다는 서방의 지적이 제기된 상황에서 중국이 이번 요청을 수용해 채무 감면에 나설지 주목된다. 이와 관련, 왕원빈 중국 외교부 대변인은 정례 브리핑에서 중국이 스리랑카의 채무를 감면할 것이냐는 질문에 "늘 범위 안에서 조력을 제공해왔고 앞으로도 계속 그렇게 할 것"이라고 답했다.

스리랑카, 중국에 "빚 못 갚는다"... 일대일로 '채무 덫' 논란

경제 위기에 몰린 스리랑카가 중국에 채무 재조정을 요구했다고 AP와 로이터 통신 등 외신들이 1월 10일 보도했다.

고타바야 라자팍사 스리랑카 대통령은 1월 9일(현지시간) 자국을 방문한 왕이 중국 외교담당 국무위원 겸 외교부장에게 "코로나19에 따른 경제 위기 해결책으로 부채 상환의 재조정에 관심을 기울여 준다면 큰 도움이 될 것"이라고 말했다.

스리랑카가 중국에 상환해야 할 채무는 스리랑카 국유기업에 대한 대출을 제외하고도 총 33억8000만달러(약 4조원)에 이르는 것으로 추정되고 있다. 중국은 ▪**일대일로**의 주요 협력국인 스리랑카의 항구와 공항 건설, 도로망 확장 등에 대규모 차관을 제공했다.

▪ 일대일로 (一帶一路)

일대일로란 중국이 추진 중인 신(新) 실크로드 전략이다. 일대란 중앙아시아와 유럽을 잇는 육상 실크로드, 일로는 동남아시아와 유럽, 아프리카를 연결하는 해상 실크로드를 뜻한다. 시진핑 중국 국가주석이 2013년 9~10월 중앙아시아 및 동남아시아 순방에서 처음 제시한 전략이다. 일대일로가 구축되면 중국을 중심으로 육·해상 실크로드 주변의 60여 개국을 포함한 거대 경제권이 구성된다. 일각에서는 일대일로 전략이 중화주의의 부활이 아니냐는 평가가 나온다.

분야별
최신상식

북한
안보

월북 장면 CCTV 5차례 찍혔는데
놓쳐...한심한 軍

■ **군사분계선(MDL, Military Demarcation Line)**

군사분계선(MDL)은 두 교전국 간 협정에 의해 구획된 군사 활동의 경계선을 일컫는 것으로, 대개 휴전이 성립된 시점의 전선을 분계선으로 삼는다. 한국의 MDL은 1953년 정전 협정 때 결정된 경계선, 즉 휴전선으로 군사분계선을 기준으로 남북 양쪽 2km에 비무장지대를 설치했다.

녹화영상 보면서도 놓쳐

지난 1월 1일 강원도 동부전선 ■**군사분계선(MDL)** 철책을 한 탈북민이 넘어 월북하는 장면이 군의 GOP(General OutPost·일반전초) CCTV(감시카메라)에 5차례 포착됐지만, 감시경계 병력이 이를 모두 놓친 것으로 확인됐다. 최전 방부대 경계 태세가 엉망인 사실이 드러나자 군은 "국민 여러분께 송구하다"며 유감을 표명했다.

합참 전비태세검열실의 조사 결과에 따르면 A 씨가 당일 오후 6시 36분께 GOP 철책을 넘어 북한으로 넘어가는 과정에서 군의 과학화 경계시스템에 경고음이 울렸다. 이에 소대장을 포함한 병력 6명이 출동했으나 현장에서 특이사항을 발견하지 못하고 A 씨를 놓쳤다.

GOP 감시병은 실시간으로 전송되는 CCTV 영상에서도 A 씨가 철책을 뛰어넘는 장면을 상황 발생 당시 인지하지 못한 것으로 알려졌다. 합참은 감시병들이 상황 발생 당시 CCTV 카메라에 식별된 물체가 매우 흐릿하고 감시카메라의 사각 지역 발생 등의 문제로 상황을 제대로 확인하지 못한 것이라고 전했다.

국회 국방위원회는 1월 5일 새해 첫날 강원도 최전방 동부전선에서 발생한 월북 사건과 관련해 군의 경계 실패를 강력 질타했다. 육군 대장 출신인 김병주 더불어민주당 의원은 "국방부, 합참, 지작사가 가장 큰 문제가 있다. 지금 대대를 따지고 있는데 구조적 문제를 작년 이후에 제대로 보강하지 못했다"고 지적했다.

체조 경력 월북자, 1년여 전 '점프 귀순'
군이 놓친 월북자 A 씨는 불과 1년여 전에 같은 부대 철책을 넘어 귀순한, 이른바 '점프 귀순' 탈북민과 동일인인 것으로 드러났다. 30대 초반인 A 씨는 2020년 11월 초 그가 월북한 곳인 22사단 철책을 넘어 귀순했다.

A 씨는 귀순 이후 정보 당국 조사에서 기계체조 경력이 있다고 진술했으며, 당시 당국은 A 씨의 진술을 검증하기 위해 우리 측 요원을 동원해 두 차례 시연도 한 것으로 전해졌다. A 씨는 체중이 50kg 정도에 신장이 작은 편으로 왜소한 체구여서 높이 3m가량인 철책을 비교적 수월하게 넘을

수 있었던 것으로 추정됐다. A 씨는 한국에서 청소 용역원으로 일하며 경제적으로 풍족하지 않은 생활을 해 온 것으로 알려졌다.

문 대통령, "경계 실패 중대한 문제"
문재인 대통령은 이번 월북 사건을 두고 "이런 상황이 반복되는 점에 대해 군은 특별한 경각심과 책임감을 가져야 한다"고 질책했다. 문 대통령은 1월 5일 참모들에게 "22사단 지역에서 발생한 경계작전 실패는 있어서는 안 될 중대한 문제"라며 이같이 지적했다고 박경미 청와대 대변인이 브리핑에서 전했다.

➕ 군의 경계 실패로 발생한 황당한 귀순 사건들
지난 2012년 10월 북한 병사가 비무장지대를 넘어 한국군 측 GOP 생활관 창문을 두드려 귀순 의사를 밝힌 이른바 '노크 귀순' 사건이 발생하며 우리 군의 경계태세 실패가 도마 위에 오른 바 있다. 이후 2015년 6월에는 북한군 병사가 전날 한국군 GP(감시초소) 앞까지 와서 기다렸다가 다음 날 귀순한 '숙박 귀순' 사건이 발생해 논란이 됐다. 또, 지난해 2월에는 북한 남성이 오리발을 착용하고 동해상을 헤엄쳐 온 '오리발 귀순' 사건이 발생하기도 했다. 이어지는 황당한 귀순 사례에 우리 군의 경계 실패가 국민을 불안하게 만들고 있다는 비판이 강하게 이어지고 있다.

POINT   세 줄 요약

❶ 1월 1일 군사분계선 철책을 한 탈북민이 넘어 월북하는 장면이 군의 GOP CCTV에 5차례 포착됐지만, 감시경계 병력이 이를 모두 놓친 것으로 확인됐다.

❷ 군이 놓친 월북자는 불과 1년여 전에 같은 부대 철책을 넘어 귀순한, 이른바 '점프 귀순' 탈북민과 동일인인 것으로 드러났다.

❸ 문재인 대통령은 이번 월북 사건을 두고 "이런 상황이 반복되는 점에 대해 군은 특별한 경각심과 책임감을 가져야 한다"고 질책했다.

미·러·중·영·프 5대 열강 '핵전쟁 방지 공동성명' 채택

미국·러시아·중국·영국·프랑스 등 핵무기를 공식 보유한 5개국 정상이 2022년 새해 전격으로 핵전쟁 방지 공동성명을 발표했다. 이번 성명은 러시아의 적극적인 제안으로 채택된 것으로 알려졌다.

러시아 크렘린궁에 따르면 ▲조 바이든 미국 대통령 ▲블라디미르 푸틴 러시아 대통령 ▲시진핑 중국 국가주석 ▲보리스 존슨 영국 총리 ▲에마뉘엘 마크롱 프랑스 대통령 등 5개국 정상들은 공동성명에서 "핵무기 보유국 간의 전쟁 방지와 전략적 위험 저하를 우리들의 우선적 책임으로 간주한다"고 밝혔다.

유엔 안전보장이사회(안보리) **상임이사국이기도 한 5개국**은 공동성명에서 "핵전쟁 시 아무도 승자가 없다. 핵 사용은 광범위한 결과를 초래하기 때문에 우리는 핵무기가 존재하는 동안 방어 목적으로만 사용해야 하고 침략을 억제하며 전쟁을 방지하는 데 사용해야 한다고 확언한다"고 밝혔다.

5개국은 핵무기 추가 확산 방지를 언급하면서

"■**핵확산금지조약(NPT)**의 의무를 계속 이행할 것"이라며 "핵 위협에 대처하는 것의 중요성을 재확인하고, 양자 및 다자 간 비확산, 군축, 군비통제 협정 및 약속을 유지하고 준수하는 것의 중요성을 강조한다"고 덧붙였다.

이번 성명은 1월 4일 미국 뉴욕에서 개최될 예정이었던 NPT 검토회의 때 공표될 예정이었지만 코로나19로 회의가 연기되며 미리 발표됐다. 러시아의 우크라이나 침공 가능성, 중국과 미국 간 경제·안보 갈등이 고조되는 상황에서 이례적으로 공동성명이 도출됐다.

서방 일각에서는 5대 열강 공동서명에 대해 떨떠름한 반응을 보였다. 프랑스는 이 성명이 핵 억지력을 약화시킬 수 있다면서 '침략을 억제하며'란 문구를 반영했다고 가디언은 전했다. 미국 백악관은 별도로 공동성명에 대해 입장을 발표하지 않았다. 미 의회연구소는 "이 공동성명이 지역분쟁에서의 핵무기 사용 가능성을 제외시켜 대규모 재래식 및 사이버 공격 억지 효과를 약화시킬 수 있다"고 우려했다.

■ 핵확산금지조약 (NPT, Nuclear non-Proliferation Treaty)

핵확산금지조약(NPT)이란 비핵보유국이 핵무기를 보유하거나 핵보유국이 비핵보유국에게 핵무기를 양여하는 것을 금지하는 국제조약이다. 국제 협약 단체인 NPT는 1969년 6월 유엔 총회에서 조약을 체결하였고, 1970년 3월 5일 비준이 완료됨에 따라 효력이 발효되었다. 한국은 1975년 정식 비준국이 되었으며, 북한은 1985년 12월에 가입하였으나 1993년 3월 탈퇴 선언했다. 현재 NPT에서 핵보유국으로 인정하는 나라는 ▲미국 ▲영국 ▲러시아 ▲프랑스 ▲중국 5개국이다. ▲인도 ▲파키스탄 ▲이스라엘 ▲북한은 NPT에서 핵보유국으로 인정받지 못했지만, 사실상 핵보유국으로 인식되고 있다.

北, 제4차 전원회의 개최... 내치 주력

북한이 지난 12월 27일부터 31일까지 김정은 총비서 주도로 노동당 제8기 제4차 **전원회의**를 개최했다. 북한은 새해 국정 방향을 결정하는 노동당 전원회의에서 대남·대미관계 사업 방향 등을 논의했을 것으로 추정되지만 그 결과는 공개하지 않았다. 2022년에도 전원회의 결과 공표로 김정은 노동당 총비서의 신년사를 대체했지만, 관심을 끌었던 대남·대미관계와 관련한 메시지도 나오지 않았다.

북한은 **농업과 경제 부문을 상세히 소개해 새해에도 대외관계보다는 먹고 사는 문제 등 내치에 주력하겠다는 의지**를 드러냈다. 특히 식량 문제 해결을 위한 10년 목표하에 협동농장 농민의 국가 빚을 탕감하고 식생활 문화를 흰쌀밥과 밀가루 음식 중심으로 바꾸겠다는 계획을 제시하는 등 농업에 강조점을 뒀다.

이번 회의에서 김 총비서는 국방 부문의 전투적 과업을 제시했다. 김 총비서는 "당 중앙의 영도에 절대 충성 절대 복종하는 혁명적 당군" 육성을 위해 "훈련제일주의와 무기 전투기술기재들의 경상적 동원준비, 강철 같은 군기확립"에 총력을 집중할 것을 주문했다. 전략무기에 대한 구체적인 언급은 없었지만, 지난해 1월 8차 당대회 때 제시한 국방과학발전 및 무기체계 개발 5개년계획을 차질 없이 이행하겠다는 의지를 거듭 밝혔다.

역대 최장인 5일간 진행된 이번 전원회의에서는 ▲2021년도 주요 당 및 국가정책 집행정형(실태) 총화(결산)와 2022년도 사업계획 ▲2021년도 국가예산집행 정형과 2022년도 국가예산안 ▲사회주의 농촌문제의 올바른 해결을 위한 당면과업 ▲당 규약 일부 조항 수정 ▲당 중앙지도기관 성원의 2021년 하반기 당조직 사상생활 정형 ▲조직문제 등 총 6개 의정이 상정됐고 만장일치로 승인됐다.

■ **전원회의 (全員會議)**

전원회의란 북한 최고 정책결정기구인 당대회가 열리지 않는 기간 동안 당의 크고 작은 일을 결정하는 기구를 말한다. 통상적으로 전원회의는 1년에 상·하반기 2차례 열린다. 노동당 전원회의는 당 정치국 성원뿐 아니라 중앙위원과 후보위원 전원이 참가하며, 국가의 핵심 전략과 정책노선이 논의·결정된다.

북한, 내륙서 동해로 탄도미사일 추정 발사

북한이 1월 5일 동해상으로 탄도미사일 1발을 쐈다. 신년 들어 북한의 첫 무력 시위다. 합동참모본부는 "오늘 오전 8시 10분께 북한 자강도 일대에서 동해상으로 탄도미사일로 추정되는 발사체 1발을 포착했다"며 "현재 포착된 제원의 특성을 고려해 한미 정보당국이 정밀 분석 중에 있다"고 밝혔다.

북한의 탄도미사일 발사는 작년 10월 19일 신형 잠수함발사탄도미사일(SLBM)을 잠수함에서 시험 발사한 이후 78일 만이다. 정부는 **■국가안전보장회의**(NSC) 상임위원회 긴급회의를 화상으로 열고 북한이 이날 탄도미사일로 추정되는 발사체를 쏘아 올린 것에 대한 대응 방안을 협의했다.

北 "극초음속 미사일 성공"…한미 "글쎄"

북한은 탄도미사일을 발사한 이튿날인 1월 6일 "**■극초음속 미사일** 시험 발사에 성공했다"고 밝혔다. 하지만 한미 군 당국은 의심의 눈길을 보냈다. 북한의 발표 내용이 실제 탐지된 데이터와 다르다는 것이다.

우리 국방부는 1월 7일 북한이 이번에 쏜 미사일을 **기동형 탄두 재진입체**(MARV, MAneuverable Reentry Vehicle)를 탑재한 탄도미사일'이라고 규정하며 2017년 한국군이 개발한 현무-2C 수준 무기라고 평가했다.

한미 당국은 극초음속 활공체로 인정받으려면 종말 단계까지 마하 5 이상 속력을 유지해야 하는데 북한이 이번에 발사한 탄도미사일은 최고 속도만 마하 6이었을 뿐 이를 유지하지 못했다고 평가 절하했다.

한편, 정부는 북한의 미사일 도발에도 불구하고 **현재의 남북관계 경색과 긴장 상태를 해소하기 위해서는 북한과의 대화를 재개하는 것이 중요하다**는 점을 재확인했다. 청와대가 배포한 보도자료에서 북한의 행위를 두고 '도발'이라는 규정을 하지 않은 것 역시 같은 맥락으로 보인다.

북한은 1월 11일에도 동해상으로 탄도미사일로 추정되는 발사체를 쏴 올렸다. 합동참모본부는 이 발사체의 속도가 마하10 내외이고 비행거리가 700km를 넘었다고 밝혔다. 이는 엿새 전 북한이 극초음속 미사일이라며 발사한 것보다 진일보한 무기 체계로 보인다. 북한은 1월 17일에도 또 발사체 2발을 발사해 도발을 멈추지 않았다.

■ 국가안전보장회의 (NSC, National Safety Council)

국가안전보장회의(NSC)는 국가 안보·통일·외교와 관련된 정책을 수립하는 최고 의결기구로, 대통령 직속 자문기관이다. 우리나라에서 NSC는 대통령, 국무총리, 외교부 장관, 통일부 장관, 국방부 장관 및 국가정보원장과 대통령령으로 정하는 위원으로 구성한다. 대통령은 회의의 의장이 된다.
NSC는 상임위원회와 사무처를 두 축으로 하는데, 상임위원회는 NSC에서 위임한 사항을 처리하기 위한 곳이다. 상임위원회는 매주 최소한 1회 이상 수시로 열려 통일·외교·안보현안에 관한 정책을 조율한다. 그리고 합의가 되면 곧바로 대통령에게 보고하고, 합의가 이뤄지지 않는 문제나 국가적 중대 사안의 경우 NSC에 안건을 넘긴다.

■ 극초음속 미사일 (hypersonic missile)

극초음속(하이퍼소닉) 미사일이란 음속의 5배 이상인 마하 5(1.7km/s) 이상의 극초음속으로 낮게 날아가면서도 탄도미사일과 달리 원하는 방향으로 비행할 수 있는 무기다. 일반적인 초음속 전투기의 최고 비행 속도가 마하 2~3 이내이므로, 그보다 2배가 넘는 속도로 비행한다. 극초음속 미사일은 기존 미사일들과는 달리 궤적을 예측할 수 없어 요격하는 것이 대단히 어렵다는 점이 최대 강점이다. 단시간에 도달해 목표물을 타격할 수 있고 비슷한 탄두 중량을 갖춘 미사일보다 관통력도 뛰어나다. 최근 중국·러시아가 극초음속 미사일 개발에 성공했다는 사실이 알려졌다. 이는 미국과 한국이 구축해온 미사일 방어체계를 무력화시킬 수 있어 우려가 크다.

기출TIP 2020년 한국일보 필기시험에서 국가안전보장회의에 대해 묻는 문제가 출제됐다.

北, 올림픽 불참 공식화... "참가 못하지만 중국 전적 응원"

북한이 극초음속 미사일을 발사한 당일 중국 측에 편지를 보내 2월 개막하는 베이징 동계올림픽 불참을 공식화하면서도 중국을 응원했다. 북한 올림픽위원회와 체육성이 중국 올림픽위원회와 베이징동계올림픽 및 장애인동계올림픽 조직위원회, 중국 체육총국에 편지를 보냈다고 조선중앙통신이 1월 7일 보도했다.

북한은 편지에서 **"적대 세력들의 책동과 세계적인 대유행 전염병 상황으로 경기 대회에 참가할 수 없게 되었지만** 우리는 성대하고 훌륭한 올림픽 축제를 마련하려는 중국 동지들의 모든 사업을 전적으로 지지, 응원할 것"이라고 밝혔다고 통신은 전했다.

코로나 팬데믹 이후 국제 교류를 완전히 차단한 북한은 2020 도쿄 올림픽에 불참했고 이에 대한 국제올림픽위원회(IOC)의 징계로 어차피 베이징 동계올림픽에 참석하지 못하는 형편인데 이번에 불참을 공식화한 것이다. **IOC는 지난해 9월 북한이 도쿄 올림픽 불참으로 올림픽 헌장에 명시된 대회 참가 의무를 이행하지 않았다면서 올해 말까지 국가올림픽위원회(NOC) 자격을 정지**했다.

다만, 북한은 올림픽 불참이 자발적인 의사가 아닌 불가피한 사정 때문이었다는 취지로 설명하면서 중국과의 친선 관계를 이어가겠다는 의지를 거듭 밝혔다. 차덕철 통일부 부대변인은 이날 정례브리핑에서 북한의 편지 전달 시점과 의도 등과 관련해 "베이징 올림픽이 동북아와 세계 평화 번영에 기여하는 계기가 되기를 바란다는 기본 입장에는 변함이 없다"고 밝혔다.

북한이 베이징 동계올림픽 불참을 공식화하면서 정부 대표단을 보낼 가능성도 더욱 희박해졌다. 북한은 2014년 러시아 소치 동계올림픽 때 출전 선수가 없음에도 김영남 당시 최고인민회의 상임위원회 위원장을 단장으로 하는 대표단은 파견한 전례가 있지만, 이번엔 그마저도 어려울 전망이다.

3600톤급 잠수함 건조 시작...
2028년 해군 인도

잠수함발사탄도미사일(SLBM, Submarine Launched Ballistic Missile) 10발 탑재가 가능한 3600톤급 잠수함 2번 함이 건조된다. 방위사업청은 2021년 12월 30일 거제 대우조선해양에서 장보고-III 배치(Batch)-II 2번 함 건조 착공식을 개최했다.

배치는 기술발전 속도가 빠르거나 전력화에 장기간 소요되는 함정에 적용하는 용어다. 동일한 함정을 성능 개량할 때 구분하기 위해 사용된다. 배치-I에서 II, III으로 갈수록 함정 성능이 개선된다. 이번 착공식으로 총 다섯 척의 3000톤급 잠수함이 정상적으로 건조에 돌입했다.

▲ 도산안창호함

배치-II급 잠수함은 2021년 8월 해군에 인도된 배치-I급 잠수함인 ▪**도산안창호함**보다 더 크고, 많은 무장을 운용할 수 있다. 성능이 향상된 전투체계와 **소나**(SONAR, SOund Navigation And Ranging : 수중음파탐지기) 체계도 탑재될 예정이다.

배치-I급 잠수함의 경우 6개의 SLBM 수직발사관을 갖췄는데 배치-II급은 길이가 더 길어진 만큼 최대 10개의 발사관을 갖추게 된다. 또 3000톤급 잠수함 중 세계에서 2번째로 리튬전지도 탑재해 보다 높은 수준의 은밀성과 수중작전 능력을 보유할 예정이다.

2번 함은 2026년까지 함 건조를 마치면 시운전을 거쳐 2028년에 해군에 인도될 예정이다. 방사청은 이번 건조 계획과 관련해 80%에 달하는 높은 국산화율로 국내 일자리 창출, 국산 잠수함의 수출경쟁력 향상 등의 부가효과가 발생할 것으로 기대했다.

방위사업청 전용규 한국형잠수함사업단장은 "2번 함 건조에 착공함으로써, 향후 우리 해군은 다섯 척의 최신 3000톤급 잠수함을 확보하게 된다"며 "전방위적 안보위협에 효과적으로 대응하는 국가 안보의 핵심 역할을 수행하길 기대한다"

고 말했다.

■ 도산안창호함 (島山安昌浩艦)

도산안창호함은 대한민국 해군의 도산안창호급 잠수함의 1번 함이다. 국내 최초로 독자 설계·건조한 중형급(3000톤급) 잠수함으로, 2018년 9월 14일 진수식이 거행됐다. 함명인 '도산안창호함'은 독립운동과 민족번영에 이바지한 도산 안창호 선생의 정신을 계승하기 위해 명명됐다. 도산안창호함의 제원은 길이 83.3m, 폭 9.6m로 1800톤급과 비교해 2배 정도 규모가 커졌다. 최대 속력은 20kts(노트·37km/h)이며 탑승 인원은 50여 명이다. 도산안창호함은 잠수함 탄도미사일(SLBM)을 수직 발사할 수 있는 국내 첫 잠수함이기도 하다. 함교에 6개의 수직발사관을 갖춰 잠대지 탄도미사일(SLBM) 발사가 가능하다. 또 공기불필요추진체계(AIP, Air Independent Propulsion)에 국산 수소연료전지를 탑재해 수면 위로 부상하지 않고 물속에서 20일간 작전을 펼칠 수 있다.

일본, 한국군 독도방어훈련에 강력 반발

▲ 독도

일본 정부가 한국군의 ■**독도방어훈련**을 수용할 수 없다며 항의했다. 교도통신과 NHK는 2021년 12월 29일 일본 정부가 한국군의 독도방어훈련에 항의했다고 보도했다. 일본 외무성은 한국 정부에 대해 "(독도방어훈련을) 도저히 받아들일 수

없으며 매우 유감"이라고 밝혔다.

한국군은 앞서 독도 인근 해역에 해군과 해경 함정, 공군의 공중전력 등을 투입해 '**동해영토수호훈련**'이라는 이름의 독도방어훈련을 비공개로 실시했다. 이번 훈련은 코로나19 상황을 감안해 비접촉 훈련 위주로 실시된 것으로 알려졌다. 독도에 병력이 상륙하는 입도훈련도 포함되지 않은 것으로 전해졌다.

독도 영유권을 주장하는 일본 정부는 매년 두 차례 실시되는 한국군의 독도방어훈련에 매번 항의하며 중단을 요구하고 있다. 한편 한국 국방부가 이번 독도방어훈련을 발표하지 않은 것에 대해 교도통신은 "일본을 자극하지 않으려고 배려한 것으로 보인다"고 설명했다.

■ 독도방어훈련 (獨島防禦訓練)

독도방어훈련은 대한민국 해군이 독도 해역에서 해상자위대의 침략을 막기 위한 훈련으로 1996년부터 시작됐다. 훈련에는 통상 한국형 구축함(3200톤급) 등 해군과 해경 함정, P-3C 해상초계기, F-15K 전투기 등이 참가하고 있으며 매년 상반기와 하반기로 나눠 2차례 실시되고 있다. 훈련은 가상 적성 선박이 독도 영해를 침범하는 것을 상정해 정보입수 단계부터 상황 전파 및 식별을 거쳐 이후 해군과 해경, 공군이 합동작전을 펼쳐 적군을 퇴각시키는 시나리오로 진행된다.

분야별 최신상식

문화
미디어

오영수, 미국 '골든글로브 시상식' 남우조연상 수상

■ **골든글로브 시상식 (golden globe awards)**

골든글로브 시상식은 미국의 영화·TV 시상식으로, 할리우드 외신기자협회(HFPA)에서 수여한다. 매년 초에 개최되며, 아카데미 시상식과 수상 결과가 비슷해 '아카데미의 전초전'이라고도 불린다. 골든글로브는 아카데미와 달리 TV 부문에서도 수상자를 발표하며 그간 할리우드의 권위 있는 시상식 중 하나로 관심을 받아왔다. 봉준호 감독은 영화 '기생충'으로 2020년 1월 열린 제77회 골든글로브 시상식에서 최우수 외국어영화상을 수상한 바 있다. 이듬해 열린 제78회 골든글로브 시상식에서는 한국계 미국인 정이삭 감독의 영화 '미나리'가 외국어영화상을 수상했다.

한국 배우 최초 연기상 수상

넷플릭스 오리지널 시리즈 '오징어 게임'에서 '깐부 할아버지' 오일남 역할을 맡은 배우 오영수(사진)가 한국 배우 최초로 미국 골든글로브 연기상을 수상했다. **오영수는 1월 9일**(현지시간) **열린 제79회 ■골든글로브 시상식에서 TV 부문 남우조연상을 받았다.**

한국 배우가 골든글로브 시상식에서 수상의 영예를 안은 것은 이번이 처음이다. 2020년 '기생충', 2021년 '미나리' 출연진도 이루지 못한 성과다. 한국계 배우인 산드라 오, 아콰피나가 연기상을 받은 적은 있지만, 한국 드라마나 한국 배우가 주연으로 출연한 영화가 연기상 후보에 오른 적은 없었다.

'오징어 게임'은 이번 시상식에서 ▲최우수 텔레비전 시리즈 후보 ▲TV드라마 부문 남우주연상 후보(이정재) ▲남우조연상 후보(오영수) 등 3개 부문 후보에 올랐으나, 최우수 텔레비전 시리즈와 남우주연상 수상은 불발됐다.

관중·중계 없이 초라하게 개최한 골든글로브

한편, 백인 위주의 회원 구성과 인종 차별 논란, 성차별 논란, 불투명한 재정

이드스토리'는 명감독 스티븐 스필버그가 선보인 최초의 뮤지컬 영화로 국내에서도 눈길을 끌었다.

또한, 영화 부문 드라마 남녀주연상은 '킹 리처드'의 윌 스미스와 '비잉 더 리카르도스'의 니콜 키드먼이, 영화 부문 뮤지컬·코미디 남녀주연상은 '틱, 틱… 붐!'의 앤드류 가필드와 '웨스트사이드스토리'의 레이첼 지글러가 수상했다.

2022 골든글로브 시상식 주요 부문 수상 결과

	구분	수상자(작)
TV 부문	작품상-TV 드라마 ('오징어 게임' 후보 진출)	'석세션'
	남우주연상-TV드라마 (이정재 후보 진출)	제레미 스트롱('석세션')
	남우조연상_TV드라마 (오영수 후보 진출)	오영수('오징어 게임')
영화 부문	작품상-드라마	'파워 오브 도그'
	작품상-뮤지컬·코미디	'웨스트 사이드 스토리'
	여우주연상-드라마	니콜 키드먼('비잉 더 리카르도스')
	여우주연상-뮤지컬· 코미디	레이첼 지글러('웨스트 사이드 스토리')
	남우주연상-드라마	윌 스미스('킹 리차드')
	남우주연상-뮤지컬· 코미디	앤드류 가필드('틱, 틱… 붐!')

POINT **세 줄 요약**

❶ '오징어 게임'에서 '깐부 할아버지' 오일남 역할을 맡은 배우 오영수가 한국 배우 최초로 골든글로브 연기상을 수상했다.

❷ 미국 영화·방송업계의 보이콧에 직면한 골든글로브 시상식의 권위가 추락했다.

❸ 이날 시상식에서 영화 부문 작품상은 '파워 오브 도그'(드라마)와 '웨스트사이드스토리'(뮤지컬·코미디)에 돌아갔다.

관리 등에 따른 부정부패 의혹이 불거지며 미국 영화·방송업계의 보이콧에 직면한 골든글로브 시상식이 올해는 관객과 방송 중계 없이 초라하게 치러졌다.

골든글로브를 주관하는 미국 할리우드외신기자협회(HFPA, Hollywood Foreign Press Association)는 올해 골든글로브 시상식을 무관중으로 진행한다며 코로나19 탓을 했지만 미국 미디어 업계의 보이콧으로 땅에 떨어진 권위를 해명할 수는 없었다.

앞서 할리우드 스타들을 고객으로 둔 100여 개 홍보 대행사와 주요 제작사가 보이콧에 동참했고 매년 골든글로브 시상식을 생중계한 NBC 방송도 올해는 시상식을 송출하지 않겠다고 선언해 골든글로브의 위상은 급추락했다.

'파워 오브 도그'·'웨스트사이드스토리' 작품상

이날 시상식에서 **영화 부문 드라마 작품상**은 '파워 오브 도그'에, **영화 부문 뮤지컬·코미디 작품상**은 '웨스트사이드스토리'에 돌아갔다. '웨스트사

데이비드 보위 저작권 3000억원에 팔려

▲ 데이비드 보위의 앨범 커버. 보위의 상징이 된 얼굴의 번개무늬는 오늘날까지 다양한 대중문화 장르에서 오마주됐다.

지난 2016년 향년 69세로 사망한 영국 출신 ■글램록의 선구자 데이비드 보위의 저작권이 2억 5000만달러(약 2987억원)에 팔렸다. 로이터통신은 1월 4일(현지시간) 글로벌 엔터테인먼트 기업인 워너뮤직이 보위의 유족과 권리 매매 계약을 맺었다며 이같이 보도했다.

계약 조건에는 1968년부터 2016년까지 보위가 발표한 정규 음반 26개와 400여 곡의 출판권이 포함됐다. **보위의 출판권 거래 대금은 사망한 대중 음악가 중 최고액이다.** 앞서 ■밥 딜런과 브루스 스프링스턴은 각각 3억달러(약 3581억원)와 5억5000만달러(약 6566억원)에 자신의 음악과 관련한 권리를 매각한 바 있다.

최근 몇 년 동안 기업은 유명 대중음악 가수들의 저작권을 대규모로 사들이고 있다. **음악 스트리밍 시장의 밝은 성장 전망과 고령 음악인들의 이해관계가 들어맞은 결과다.** 하지만 일부에서는 가수들이 자신의 곡 권리를 통째로 넘기는 것에 대해 비판적인 의견도 존재한다.

한편, 보위는 1967년 데뷔해 **사망 직전 발표한 유작 '★(Blackstar)'**에 이르기까지 다양한 장르를 오가며 'Space Oddity', 'Life on Mars?', 'Moonage Daydream' 등 명곡을 남겼고 패션과 무대 연출에 이르기까지 다른 아티스트들에게 큰 영감을 준 예술인으로 평가받는다.

■ 글램록 (glam rock)

글램록은 1970년대 영국에서 유행한 록 음악 사조로서 글리터록(glitter rock)이라고도 한다. 로큰롤과 하드록의 중간 사운드에 종종 현악을 가미한 사운드가 특징이며 글램록 밴드 멤버들은 파격적인 의상과 원색으로 물들인 머리 모양에 화장을 하는 등 양성적 패션과 퇴폐적 분위기를 연출했다. 글램록은 1960년대 말 프로그레시브록의 진지함에 대한 반작용이자 록 음악을 넘어 하위문화의 일종으로 분출했다. 글램록의 대표적 아티스트로는 데이비드 보위, 티렉스의 마크 볼란, 록시 뮤직의 브라이언 이노, 이기팝 등이 꼽힌다.

■ 밥 딜런 (Bob Dylan, 1941~)

밥 딜런은 1960년대부터 현재까지 포크록을 대표해온 가수이자 인권운동가, 시인이자 화가다. 미국 미네소타주 유대인 집안에서 태어난 딜런은 대학을 중퇴한 이후 연주활동을 하다가 1962년 데뷔해 저항 음악의 대표주자로서 사랑을 받았다. 1999년 타임스 선정 '20C에 가장 영향력 있는 인물 100인'에 들기도 했으며 노랫말의 시적 표현에 대한 공로를 인정받아 2016년 가수로서는 사상 처음으로 노벨 문학상을 수상했다.

거장 내한 줄이어... 2022 클래식 공연 풍성한 라인업

코로나19 팬데믹 3년차로 공연 취소와 방역 지침 재조정이 이어지면서 공연계는 큰 타격을 입었

다. 특히 해외 아티스트 의존도가 큰 클래식 공연계는 '해외 입국자 2주 격리'라는 제약으로 휘청거렸다. 지난해 하반기 자가 격리 면제로 잠시 기대를 품었던 공연계는 오미크론 변이로 다시 된서리를 맞았다.

하지만 공연계는 임인년 새해를 맞아 해외 명연주자들로 이뤄진 화려한 라인업으로 다시 날아오를 채비를 마쳤다. 2월에는 폴란드 출신으로 당대 최고의 피아니스트 중 한 명으로 꼽히는 크리스티안 짐머만과 중국계 스타 피아니스트 랑랑이 한국 무대를 찾는다. 차이콥스키 콩쿠르 우승자인 알렉산드로 칸토로프는 4월, 드미트리 마슬레예프는 5월에 한국 무대를 찾는다.

먼저 **살아 있는 피아노의 전설로 불리는 마우리치오 폴리니**가 5월 내한 공연을 갖는다. 폴리니는 1960년 18세 나이로 쇼팽 콩쿠르에서 우승한 뒤 현재까지 현존하는 최고의 피아니스트로 꼽히지만 내한 공연은 이번이 처음이다.

6월에는 베토벤 권위자인 루돌프 부흐빈더, 기교파로 유명한 유자 왕 등 피아니스트들이 공연한다. **첼로 거장 미샤 마이스키**는 5월, 전설적인 바이올리니스트인 이츠하크 펄만은 11월에 한국 관객과 만난다.

세계 유명 오케스트라와 명지휘자들도 줄지어 내한한다. 세계 최고 오페라 극장으로 불리는 뉴욕 메트로폴리탄 오페라 무대를 책임지는 메트로폴리탄 오케스트라가 6월 사상 첫 내한 공연을 갖는다. 4~5월에는 프랑스 메츠 국립 오케스트라가 서울·대전·대구 등 5개 도시에서 바이올리니스트 양인모와 협연한다.

7월에는 뉴욕필하모닉, 10월에는 런던 심포니 오케스트라와 지휘자 사이먼 래틀, 12월에는 독일 바이에른 방송교향악단과 지휘자 주빈 메타가 한국을 찾는다. 피아니스트 조성진은 런던 심포니·바이에른 방송교향악단 무대에 협연자로 오른다.

국내에서는 **벨기에 출신 다비트 라일란트와 핀란드 출신 피에타리 잉키넨을 각각 새 예술감독으로 맞이한 코리안심포니 오케스트라와 KBS교향악단**도 다양한 레퍼토리로 관객과 만난다. 국립오페라단은 창단 60주년을 맞아 '왕자, 호동' 등 6편을 무대에 올린다.

뮤지컬 분야에서도 다양한 대작들이 대기 중이다. 뮤지컬 '라이온킹' 인터내셔널 투어 공연이 1월 서울을 시작으로 4월 부산까지 이어지고 4월 '데스노트', 5월 '마타하리', 6월 '웃는남자', 8월 '엘리자벳' 등이 차례로 관객과 만난다.

▐ 악기 편성에 따른 기악곡의 연주 형태

명칭	설명
독주 (solo·솔로)	한 사람이 한 종류의 악기를 연주하는 것으로서 악기 이름에 따라 바이올린 독주, 첼로 독주, 피아노 독주 등으로 불린다. 반주 없이 혼자 연주하는 무반주 독주도 있으나 일반적으로 피아노나 오르간 같은 화음악기를 반주로 함께 연주한다.

중주 (ensemble· 앙상블)	2개 이상 악기로 가각 다른 성부의 가락을 담당해 연주하는 형태로서 실내나 작은 규모의 연주장에서 연주된다.
2중주 (duet·듀엣)	바이올린과 피아노, 첼로와 피아노, 바이올린과 바이올린, 플루트와 피아노, 오보에와 피아노 등 2개의 악기로 구성된 편성이다.
3중주 (trio·트리오)	3개 악기로 구성된 편성으로서 피아노 3중주(피아노·바이올린·첼로), 현악 3중주(바이올린·비올라·첼로), 플루트 3중주(플루트·바이올린·첼로), 목관 3중주(플루트·클라리넷·바순) 등이 있다.
4중주 (quartet· 콰르텟)	4개 악기로 구성된 편성으로서 피아노 4중주(피아노·바이올린·비올라·첼로), 현악 4중주(제1바이올린·제2바이올린·비올라·첼로), 목관 4중주(플루트·오보에·클라리넷·바순), 금관 4중주(트럼펫·트럼본·호른·튜바) 등이 있다.
5중주 (quintet· 퀸텟)	5개 악기로 구성된 편성으로서 현악 5중주(제1바이올린·제2바이올린·비올라·첼로 또는 제2비올라·콘트라베이스 또는 제2첼로), 목관 5중주(플루트·오보에·클라리넷·바순·호른), 금관 5중주(트럼펫1·트럼펫2·트롬본·호른·튜바) 등이 있다.
관현악 합주 (orchestra· 오케스트라)	현악기를 중심으로 관악기와 타악기가 합쳐져 편성되는 가장 큰 규모의 연주 형태다. 정규 관현악단은 보통 70~120명의 연주자들로 구성된다.

▲ 한국인 최초로 '보그' US 표지 단독 모델이 된 정호연 (자료 : 보그)

가 급증했다. 특히 해외 팬이 폭발적으로 늘었는데, 1월 6일 기준 정호연의 인스타그램 팔로워 수는 2300만 명이 넘는다. '글로벌 대세' 정호연의 입지는 '보그' US 커버 장식으로 더욱 견고해졌다.

공개된 표지 이미지에서 정호연은 여유롭게 카메라를 응시하며 모델로서의 존재감을 드러내고 있다. 본래 정호연은 배우가 아닌 모델 출신으로, 2010년 모델로 데뷔한 이후 2013년 온스타일 '도전! 수퍼모델 코리아 4'에 출연하며 대중에게 이름을 알린 바 있다. 이후에는 세계적인 럭셔리 브랜드의 런웨이 무대에 선 경력이 있으며, '오징어 게임'은 정호연이 배우로서 도전한 첫 작품이다.

한편, 정호연은 최근 '오징어 게임'의 미국 현지 프로모션 일정을 소화하기 위해 미국으로 출국해 'LACMA 갈라'와 'CFDA 패션 어워즈', '고담 어워즈' 등에 참석했다. 고담 어워즈에서 '오징어 게임' 팀은 한국 드라마 최초로 작품상을 수상하는 쾌거를 거두기도 했다. 전례 없는 글로벌 행보를 이어가고 있는 정호연의 다음 행보에 국내외의 기대가 모이고 있다.

정호연, 한국인 최초로 '보그' US 표지 단독 모델로 선정

넷플릭스 오리지널 시리즈 '오징어 게임'에 출연해 전 세계적인 인기를 끈 정호연이 패션잡지 '▪보그' US의 표지를 장식했다. '보그' US 창간 130년 역사에 한국인이 단독 표지 모델로 발탁된 것은 정호연이 최초다.

'오징어 게임'에 탈북자 새벽 역을 맡아 인상적인 모습을 보인 그는 작품 공개 직후 SNS 팔로워 수

▪ 보그 (VOGUE)

보그는 1892년 뉴욕에서 창간된 패션 잡지로, 현재는 미국, 영국, 독일, 이탈리아, 프랑스, 브라질, 에스파냐, 오스트레일리아, 중국 등 세계 곳곳에서 발행되고 있다. 우리나라도 지난

1996년부터 보그 한국어판을 발행 중이다. 각국의 보그는 발행하는 나라의 특색에 맞게 제각각 발행된다.

전 세계 보그 중에서도 막강한 영향력을 자랑하는 미국 보그는 안나 윈투어가 1988년부터 현재까지 편집장을 맡고 있다. 안나 윈투어는 국내에서도 흥행한 영화 '악마는 프라다를 입는다'의 실제 모델인 것으로도 유명하다. 한편, 미국 보그, 영국 보그, 프랑스 보그, 이탈리아 보그를 통상 '4대 보그'라 일컬으며, 4대 보그 표지를 모두 장식하는 것이 모델들에게는 굉장한 영예인 것으로 알려져 있다.

디지털콘텐츠 사용자, 하루 4시간 이용...유료구독 플랫폼 2.7개

디지털 콘텐츠 사용자들이 하루 평균 4시간 콘텐츠를 소비하고 평균 2.7개의 플랫폼을 유료 구독하는 것으로 조사됐다. 1월 5일 한국콘텐츠진흥원이 발간한 '디지털 전환시대 콘텐츠 이용 트렌드 연구' 보고서를 보면 **최근 1년간 콘텐츠 이용자들은 온라인 동영상 서비스**(OTT), **메타버스, 온라인 오디오, 온라인 공연 등 디지털 콘텐츠를 하루 평균 239.5분**(4시간) **소비했다.**

보고서는 전국 15~59세 디지털콘텐츠 이용자 3000명을 대상으로 최근 1년간의 온라인 동영상, 온라인 공연, 메타버스, 오디오 콘텐츠 이용

실태에 관해 지난해 9월 실시한 온라인 설문조사를 분석했다.

온라인 동영상, 온라인 공연, 메타버스 이용 시기는 '집에서 쉴 때'라는 응답자가 각각 57.1%, 79.7%, 63.0%로 가장 많았다. 오디오 콘텐츠는 '출퇴근 및 이동 시'(28.4%), '집에서 가사나 다른 업무를 할 때'(22.4%) 주로 이용해 멀티태스킹 형태 이용 비중이 높았다.

코로나19 영향은 콘텐츠 분야별로 차이를 보였다. 온라인 동영상은 이용자 60.4%, 오디오 콘텐츠는 56.7%가 코로나19 유행 이전부터 이용하고 있다고 답했다. 하지만 온라인 공연은 사용자의 70.2%, 메타버스는 79.3%가 코로나19 이후부터 이용하는 것으로 나타났다. 디지털콘텐츠 이용자들은 온라인 동영상, 온라인 음악, 게임, 온라인 도서, 웹툰 등 평균 2.7개의 플랫폼을 유료 구독했다.

온라인 동영상 유저는 평균 2.69개를 구독했으며 이 중 39.8%는 현재 구독하는 플랫폼을 다른 플랫폼으로 교체하거나 추가할 의향이 있다고 답했다. 플랫폼 교체 이유로는 '시청하고 싶은 콘텐츠가 있어서'가 52.8%, '콘텐츠 종류가 다양해서'가 20.4%를 차지해 플랫폼 선택에서 콘텐츠가 기준인 것으로 드러났다.

온라인 공연 이용 내용을 보면 대중가수 콘서트가 72%로 가장 높았고 뮤지컬(39.7%), 연주회 콘서트(34.6%)가 뒤를 이었다. 유료 공연 관람 비율은 33.1%였으며 유료 이용자 83.6%는 '향후에도 온라인공연을 이용하겠다'고 답했다.

메타버스 이용자 평균 이용 시간은 주중 81.7분, 주말 100.4분이었고 '새로운 콘텐츠·서비스에 대한 호기심'으로 메타버스를 시작했다는 응답이 38.7%였다. '현재는 이용하지 않는다'는 이용자가 44.4%, 일회성 이용자는 31.8%에 달했다.

메타버스 이용자들은 메타버스 안에서 수익 창출(55.1%), 게임(51.4%), e러닝 학습(44.7%), 운동프로그램(41.3%) 등을 이용할 의향이 있다고 답해 다양한 활용을 기대하는 것으로 조사됐다.

▲ 홍경선 대목장 (자료 : 대전시)

고, 홍경선(61) 대목장을 보유자로 인정한다고 밝혔다.

우리나라 목수는 보통 소반이나 장롱 같은 생활가구를 만드는 소목장과 궁궐이나 사찰, 일반 가옥을 짓는 대목장으로 구분된다. 대목장은 삼국유사에 '신라의 선덕왕이 황룡사 9층탑을 짓기 위해 백제에 장인을 청하자, 아비지라는 대장이 200명의 기술자를 데리고 왔다'는 기록이 있을 만큼 역사가 오래됐다.

홍 대목장은 아버지로부터 기술을 전수한 목수 집안으로, 스무 살인 1980년부터 대목 일을 시작해 지금까지 약 200여 개의 전통건축물을 짓거나 보수해왔다. **홍 대목장의 손을 거쳐 간 건축물 중에는 보물로 지정된 안동 소호헌과 경남 유형문화재인 합천 해인사 경학원 등 문화재가 여럿** 포함돼 있다. 홍 대목장은 지난해 문화재청 문화재수리기술위원회 전문위원에 위촉됐고, 지난 12월에는 사단법인 한국문화재기능인협회 이사장에 선출되기도 했다.

2022년 첫 무형문화재 지정... 홍경선 대목장

대전시는 1월 4일 2022년 새해부터 **대목장**(大木匠 : 전통 궁궐이나 사찰, 가옥 등을 짓는 일을 하는 장인)을 시 ▪**무형문화재** 종목으로 새로 지정하

임재호 대전시 문화유산과장은 "대전시의 기능종목 무형문화재 전수교육관인 전통나래관을 통해 해당 종목에 대한 다양한 전수교육프로그램을 개

발하고, 고유 무형유산인 대목장을 이해할 수 있는 체험교육을 해나가겠다"고 말했다.

■ 무형문화재 (無形文化財)

무형문화재는 연극, 무용, 음악, 공예 기술 등 무형의 문화적 소산으로 역사적 또는 예술적으로 가치가 큰 것을 말한다. 그 대상이 형체가 없어서 대부분 그 기능을 지닌 사람이 지정 대상이 된다. 한편, 유형문화재(有形文化財)는 형체가 있는 문화적 유산. 역사상·예술상의 가치가 큰 건조물, 회화, 조각, 공예품, 책, 문서 등을 말한다.

2021년 180여 종 한국 문학 해외서 출간됐다

2021년 그룹 방탄소년단(BTS)을 중심으로 한류가 전 세계로 크게 확산한 가운데 한국 문학도 다양한 언어권에서 주목받은 것으로 나타났다. 한국문학번역원에 따르면 2021년 번역원 지원을 받아 해외에서 출간된 한국 문학은 29개 언어권·180여 종에 달했다. 1996년 번역원 설립 이래 최다 규모다.

해외의 한국 문학 수요를 가늠해볼 수 있는 번역원 지원사업도 크게 늘었다. 2021년 해외 출판사에서 한국 문학 작품의 저작권을 구매한 후 번역원에 번역·출판을 동시에 지원 신청한 건수는 156건이었다. 사업 도입 시점인 2014년 13건보다 12배나 늘었다.

또 윤고은, 마영신, 김보영 등의 작품이 12개 국제 문학·번역상을 타거나 수상 후보에 오르며 관심을 받았다. 주요 수상작을 보면 2021년 7월 **윤고은의 '밤의 여행자들**(The Disaster Tourist)**'이 영국 대거상 번역추리소설 부문을 수상**했다. 10월에는 **마영신의 '엄마들**(Moms)**'이 만화계의 오스카상이라 불리는 ■하비상 최우수 국제도서 부문 수상자**에 올랐다. 2020년 김금숙 '풀'에 이어 2년 연속 한국 작품이 이 상을 받는 기록을 썼다.

2021년 12월에는 '이상작품선(Yi Sang : Selected Poems)'이 미국 현대언어학회(MLA) 주관 알도 앤 잔 스칼리오네상 번역문학 부문 수상자로 이름을 올렸다. 아울러 김보영의 '종의 기원'이 2020년 '82년생 김지영'에 이어 전미도서상 번역문학 부문 1차 후보에 올랐고, 정재한의 '미남당 사건수첩'이 프랑스의 에밀기에 아시아문학상 1차 후보로 선정되기도 했다.

러시아에서는 황석영의 '낯익은 세상'이 야스나야 폴라냐 문학상 후보에, 허영선의 '해녀들'이 일본 번역대상 후보로 꼽혔다. 해외 유명 문학상을 탄 작가의 작품 번역도 크게 늘었다.

■**맨부커상**을 받았던 한강의 경우 다른 작품 출간 수요가 증가해 총 47권이 번역원 지원으로 해외에 소개됐다. 수상 이전과 비교하면 약 6배에 달하는 수치다.

황석영의 '철도원 삼대', 정유정의 '28'이 스페

인과 인도네시아에서 각각 출간을 앞두는 등 2022년 해외 출간 예정인 한국문학 건수는 200여 건으로 추정된다. 번역원은 한국 문학이 해외에서 주목받는 배경으로 한류 영향으로 인한 해외 문학·출판시장의 수요 확대와 함께 이전보다 강화된 홍보마케팅, 원어민 번역가에 의한 가독성 높은 번역 등을 꼽았다.

번역원은 앞으로 해외 한국문학 수요에 대응하고자 국가별 한국문학 인지도와 수용도에 따른 맞춤형 출판 전략을 통해 한국문학 출간을 지원할 방침이다. 이와 함께 해외 출판사에 대한 번역·출판·홍보마케팅 지원을 일원화해 해외 시장과 독자층 확대에 초점을 맞출 예정이라고 밝혔다.

■ 하비상 (Harvey Award)

하비상은 미국 만화가 겸 편집자인 하비 커츠먼(Harvey Kurtsman)의 이름을 딴 상으로 '만화계 오스카상'으로도 불린다. 2020년 김금숙 작가의 그래픽 노블 '풀'이 한국 작가 최초로 '최고의 국제도서상'을 받았다. '풀'은 일본군 위안부 문제를 피해 여성의 시각으로 다룬 작품이다. 김 작가는 위안부 피해생존자 이옥선 할머니를 인터뷰하며 시나리오를 썼다.

■ 맨부커상 (Man Booker Prize)

맨부커상이란 1969년 영국 유통업체 부커가 제정한 문학상이다. 매년 영국, 아일랜드, 호주 등 영국 연방국가 작가들이 영어로 쓴 영미 소설들을 대상으로 수상작을 선정한다. 2005년 영연방 지역 이외 작가가 쓴 소설을 대상으로 하는 인터내셔널 부문을 신설했다. 이 부문은 영어로 번역돼 영국에서 출간된 외국 문학작품에 주는 상이다. 영화로 치면 미국 아카데미상의 외국어작품상에 해당된다. 맨부커상 인터내셔널의 특징은 작가와 번역가에게 함께 상을 준다는 것이다. 2016년 맨부커상 시상식에서는 한국소설 '채식주의자'가 맨부커상 인터내셔널 부문에 선정돼 소설가 한강과 영국인 번역가 데버러 스미스가 상을 수상했다. 한편, 맨부커상을 후원하던 맨 그룹이 2019년 초 후원을 중단하고, 미국 실리콘밸리의 자선단체 크랭크스타트로 후원사가 바뀌면서, 명칭이 '부커상'으로 변경됐다.

영화업계 "극장 영업시간 제한, 영화산업 도미노 붕괴"

영화업계가 코로나19 방역 강화로 부활한 극장 영업시간 제한 운영을 철회해달라고 다시 한번 호소했다. 한국영화프로듀서조합 등 총 25개 영화 관련 단체들은 2021년 12월 30일 '취식 금지·방역 철저 안전한 극장, 영업시간 제한만은 철회해 주십시오'란 제목의 성명서를 발표했다.

영화업계는 "지난 12월 18일부터 사회적 거리두기가 다시 강화하면서 극장의 운영시간을 저녁 10시로 제한했다. 영화업계는 이 조치가 지난 2년 동안 코로나로 극심한 어려움을 겪고 있는 한국영화산업에 더욱 치명적인 결과를 초래할 것이기 때문에 제한 철회가 반드시 필요하다는 의견을 정부에 전달한 바 있다"며 "영화산업의 특수성을 감안해 극장의 영업시간 제한 철회를 강력히 요청드린다"고 촉구했다.

업계는 "극장 영업시간 제한으로 인해 우리 국민은 가장 보편적인 문화생활마저 제한받고 있다"고 지적하며 "극장의 10시 영업시간 제한으로 마지막 회차는 7시 전에 시작해야 하고, 이는 곧 퇴근 후 한 편의 영화를 볼 행복마저 가로막는 것이다. 우리 전 국민의 문화를 통한 치유 및 안식을 위해 영업시간 제한 철회는 반드시 필요하다"고 주장했다.

철저한 방역조치 및 취식 금지로 그 어느 ▪다중이용시설보다 극장이 안전한 점을 꼽기도 했다. 업계는 "입장 시 발열 체크는 기본이고, 백신 접종을 완료했거나 PCR 검사 결과 음성 확인이 된 고객들만 입장하는 등 전 상영관을 방역 패스관으로 운영하고 있을 뿐만 아니라, 마스크 착용, 음식물 섭취 금지, 대화 금지, 한 방향 바라보기 등 극장의 특수성이 있다"고 강조했다.

이어 특수성에 맞게 "다른 다중이용시설과 다른 별도의 방역 대책이 적용되어야 한다"며 "실제로 영업시간 제한이 없었던 기간 음식물 섭취가 금지된 극장 내 2차 감염 사례는 단 한 건도 발생하지 않았다"는 점을 언급했다.

코로나19 대유행으로 2년에 걸쳐 한국 영화계가 막대한 손실을 본 점도 지적했다. 업계는 "2020년, 2021년 극장 매출은 2019년 대비 −75%로 폭락했다"며 "코로나로 위축된 심리에다 극장의 영업시간 제한으로 개봉한 한국 영화들은 엄청난 손해를 보았고, 아직 개봉 못 한 영화들은 줄줄이 개봉을 포기하거나 연기하고 있다"고 토로했다.

한국 영화의 개봉이 막히자 새로운 작품을 위한 제작 및 투자마저 막혀버리는 악순환이 반복되고 있다고도 호소했다. 그러면서 "2021년 한국 영화 시장점유율은 30%에도 못 미칠 것으로 예상되며, 이는 장기적으로 한국 영화의 경쟁력을 약화시키는 요소로 작용할 것"이라고도 덧붙였다.

극장 관객이 줄어듦으로써 영화관은 물론 관련 기업, 소상공인들까지 피해에 허덕이고 있는 점도 꼬집었다.

업계는 "영화산업은 투자−제작−배급−상영이 한 몸처럼 움직이는 하나의 생태계다. 극장 중심으로 돌아가는 지역 상권에 미치는 영향도 막대하다"며 "영화업계와 지역 상권의 몰락을 더 이상 방치하면 안 된다"고도 촉구했다.

▪ 다중이용시설 (多衆利用施設)
다중이용시설이란 불특정 다수가 출입하고 이용하는 시설이다. '실내공기질 관리법'에 따르면 도서관·미술관·공연장·체육시설과 버스·철도·지하철·택시 등 대중교통, 쇼핑센터(대형마트·시장·면세점·백화점 등), 영화관, 대형식당, 대중목욕탕 등이 다중이용시설에 해당한다. 중앙방역대책본부는 코로나19 유행 이후 집단감염을 막기 위해 다중이용시설에 대해 방역 조처를 내렸다. 감염관리를 위한 전담 직원 지정 배치, 시설 출입 시 방역 관리 강화, 시설 이용자·종사자 및 기타 방문객 대상 위생수칙 교육·홍보, 감염 예방을 위한 위생 관리 등이다.

분야별
최신상식

과학
IT

제임스 웹 우주망원경, 성공 발사...
우주 기원 관측 새 지평 열다

+ 목적지가 라그랑주2 지점인 이유

웹 망원경의 목적지는 지구에서 약 150만km 떨어진 '라그랑주2' 지점이다. 라그랑주2는 중력과 원심력이 상쇄돼 중력이 '0'이 되는 곳으로, 중력의 영향이 없기 때문에 빛이 왜곡되지 않고 궤도를 유지하기 위한 연료를 대량으로 쓸 필요가 없다. 다만 망원경이 지구에서 너무 멀리 있기 때문에 고장나더라도 수리는 불가능하다.

금빛 거울 전개 성공

미국 항공우주국(NASA·나사)이 개발한 제임스 웹 우주망원경(James Webb Space Telescope)이 프랑스령 기아나 쿠루 인근 유럽우주국(ESA) 발사장인 기아나 우주 센터의 아리안 제3발사장(ELA-3)에서 아리안5호 로켓에 실려 12월 25일(현지시간) 우주로 발사됐다. 웹 망원경은 대기권 밖에서 로켓과 성공적으로 분리됐으며 그 직후 태양광 패널을 펼치는 것으로 우주 전개를 시작했다.

웹 망원경의 목적지는 지구에서 150만km 떨어진, 태양과 지구의 중력이 균형을 이루는 라그랑주2 지점이다. 웹 망원경은 1월 4일에는 가장 위험한 작업으로 일컬어졌던 테니스장 크기의 5겹짜리 태양 차폐막 펼침 작업을 성공적으로 수행했고, 1월 9일 금빛의 주 반사거울을 완전히 펼치며 임무를 수행하기 위해 통과해야 할 마지막 관문을 넘었다. 앞으로 6개월 이상의 점검 및 시험 관측을 거치고 정식 관측을 시행할 예정이다.

허블 능가하는 역대 최강 우주망원경
제임스 웹 망원경은 인류의 천문학 수준을 크게 높일 것이라는 기대가 나온

다. 웹 망원경은 관측 대상의 빛을 모으는 역할을 하며 망원경의 감도와 직결되는 주경의 크기가 6.5m에 달한다. 지금까지 가장 강력한 우주망원경 역할을 해온 ■허블 망원경(2.4m)이나, 같은 적외선 망원경인 스피처 망원경(0.85m)과는 비교가 안 될 정도로 크다.

적외선 관측 장비도 4개나 갖춰 파장이 긴 적외선을 잘 포착할 수 있다. 이에 따라 주로 가시광선을 관찰하는 허블보다 훨씬 더 멀고 희미한 우주 물체를 볼 수 있다.

웹 망원경은 역대 최강 성능을 바탕으로 빅뱅 이후 약 3억년 밖에 흐르지 않은 135억년 전 초기 우주의 1세대 은하를 관측할 수 있다.

이를 통해 모든 단계의 은하를 관측하고 비교함으로써 은하의 형성과 진화를 이해하고 은하의 분포를 파악해 암흑물질과 암흑에너지의 실체에도 한 걸음 더 다가설 수 있을 것으로 기대를 모은다.

한국 연구진은 이용 못해

허블 망원경의 10배 뛰어난 성능으로 지상 150만km 궤도 빛을 탐지해 빅뱅의 비밀을 밝혀낼 웹 망원경이지만 한국 연구진은 이를 이용할 수 없다. 웹 망원경을 이용하려면 우주망원경 과학연구소(STScI)의 연구 승인을 받아야 하는데 한국에서 신청한 연구가 모두 탈락했다.

나사는 유럽우주국(ESA), 캐나다우주국(CSA)과 함께 웹 망원경이 관측을 시작한 후 1년 동안 수행할 연구를 선정했다. 이 연구에 참가하는 과학자들은 모두 6000시간의 관측 시간을 서로 나눠서 쓸 예정이다. 그러나 책임연구원 258명 가운데 한국인 연구자는 한 명도 없다.

반면 일본은 11명, 대만은 2명, 중국은 1명이 관측을 승인받았다. 웹 망원경의 수명은 약 10년 정도이고 2년 단위로 전 세계 연구진들로부터 연구 신청을 받아 관측 기회를 부여하는 만큼 국내 연구진들이 웹 망원경을 활용할 기회는 남아 있다.

■ 허블 망원경 (HST, Hubble Space Telescope)

허블 망원경은 미 항공우주국(NASA)과 유럽우주국(ESA)의 협력으로 개발한 우주 망원경이다. 1990년 우주 왕복선 디스커버리호에 실려 지구상공 610km의 지구선회궤도에 진입하여 우주 관측 활동을 시작하였다. 허블 망원경은 대기권의 간섭을 거의 받지 않아 지구상에서 얻기 힘든 사진을 얻을 수 있어, 천문학에 지대한 영향을 끼쳤다.

POINT	세 줄 요약

❶ NASA가 개발한 제임스 웹 우주망원경을 성공적으로 발사했다.

❷ 1월 9일 금빛의 주 반사거울을 완전히 펼치며 임무를 수행할 토대를 마련했다.

❸ 웹 망원경의 뛰어난 성능은 인류의 천문학 수준을 크게 높일 것으로 기대를 모으고 있다.

미국, 가정용 '먹는 코로나 치료 알약' 첫 사용 승인

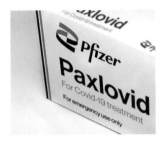

미국 식품의약국(FDA)은 12월 22일(현지시간) 제약사 화이자가 개발한 코로나19 경구용 치료 알약을 미국의 각 가정에서 사용하는 것을 최초로 승인했다. FDA는 이날 화이자가 제조한 항바이러스 알약 '팍스로비드'를 가정용으로 긴급 사용하는 것을 허가했다고 밝혔다.

FDA에 따르면 화이자의 팍스로비드 알약을 복용할 수 있는 사람은 코로나 감염 시 입원 가능성이 큰, 고위험군에 속하는 성인과 12세 이상 소아 환자다. 허가 대상에는 노인을 비롯해 비만과 심장병 등 기저질환을 가진 환자들이 포함됐고 몸무게 40kg 이상이어야 이 알약을 복용할 수 있다. 또 '팍스로비드'를 구매하기 위해선 병원의 처방전을 받아야 한다.

화이자의 임상시험 데이터에 따르면 '팍스로비드'는 중증 질환 위험이 큰 코로나 환자의 입원과 사망을 예방하는 데 90% 효과를 발휘했고, 오미크론 변이에 대해서도 효능을 유지하는 것으로 나타났다. 한편, 미국에 이어 영국 보건당국도 12월 31일 '팍스로비드' 사용을 승인했다.

식약처, '팍스로비드' 긴급사용승인

식품의약품안전처(이하 식약처)가 팍스로비드의 국내 ▪긴급사용승인을 결정했다고 12월 27일 밝혔다. 식약처의 이번 결정은 12월 22일 질병관리청으로부터 긴급사용승인 요청을 받은 데 따른 것이다.

권덕철 중앙재난안전대책본부(중대본) 1차장(보건복지부 장관)은 이날 정부세종청사에서 열린 중대본 회의에서 "화이자 경구용 치료제의 임상실험에 따르면 코로나 환자의 입원·사망 예방에 90%의 효과를 보인다"며 "60만4000명분에 대한 선구매 계약과 추가 물량 확보도 협의하고 있다"고 설명했다.

▪ 긴급사용승인 (緊急使用承認)
긴급사용승인이란 감염병 대유행에 적절히 대처하기 위해 긴급하게 사용이 필요한 의료기기 허가를 면제하여 국내 제조·수입업체에 국내 허가되지 않은 의료제품을 제조·수입해 공급하게 하는 제도를 말한다. 우리나라는 메르스 사태 이후 2016년에 최초로 도입했다. 긴급사용승인 신청을 하면 질병관리청과 식품의약품안전처는 방역 당국의 검사 방법과 동등한 수준의 성능 확보 여부를 사전 검증하며 승인 이후에도 지속적인 진단 정확도 확인 및 정도 관리를 수행한다.

스마트폰 하나에 번호 두 개... 2022년 9월부터 e심 사용 가능

스마트폰 한 대로 통신사를 달리해 번호 두 개를 쓸 수 있도록 해 주는 ▪e심(eSIM) 사용이 2022년 9월 1일부터 가능해진다. 번호 하나는 국내, 다른 하나는 해외 통신사로 쓸 수도 있게 된다. 과학기술정보통신부는 2021년 12월 21일 이런 내용의 e심 서비스 시행 계획을 발표했다.

일부 단말기가 지원하는 e심은 유심(USIM·범용

과 달리 스마트폰 안에 내장돼 있어, QR코드 등을 통해 통신사의 프로그램 파일을 내려받기만 하면 개통된다. e심 서비스를 이용하면 대리점을 방문하지 않고도 온라인에서 통신사, 요금제 등을 선택하고 개통할 수 있으며, 하나의 스마트폰에서 두 개의 번호도 쓸 수 있다.

가입자식별모듈)과 같은 역할을 하지만, 유심과 달리 이용자가 QR코드를 활용해 통신사에서 정보를 내려받아 활용할 수 있다. 사용 가능한 단말기에서 e심을 내려받으면 이용자는 e심과 물리적 유심을 아울러서 '듀얼 심'을 사용할 수 있다.

듀얼 심은 하나의 스마트폰으로 두 개의 번호를 쓸 수 있도록 해 준다. 개인용과 업무용 또는 국내용과 해외용 등으로 나누어 쓸 수 있다. 해외 일부 단말기는 물리적 유심 2개를 꽂아 쓸 수 있도록 돼 있으나, 국내에 출시된 단말기 중 듀얼 심을 지원하는 기종은 물리적 유심 하나와 e심 하나를 쓸 수 있게 돼 있는 기종밖에 없고, 그나마 통신사들이 제대로 지원하지 않아 실제로는 사용이 어려웠다.

과기정통부는 2022년 9월에 e심 서비스가 국내에 도입되면 단말기 비용을 줄일 수 있고 인터넷으로 가입하기 쉬운 알뜰폰도 활성화할 수 있을 것으로 내다봤다. 과기정통부는 e심 도입 전까지 제도개선, 시스템 개편, e심 스마트폰 출시 등 e심 상용화를 위한 제도적 기반을 마련할 계획이다.

■ **e심 (eSIM)**

e심은 유심처럼 가입자 정보를 담은 인증 모듈로 통신 서비스를 가능하게 하는 칩이다. 물리적으로 장착해야 하는 유심

CES 2022 2년만에
온·오프라인으로 개최

2년 만에 오프라인으로 열린 '■CES(소비자전자제품박람회) 2022'가 1월 7일(현지시간) 미국 라스베이거스에서 막을 올렸다. 올해 CES는 코로나19의 새 변이인 오미크론 확산세가 심각한 가운데 열려 행사 기간이 나흘에서 사흘로 하루 단축되고 아마존·구글 등 빅테크, GM·웨이모 등 큰 손들이 잇달아 오프라인 불참을 결정했다.

한종희 삼성전자 부회장·DX부문장은 CES 2022의 시작을 알리는 기조연설 첫 주자로 나서 '미래를 위한 동행'(Together for tomorrow)이라는 비전을 제시했다. 그는 삼성전자와 경쟁사를 포함한 글로벌 전자업계, 소비자 모두가 공존하는 사회를 만드는 데 기여할 사용자 경험과 고도화된 연결을 강화하겠다고 강조했다.

한국 기업, CES 혁신상 휩쓸다

삼성전자와 LG전자의 혁신 제품은 CES 2022에서 다수의 상을 받으면서 기술력을 인정받았다. LG전자는 CES 주관사인 미국 소비자기술협회(CTA)로부터 받은 최고 혁신상(Best of Innovation)과 혁신상 24개를 비롯해 전시 기간 중 미디어들이 선정한 어워드 등 약 90개 상을 받았다.

LG전자가 차세대 올레드 TV로 선보인 LG 올레드 에보는 한층 더 개선된 성능으로 미디어로부터 호평을 받았다. 올해 선보인 세계 최대 97형 올레드 TV 및 프리미엄 LG 생활가전에 관심이 집중됐다. 미국 IT매체 탐스가이드는 LG 올레드 에보(97G2)를 'CES 2022 최고 TV'로 선정했다.

LG전자뿐만 아니라 삼성전자도 올해 CES에서 영상·음향 제품 분야에서 행사 주최 측인 CTA가 수여하는 'CES 혁신상' 21개를 비롯해 총 108개의 어워드를 받았다.

2022년형 마이크로 LED TV 신제품과 네오(Neo) QLED TV는 독보적인 화질로 올해도 주목을 받았다. 올해 CES 현장에서 처음으로 공개된 포터블 스크린 '더 프리스타일'(The Freestyle)도 호평을 받았다.

■ **CES (Consumer Electronics Show)**

CES는 미국소비자기술협회가 주관해 매년 열리는 세계 최대 규모의 전자·IT 박람회이다. 미국 뉴욕에서 1967년에 처음 개최된 이후 성장을 이어가며 세계 전자·IT 업계의 흐름을 한눈에 볼 수 있는 권위 있는 행사로 자리 잡았다. CES에서는 일상생활과 밀접한 전자제품은 물론 첨단 전자제품을 선보여 미래의 전자제품과 기술 동향을 미리 파악할 수 있다.

기출TIP 2020년 아시아경제 필기시험에서 CES에 대해 묻는 문제가 출제됐다.

미국에서 5G 전파 항공기 간섭 위험 논란

미국 항공업계가 ■5G 이동통신의 주파수 대역이 항공 전자장비에 간섭을 일으켜 항공 안전에 위협을 줄 수 있다는 논란을 제기했다. 1월 5일 월스트리트저널 등 복수의 미국 언론에 따르면 미 항공업계는 **5G 중대역 서비스인 'C-밴드'**가 항공 이착륙에 위험 요소가 될 수 있으니 연기해달라고 요구했고 통신사들은 더 이상 미루기 어렵다며 대립했다.

최근 미국항공산업협회(AIA), 국제항공운송협회(IATA) 등 미 항공 관련 10개 단체는 공동성명을 내고 "조 바이든 대통령이 개입해 중·저대역 5G 서비스의 전면 도입을 연기해줄 것을 요청한다"고 촉구했다.

이들은 "C-밴드가 항공기 신호를 간섭하면 전파고도계(비행 중인 항공기의 고도를 측정하는 장치)의 수치를 신뢰할 수 없는 상황이 발생한다. 이 때문에 다수 항공사가 항공기 운항경로를 변경하거나 매일 수천 대의 운항을 취소하게 될 수 있다"고 경고했다.

이에 대해 미 양대 통신사인 AT&T와 버라이즌은 "항공업계의 요청은 세계적인 수준의 경쟁력을 갖춘 통신 네트워크를 구축하는 데 필요한 운영 제어권을 무책임하게 포기하도록 하는 것"이라고 반박했다.

과기부 "한국은 문제 없어"
미국에서 벌어진 5G의 항공 전자장비 주파수 간섭 논란과 관련해 우리나라 과학기술정보통신부는 국내 5G 서비스에 활용되는 주파수 대역이 미국과 달라 문제의 소지가 없다고 설명했다.

과기정통부에 따르면 미국은 5G 대역을 3.7~3.98GHz로 할당했는데 이는 항공기의 전파고도계 주파수인 4.2~4.4GHz와 간섭이 우려될 만큼 인접해 있다. 그러나 **국내 5G 주파수는 3.42~3.77GHz 대역이고 항공사 전파고도계 주파수는 4.2~4.4GHz 대역으로 500MHz 이상 떨어져 있어 간섭 우려가 없다**는 게 과기정통부의 설명이다.

다만 일각에서는 이번 논란이 버라이즌에 5G 통신장비를 공급하고 있는 삼성전자에 부정적 영향을 줄 수 있다는 지적도 나온다. 미국 정부가 항공업계 손을 들어주거나 소송전으로 비화된다면 북미에 5G 통신장비 사업 확대를 추진 중인 삼성전자에 제동이 걸릴 수 있다.

■ 5G (5th Generation)
5G는 5세대 이동통신이란 뜻이며 최대 속도가 20Gbps에 달하는 이동통신 기술이다. 4세대 이동 통신 기술인 LTE에 비해 빠르고 처리 용량이 많다. 초저지연성과 초연결성을 통해 가상현실(VR), 자율주행, 사물인터넷(IoT) 기술 등을 구현할 수 있다.
한편, 우리나라는 2019년 5G를 세계 최초로 상용화한 데 이

어 이르면 2028년 6G(6세대 이동통신) 상용화를 기대하고 있다. 6G의 이론적 다운 속도는 초당 1TB에 달하며 이를 통해 만물인터넷(IoE) 시대를 실현할 수 있다.

식약처, 노바백스 코로나19 백신 승인...5번째 국내 허가 백신

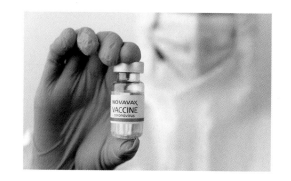

미국 노바백스가 개발한 코로나19 백신이 식품의약품안전처(식약처)로부터 품목 허가를 받았다. 이로써 국내에서 허가받은 코로나19 백신은 **▲아스트라제네카 ▲화이자 ▲얀센 ▲모더나 ▲노바백스 등 총 5종**이 됐다.

지난 1월 12일 식약처는 노바백스 코로나19 백신 품목허가 여부를 결정하기 위한 최종점검위원회를 열어 임상시험 최종결과 보고서 등을 제출하는 조건으로 품목허가 결정을 내렸다고 밝혔다.

허가된 **노바백스 백신은 코로나19 바이러스 항원**

단백질을 체내에 주입해 항체를 생성하는 '재조합 단백질(합성항원) 백신'이다. 제품명은 '뉴백소비드프리필드시린지'로, SK바이오사이언스가 원액부터 완제품까지 제조한다. SK바이오사이언스는 노바백스 코로나19 백신의 국내 생산과 상업화의 권리를 보유하고 있다.

냉장 보관 가능·높은 예방 효과
노바백스 백신은 인플루엔자(독감), B형 간염, 자궁경부암 백신 등 기존 백신에서 장기간 활용된 유전자재조합 기술로 만들어진 것이 특징이다. **2~8도에서 5개월간 냉장 보관이 가능해 기존 백신 물류망을 활용해 유통할 수 있고 별도의 해동 절차가 필요 없다.**

노바백스 백신은 18세 이상의 성인이 맞으며, 21일 간격으로 2회를 맞으면 접종이 완료된다. 백신이 주사기에 미리 충전된 '프리필드 시린지' 방식 제품이기 때문에 희석이나 소분 없이 바로 접종할 수 있다.

식약처는 이 백신의 품목허가 결정을 내리면서 이 제품이 유전자재조합 방식으로 제조됐다는 점, 보관·수송 및 사용이 편리한 점, 의료현장에서 선택할 수 있는 백신 종류가 확대됐다는 점 등에 의미를 부여했다.

노바백스 백신의 예방 효과는 영국 임상에서 89.7%, 미국 임상에서 90.4%로 나타났다. 백신 접종 완료 후 코로나19 바이러스에 감염돼 중증 환자가 발생한 경우는 임상에서 나오지 않았다. 바이러스를 무력화할 수 있는 중화항체 측정값은 이 백신 접종 완료 2주 후에 접종 전보다 4배 이상 증가하는 것으로 확인됐다.

백신 접종 후 전신 이상반응은 대부분 경증에서 중간 정도이며, 접종 후 당일 또는 다음날에 발생했다가 하루 이내 소실됐다. 이와 관련해 식약처는 보고된 이상반응이 대부분 예측할 수 있는 수준으로 파악돼 전반적으로 양호하다고 판단했다.

■ 국내 도입된 코로나19 백신 5종

백신 종류	백신 플랫폼	개발 국가	접종 횟수
아스트라제네카	바이러스 벡터	영국	2회
화이자	mRNA	미국·독일	2회
얀센	바이러스 벡터	미국	1회
모더나	mRNA	미국	2회
노바백스	합성항원	미국	2회

기출TIP 최근 각종 상식시험에서 코로나19 백신에 대한 문제를 자주 출제하고 있다. 국내에서 허가를 받은 백신 5종의 개략적인 정보는 암기해두는 것이 좋다.

미국서 인체에 돼지 심장 첫 이식 수술

지난 1월 10일(현지시간) AP통신은 **미국 의료계가 최초로 인체에 돼지의 심장을 이식하는 수술을 진행했으며, 이식받은 환자가 사흘째 회복 중이라**고 전했다.

미국 매릴랜드대 의료센터는 1월 7일 인체 장기를 이식받지 못해 다른 선택지가 없는 시한부 환자 데이비드 베넷의 동의를 받고, 그에게 돼지 심장 이식 수술을 진행했다. 이번 메릴랜드대 수술은 환자 몸 안에 돼지 심장을 이식해 정상 작동하는 것을 확인한 사례다.

인체에 동물 장기를 이식할 때에는 즉각적인 거부반응이 문제가 되는데, 이번 이식 수술에는 유전자 조작을 통해 그러한 거부반응을 일으키는 세포 내 당을 제거한 돼지 심장을 사용한 것으로 알려졌다. 이식 수술을 앞둔 베넷은 "죽거나 돼지 심장을 이식받거나이다. 나는 살고 싶다. 성공할 가능성이 없는 시도라는 걸 알지만, 마지막 선택이다"라고 말했다고 대학 측은 전했다.

AP통신은 아직 돼지 심장 이식 수술의 최종 성공 여부를 판단하기는 이르지만, 동물의 장기를 인체에 이식하기 위해들인 수십 년간의 노력 과정에서 이룬 또 하나의 진전이라는 평가를 덧붙여 보도했다.

➕ 이종 간 장기이식 시도

이종 간 장기이식 시도는 베넷의 사례가 최초가 아니다. 지난 1984년에는 개코원숭이의 심장을 이식한 영아가 21일간 생존했으나, 결국 거부반응으로 사망한 사례가 있다. 한편, 기증에 의존하는 이식용 장기는 전 세계적으로 그 양이 매우 부족한 것으로 알려졌다. 미국 연방정부 장기기증 통계에 따르면 현재 장기기증을 기다리는 환자 목록에는 11만여 명이 올라가 있지만, 기증 장기가 절대적으로 부족해 매년 6000명 이상이 장기이식을 못 받고 사망하고 있다.
이런 이유로 수많은 과학자가 사람과 장기 크기가 비슷한 돼지 등의 장기를 사람에게 이식하기 위한 연구를 수십 년간 진행하고 있다. 이 가운데 유전자 돼지를 이용한 이식용 장기 생산 연구는 10여 년간 유전자 편집과 복제 기술이 빠르게 발전하면서 장기 부족 문제를 해결할 가장 유력한 대안으로 손꼽힌다. 연구자들은 이 방법이 신장과 다른 장기이식을 기다리는 사람들에게 이식용 장기를 충분히 공급할 수 있는 의학의 새로운 시대를 열어 줄 것으로 기대하고 있다.

장비 전원 이상 탓에
KT 올레TV 장애...49만 명 피해

1월 9일 밤 10시 42분부터 11시 40분까지 전국 곳곳에서 KT의 ▪IPTV 서비스인 올레TV 일부 채널의 영상과 음향이 나오지 않는 장애가 발생했다. 이번 장애의 원인은 장비 전원 이상으로 파악됐다. 1월 10일 과학기술정보통신부(과기정통부)와 KT에 따르면 전날 장애는 IPTV 채널 신호분배기의 전원 공급장치에서 발생한 이상 탓으로 조사됐다.

송출이 되지 않은 채널은 전체 304개 중 205개였다. 가입자들은 KBS, MBC, SBS, EBS를 비롯해 일부 종합편성채널까지 방송 시청이 어려웠던 것으로 확인됐다. 지역과 관계없이 장비 문제로 발생한 이번 장애로 전체 가입자 916만여 명 중 최대 49만 명이 피해를 본 것으로 KT는 추산했다.

보상 여부는 불확실

이번 장애와 관련해 약관을 근거로 한 보상이 이뤄질지는 불확실하다. KT IPTV 서비스 약관은 3시간 이상 서비스를 이용하지 못하거나 월 누적 장애 시간이 12시간을 초과하는 경우에만 배상 책임을 명시하고 있다. KT 관계자는 보상 여부에 대해 "추후 결정되는 대로 알리겠다"고 말했다.

한편, **KT는 지난해 10월 25일에 대규모 통신 장애를 일으키며 많은 국민의 일상생활에 불편을 초래**한 바 있다. 당시 통신 장애로 89분가량 서비스 이용이 중단됐다. 이로 인해 KT는 개인 무선 고객에게 5만원 요금제 기준 1000원, 소상공인의 경우 7000~8000원 수준의 피해 보상을 책정했다. KT가 추산한 보상금액은 350~400억원 수준이었다.

구현모 KT 대표는 2022년 신년사를 통해 "통신 인프라의 안정적인 운영은 우리의 책임이자 사명"이라고 밝혔으나, 연초부터 발생한 IPTV 장애로 체면을 구기게 됐다. 소비자들은 지난해 대규모 통신 장애에 이어 약 3개월 만에 IPTV 장애가 발생하자 "KT 계약 해지를 검토하겠다"는 등 부정적인 반응을 쏟아내고 있다.

▪ IPTV (Internet Protocol TeleVision)

IPTV는 인터넷 서비스망을 이용하여 다양한 콘텐츠를 제공하는 양방향 텔레비전 서비스를 일컫는 말이다. IPTV는 공중파 방송이나 케이블 방송과는 달리 셋톱박스를 통해 초고속 인터넷망을 TV에 연결하여 시청자가 편리한 시간에 보고 싶은 프로그램을 선택해 볼 수 있다.

기출TIP 각종 언론사 상식시험에서 IPTV에 관해 묻는 문제가 가끔 출제된다.

UNIST 효율 35%
'슈퍼 태양전지' 개발 나서

울산과학기술원(UNIST) 연구진이 효율 35%의 슈퍼 태양전지 개발에 도전한다. **실리콘 태양전지 위에 ▪페로브스카이트 박막 태양전지를 결합하는 탠덤기술을 적용해 상용 실리콘 태양전지 성능을 넘어설 예정**이다.

UNIST는 산업통상자원부 주관 알키미스트 프로젝트의 신재생에너지부문 최종 수행기관으로 확정됐다고 2021년 12월 22일 밝혔다. 실리콘 태양전지 전문가 최경진 교수, 페로브스카이트 태양전지 분야의 세계적 석학인 석상일 교수를 비롯한 UNIST 연구진은 앞으로 5년간 100억원을 지원받아 R&D를 진행한다.

석상일 교수는 "UNIST 연구진들은 지난 10년간 페로브스카이트 태양전지 분야의 세계적 선두그룹으로 자리매김했다"며 "그간 축적한 지식을 잘 활용한다면 35% 효율을 가지는 슈퍼 태양전지 개발은 매우 어렵지만 충분히 도전해볼 만하다"고 말했다.

▪ 페로브스카이트 (perovskite)

페로브스카이트는 육방면체의 특별한 구조를 가진 반도체 물질로 빛을 전기로 바꾸거나 전기를 빛으로 바꾸는 특성이 있다. 원래 1893년 러시아 우랄산맥에서 새로 발견된 광물에 러시아 광물학자 레프 페로브스키의 이름을 따 붙여진 이름으로, 후에 화학식이 $CaTiO_3$으로 밝혀졌고 이후 $CaTiO_3$와 동일 구조를 갖는 모든 물질을 지칭하는 용어로 사용되고 있다. 최근 페로브스카이트를 태양전지에 응용하는 연구가 활발하다. 현재 태양전지에는 주로 실리콘을 주재료로 사용하는데, 실리콘 태양전지는 태양광을 전기로 전환하는 효율이 20%로 성능은 좋지만 생산 단가가 비싸고 제조 공정이 복잡해 대량

보급에 한계가 있다. 이러한 문제를 해결하기 위해 페로브스카이트 태양전지가 차세대 태양전지로 주목받고 있다.

SK하이닉스,
인텔 낸드 1단계 인수 완료

SK하이닉스는 2021년 12월 30일 미국 인텔 낸드플래시 사업부에 대한 인수 1단계 절차를 완료했다고 밝혔다. SK하이닉스에 따르면 회사는 2021년 12월 22일 중국의 반독점심사 승인을 받고 인텔의 솔리드스테이트드라이브(SSD)사업과 중국 다롄(大连) 공장 등을 양수하는 데 필요한 작업을 완료했다. SK하이닉스는 전체 계약금 90억달러(약 10조6740억원) 가운데 70억달러(약 8조3020억원)를 1차로 인텔에 지급할 계획이다.

SK하이닉스는 2025년 3월 나머지 20억달러(약 2조3720억원)를 2차로 지급하고 낸드플래시 웨이퍼 연구개발(R&D)과 다롄 공장 운영 인력 등 관련 유·무형자산을 이전 받는다. 인수계약은 이때를 기점으로 최종 마무리된다.

SK하이닉스는 인텔 SSD 사업을 운영할 미국 신

설 자회사 이름을 **솔리다임**(Solidigm)**으로 결정했**다. 솔리다임은 솔리드 스테이트(낸드플래시와 컨트롤러로 구성된 메모리 솔루션)와 패러다임을 합친 말이다. 기술 혁신과 차별화된 고객 서비스를 바탕으로 ■**플래시 메모리** 솔루션 산업의 패러다임 변화를 이끌겠다는 의미를 담고 있다는 게 SK하이닉스 측의 설명이다.

솔리다임은 미국 캘리포니아 산호세에 본사를 두고 인텔이 운영했던 SSD 사업을 인수해 제품 개발과 생산, 판매를 총괄한다. 이석희 SK하이닉스 사장이 솔리다임의 의장을 겸임하면서 인수 후 통합 과정을 이끈다. 솔리다임의 최고경영자(CEO)로 롭 크룩 인텔 부사장이 임명될 예정이다.

SK하이닉스는 인텔 낸드 사업 인수를 통해 **D램에 비해 열세에 있던 낸드 경쟁력을 높이는 기회**가 될 것으로 보고 있다. 모바일 낸드에 강점을 갖는 SK하이닉스와 기업용 SSD에 특화된 솔리다임이 만나 사업 중복 없이 서로의 강점을 더욱 키울 수 있다는 의미다.

■ **플래시 메모리 (flash memory)**

플래시 메모리는 전기적으로 데이터를 지우고 다시 기록할 수 있는 비휘발성 컴퓨터 기억 장치이다. 읽기만 하고 지울 수 없는 ROM과 달리 지우고 쓸 수 있다. 플래시 메모리는 저장 용량을 늘리기 쉽고 쓰기 속도가 빠른 낸드(NAND)플래시 메모리와 읽기 속도가 빠르고 데이터 안정성이 우수한 노어(NOR)플래시 메모리로 구분된다.

▌메모리 반도체의 구분

RAM(Ramdom Access Memory) : 휘발성 메모리	▲DRAM ▲SDRAM ▲RDRAM ▲DDRSDRAM ▲SRAM
ROM(Read Only Memory) : 비휘발성 메모리	▲FLASH(NAND·NOR)

분야별
최신상식

스포츠
엔터

지상파 방송 3사
'연기대상·연예대상' 발표

■ **백상예술대상 (百想藝術大償)**

백상예술대상은 일간스포츠에서 주최하는 대한민국의 대표적인 종합 예술상을 말한다. 상의 이름은 1954년 한국일보를 창립한 언론인 장기영(張基榮, 1916~1977)의 호인 백상(百想)에서 따온 것이다. 백상예술대상은 지난 1년간 방영·상영·공연된 TV·영화·연극 부문의 제작진과 출연자에게 시상한다. 우리나라에서 TV·영화·연극 등 3개 부문을 나눠 시상하는 종합 예술상은 백상예술대상이 유일하다. 한편, 지난 2021년 5월 열린 제57회 백상예술대상에서 영화 대상은 '자산어보'-이준익이, TV 대상은 유재석이, 백상연극상은 '우리는 농담이(아니)야'-극단 여기는 당연히, 극장이 수상했다.

'남궁민·지현우·김소연' 연기대상

지상파 방송 3사의 한 해를 정산하는 연말 시상식이 지난 12월 차례로 열렸다. 먼저 '2021 MBC 연기대상'은 지난 12월 30일 개최됐다. 이날 시상식에서 대상의 영예는 '검은태양'에서 인상 깊은 연기를 보여준 남궁민에게 돌아갔다. **남궁민은 2020년 SBS에서 '스토브리그'로 대상을 받은 데 이어 2021년 MBC에서 대상을 받으며, 2년 연속 대상 수상이라는 기록을 남겼다.** 한편, MBC는 남궁민이 대상 '그랜드슬램'을 달성했다는 잘못된 정보를 전해 옥에 티를 남기기도 했다.

KBS와 SBS는 12월 31일에 동시에 연기대상을 개최했다. '2021 KBS 연기대상'에서는 '신사와 아가씨'의 지현우가 데뷔 18만에 첫 대상을 수상했다. 마지막으로 '2021 SBS 연기대상'에서는 '펜트하우스'에서 활약한 김소연이 대상의 영예를 누렸다.

'유재석·문세윤·미운 우리 새끼' 연예대상

지상파 3사의 연예대상도 차례로 진행됐다. '2021 SBS 연예대상'은 12월 18일, '2021 KBS 연예대상'은 12월 25일, 'MBC 방송연예대상'은 12월

수상 부문을 지나치게 쪼개 나눠주기식으로 시상하고, 공동수상을 남발해 설득력이 없다는 지적이다. 이번 SBS 연기대상의 경우 신인상 부문에서 남녀 통틀어 6명의 공동 수상자가 나왔는데 무더기로 상을 남발해 상의 의미가 퇴색했다.

또, 지상파 방송 3사가 내놓은 작품들이 올해 국내외에서 수많은 화제를 낳은 '오징어게임'과 'D.P.', '지옥' 등 ▪OTT 서비스 넷플릭스에서 공개된 작품에 크게 밀리며, 시청자들의 흥미를 사로잡지 못했다는 지적이다.

▪ OTT (Over The Top)

OTT(온라인동영상서비스)는 기존 통신·방송사업자 이외 제3 사업자들이 온라인을 통해 드라마, 영화 등 다양한 미디어 콘텐츠를 TV, PC, 스마트폰 등에 제공하는 서비스를 말한다. 미국의 넷플릭스(Netflix), 디즈니플러스(Disney+), 국내 웨이브(Wavve) 등이 대표적인 OTT 서비스다.

POINT 세 줄 요약
❶ 지상파 방송 3사의 연말 연기대상에서 남궁민(MBC)·지현우(KBS)·김소연(SBS)이 대상을 차지했다.
❷ 연예대상에서는 유재석(MBC)·문세윤(KBS)·미운 우리 새끼(SBS)가 대상을 차지했다.
❸ 시청자들은 수상자들에게 박수를 보내면서도 권위와 의미를 잃은 방송 3사의 시상식에 아쉬운 마음을 내비쳤다.

29일에 각각 치러졌다. MBC 연예대상 대상은 '놀면 뭐하니?'의 유재석이 수상했다.

유재석은 2020년에 이어 MBC에서 연달아 대상을 수상했으며, 지상파 3사 기준으로 통산 16번째 대상을 수상해 '국민MC'의 저력을 입증했다. 유재석은 ▪백상예술대상에서 수상한 대상 2회 기록까지 합치면 통산 대상 18개라는 대기록도 보유하게 됐다.

KBS 연예대상 대상은 '1박 2일'에서 활약한 개그맨 문세윤에게 돌아갔다. SBS 연예대상 대상은 관찰예능 '미운 우리 새끼'가 차지했다. SBS는 개인 수상이 아닌 팀에 대상을 수상하며 시상식을 매듭지었다.

감흥 없는 '그들만의 축제' 비판도

시청자들은 수상의 영예를 누린 배우나 예능인 등에게 박수를 보내면서도, '그들만의 축제'로 전락한 연말 방송사 시상식에 아쉬움과 불편한 마음을 내비쳤다.

인니 축구 신태용호
스즈키컵 준우승

▲ 신태용 인도네시아 축구 대표팀 감독

신태용 감독이 이끄는 인도네시아가 '동남아시아의 월드컵'이라고 불리는 *스즈키컵에서 준우승을 차지했다. 박항서 베트남 축구 대표팀 감독에 이어 동남아의 축구 한류가 이어지고 있다.

인도네시아는 1월 1일 싱가포르 칼랑 국립 경기장에서 열린 결승 2차전에서 태국과 2-2로 비겼다. 인도네시아는 앞서 12월 28일 1차전에서 0-4로 대패해 두 경기 골득실 합계에서 2-6으로 밀려 준우승에 만족해야 했다.

신 감독은 2019년 12월 인도네시아 지휘봉을 잡았지만 태국의 높은 벽에 막혔다. 인도네시아는 스즈키컵에서 결승에 6차례 올랐지만 모두 준우승에 그쳤다. 반면 태국은 이번 승리로 스즈키컵 역대 최다 우승 기록을 6회로 늘렸다. 신 감독은 경기 직후 "다음 대회에서 우리가 우승할 수 있도록 하겠다"며 각오를 다졌다.

'박항서 매직' 이번엔 안 통했다

박항서 감독이 이끄는 베트남 대표팀은 준결승에 올라 태국을 만났지만 1차전에서 0-2 패배를 당했고 2차전에서 0-0 무승부를 기록해 스즈키컵 2연패가 좌절됐다. 박 감독은 2018년 당시 베트남에 10년 만에 스즈키컵을 안겼고 2018 아시안게임에서 사상 첫 4위, 동남아시아축구연맹(AFF) 챔피언십 우승 등으로 값진 성과를 냈다.

하지만 베트남은 카타르 월드컵 최종 예선에서 6경기 전패를 당했고 이번 스즈키컵 우승도 실패했다. 이에 베트남 언론은 박항서 매직이 한계에 다다른 것 아니냐며 베트남축구협회와 박 감독의 재계약이 불발될 가능성이 있다는 추측성 보도를 냈다.

■ **스즈키컵 (Suzuki Cup)**

스즈키컵은 아세안축구연맹(AFF, ASEAN Football Federation)이 2년마다 주관하는 동남아시아 국가 대항 축구 대회다. 정식 명칭은 '아세안 축구 선수권 대회(AFF Championship)'이며 2008년부터 일본 모터사이클 제조 회사인 스즈키가 대회 스폰서를 맡고 있어 스즈키컵이라고 불린다. ▲태국 ▲필리핀 ▲캄보디아 ▲인도네시아 ▲싱가포르 ▲브루나이 ▲베트남 ▲미얀마 ▲말레이시아 ▲라오스 ▲동티모르 등 동남아 11개국이 참가한다.

팀 3위 이끈 에이스 김연경
중국리그 시상식에서 제외

중국 상하이 브라이트 소속 *김연경이 소속팀을 3위로 이끄는데 주도적인 역할을 했으나 시상식에 참가하지 않아 논란이 일었다. 중국 시나스포츠는 지난 1월 5일 "김연경이 전날 열린 중국 여자배구 슈퍼리그 3위 결정전에서 맹활약했지만 경기 후 열린 시상식에는 참가하지 못했다"고 전했다.

▲ 배구여제 김연경

상하이 구단이 웨이보를 통해 공개한 시상식 사진을 보면 실제로 김연경이 빠져있는 것을 확인할 수 있었다. 팀의 또 다른 외국인 선수인 미국 출신 조던 라슨은 다른 선수들과 함께 메달을 받고 기뻐했지만, 김연경의 모습만 보이지 않아 많은 이들의 의문을 자아냈다.

김연경이 시상식에 불참한 것과 관련해 시나스포츠는 "한정된 인원만 시상식에 참석하게 됨에 따라 김연경은 후배에게 자리를 양보했다"면서도 "그래도 김연경을 시상식에서 볼 수 없는 것은 이해하기 어렵다. 한 시즌 동안 최선을 다한 모든 선수들이 영광의 순간을 함께 해야 한다"고 주장했다.

특히 김연경이 팀을 3위로 이끈 주역이기에 여론의 비판도 거셌다. 김연경은 3위 결정전 1차전과 2차전 각각 21점, 20점을 올렸다. 이 같은 활약에 상하이는 먼저 2승을 따내며 3위를 확정할 수 있었다. 여론은 올 시즌 활약한 김연경이 시상식에 서지 못한 상황을 이해할 수 없다는 반응을 보였다.

한편, 이번 3위 결정전을 끝으로 **상하이와의 계약이 만료된 김연경은 새 시즌 소속 팀을 다시 찾**

을 예정이다. 지난해 열린 도쿄올림픽에서 한국 여자배구 대표팀을 4강으로 이끄는 등 치열하게 싸운 김연경은 리그 일정이 여유로운 중국을 택해 체력을 아꼈다.

한국프로배구 V리그는 정규리그 3라운드 종료일인 지난해 12월 28일까지 계약하지 못하면 2021-2022시즌에 뛸 수 없다. 김연경이 이번 시즌에는 V리그 경기에 참여할 수 없다는 의미다. 그러나 유럽 혹은 미국리그 진출은 가능하다. 김연경은 당분간 휴식하며 거취를 결정할 계획인 것으로 알려졌다.

■ 김연경 (金軟景, 1988~)

김연경은 대한민국의 프로배구 선수로, 2005년 흥국생명에서 프로 데뷔했다. 국내 프로배구를 대표하는 에이스인 김연경은 그간 2020 도쿄올림픽 4위, 2012 런던올림픽 4위 기록과 2010년 광저우 아시안게임 동메달, 2014년 인천 아시안게임 금메달, 2018년 자카르타·팔렘방 아시안게임 동메달 획득에 앞장서 왔다. 김연경은 2012년 런던올림픽에서 메달 획득에는 실패했지만, 개인상인 MVP를 수상하기도 했다. 포지션은 레프트이며, 세계 최고 수준의 레프트로 정평이 나 있다.

기출TIP 2018년 인천시설공단·대전MBC·한겨레에서 김연경에 대해 묻는 문제가 출제됐다.

'호주 VS 조코비치' 백신면제 입국 법정 대결

코로나19 백신 미접종을 이유로 호주 입국 비자가 취소됐던 세르비아 출신의 **남자 테니스 단식 세계랭킹 1위 노박 조코비치**가 호주 정부의 비자 취소 결정에 불복해 제기한 소송에서 승리했다.

▲ 노박 조코비치

외신에 따르면 호주 연방순회·가정법원 앤서니 켈리 판사는 1월 10일 화상 심리 후 입국 비자를 취소한 호주 정부의 결정을 취소해 달라는 조코비치 측의 청구를 받아들였다. **조코비치는 지난 1월 5일 호주 멜버른 공항에 내린 직후 입국이 거부되면서, 이날 심리 직전까지 추방 대상자를 위한 구금 시설에 격리돼 있었다.**

켈리 판사는 심리에서 "조코비치가 의료진 등으로부터 (백신 미접종 사유인) '의료적 예외' 조항에 해당한다는 판단을 받은 것으로 보인다"며 "조코비치가 달리 뭘 더 할 수 있었겠나"라고 언급했다.

조코비치 측 변호사들은 조코비치가 최근 코로나19에 감염됐다가 회복됐기에 백신을 접종할 의무가 없다고 주장한 바 있다. 반면 호주 정부는 자국 방역수칙상 외국인은 코로나19에 감염돼도 백신 접종 의무가 사라지지 않는다고 맞섰다.

한편, 뒤이은 1월 16일에는 호주연방법원 재판부가 코로나19 백신 미접종을 이유로 호주 정부가 입국 비자를 취소한 결정에 불복해 조코비치 측이 제기한 소송을 만장일치로 기각하면서, **조코비치의 호주 오픈 출전은 결국 무산**됐다.

'흑인 최초 아카데미 남우주연상' 시드니 포이티어 별세

▲ 고(故) 시드니 포이티어

▪아카데미 시상식에서 흑인 배우 최초로 남우주연상을 수상한 시드니 포이티어가 94세를 일기로 별세했다. AP통신은 카리브해 바하마 외교부를 인용해 포이티어가 현지시간으로 1월 6일 저녁 바하마에서 숨졌다고 보도했다.

식당에서 접시를 닦는 일을 했던 고인은 1940년 뉴욕 할렘의 아메리칸 니그로 극단에서 연기를 시작했으며, 당시 흑인에게 드물었던 진지한 연기로 주목을 받았다. **1958년에는 영화 '흑과 백'으로 흑인 배우 최초 아카데미 시상식 남우주연상**

후보가 됐고, 1964년에는 '들백합'으로 흑인 배우 최초 아카데미 시상식 남우주연상을 거머쥐는 역사를 썼다.

고인은 흑인 배우의 존재감이 미미했던 1950~60년대 할리우드에서 인종의 벽을 깬 개척자이자 선구자로 평가받는다. 그의 별세 소식에 미국 최초 흑인 대통령 버락 오바마 전 대통령은 "그는 위엄과 품위의 본보기였다"고 추모했다.

이어 골든글로브에서 흑인 여성 최초로 평생공로상을 수상한 오프라 윈프리도 "내겐 가장 위대한 나무였다"고 고인을 애도했으며, 고인과 마찬가지로 흑인 배우로서 아카데미 시상식 남우주연상을 받은 배우 덴절 워싱턴 역시 "그는 우리(흑인 배우)에겐 오래 닫혀있던 문을 열어주신 분"이라고 애도했다.

■ 아카데미 시상식 (academy awards)
아카데미 시상식은 미국 영화예술과학아카데미(AMPAS. Academy of Motion Picture Arts and Sciences)가 1929년부터 미국 영화 및 미국에서 상영된 외국 영화를 대상으로 우수 작품과 영화인에 대하여 매해 봄철에 시상하는 미국 영화계의 가장 큰 연례행사 중 하나로 '오스카상'이라고도 한다. 처음에는 12개 부문을 시상하였으나, 지금은 작품·감독·배우·촬영뿐만 아니라 녹음·미술·음악·외국 영화·기록 영화·단편 영화 등의 부문에 걸쳐 시상한다. 수상자에게는 '오스카'라는 별칭의 인간 모양 트로피가 수여된다. 2020년 제92회 아카데미 시상식에서 봉준호 감독의 '기생충'이 작품상·감독상·각본상·국제영화상을 수상하며 4관왕을 기록했다. 2021년 제93회 아카데미 시상식에서는 배우 윤여정이 영화 '미나리'로 한국 배우 최초로 여우조연상을 수상했다.
한편, 아카데미 시상식에서 흑인 여배우 최초로 여우주연상을 받은 배우는 할리 베리다. 할리 베리는 지난 2002년 열린 제74회 아카데미 시상식에서 '몬스터 볼'로 여우주연상을 수상했다.

제36회 골든디스크어워즈 '방탄소년단·아이유' 대상

지난 1월 8일 열린 제36회 **■골든디스크어워즈**에서 영예의 음반 부문 대상은 아이돌그룹 방탄소년단(BTS)에게, 디지털 음원 부문 대상은 아이유에게 돌아갔다. **방탄소년단은 이번 시상식에서 음반 부문 대상을 받으며, 5년 연속 음반 부문 대상이라는 기록을 세웠다.** 방탄소년단은 작년 발매한 앨범 '비(BE)'로 단일 앨범 최다 판매량인 327만4898장을 기록한 바 있다.

아이유는 제32회와 제35회 시상식에 이어 이번에 세 번째 디지털 음원 부문 대상을 받았다. 또한 아이유는 이번 시상식에서 데뷔 이래 처음으로 음반 부문 본상 트로피까지 받으며, 대중성과 팬덤 모두를 획득한 아티스트의 면모를 자랑했다.

부문별 본상은 각각 8팀에게 돌아갔다. 디지털 음원 부문은 ▲에스파(aespa) ▲악뮤(AKMU) ▲스테이씨(STAYC) ▲방탄소년단 ▲아이유 ▲오마이걸 ▲이무진 ▲헤이즈가, 음반 부문은 ▲엔하이픈(ENHYPEN) ▲NCT 127 ▲NCT 드림(DREAM) ▲스트레이키즈(Stray Kids) ▲방탄소년단 ▲아이유 ▲세븐틴 ▲투모로우바이투게더가 차지했다.

생애 단 한 번뿐인 신인상은 에스파와 스테이씨

가 차지했다. 두 그룹은 신인상에 디지털 음원 본상까지 동시 수상했다. 역주행의 아이콘으로 등극한 브레이브걸스는 생애 첫 골든디스크어워즈 참석과 함께 베스트 그룹을 수상했다.

■ 골든디스크어워즈 (Golden Disk Awards)
골든디스크어워즈는 한국 가요를 대상으로 하는 국내 대중가요 시상식으로, 1986년 처음 개최됐다. 음반·음원 판매량과 전문가 심사를 선정 기준으로 심아 디지털 음원 부문과 음반 부문 2개 부문으로 나눠 양일간 시상한다. 국내에서 가장 전통 있으며, 공정성을 확보한 음악 시상식으로 일컬어진다. 수상자에게는 골든디스크어워즈의 상징인 '생황 부는 여인상' 트로피를 수여한다.

설강화 역사 왜곡
민주화 운동 폄훼 논란

▲ '설강화' 포스터 (자료 : JTBC)

지난 12월 18일 첫 전파를 탄 종합편성 채널 JTBC 드라마 '설강화'가 역사 왜곡 논란에 휘말렸다. 방영 금지를 요구하는 청와대 국민청원은 방영 2주도 안 돼 30만 명을 넘겼다. 한 시민단체는 법원에 방영 금지 가처분 신청을 냈다. **민주화운동을 폄훼(역사 왜곡)하고 간첩과 안기부를 미화했다는 이유**에서다.

법원은 '설강화'의 상영을 금지해달라는 시민단체의 신청을 받아들이지 않았다. 가처분 신청을 한

세계시민선언은 '설강화'가 수많은 민주화 인사를 고문하고 살해한 국가안전기획부(안기부·현 국가정보원) 직원을 우직한 열혈 공무원으로 미화하고, 국가폭력 미화 행위까지 정당화한다는 취지로 가처분 신청을 냈다.

이에 JTBC 측은 '설강화'는 권력자들에게 이용당하고 희생당했던 이들의 개인적인 서사를 보여주는 창작물이라며 역사 왜곡과 민주화 운동 폄훼는 추후 드라마 전개 과정에서 상당 부분 해소될 것이라고 반박했다. 드라마 내용이 역사 왜곡이나 독재 옹호와 거리가 멀다는 의견도 덧붙였다.

재판부는 설령 '설강화'의 내용이 세계시민선언의 주장과 같이 왜곡된 역사관을 바탕으로 하고 있다 하더라도 이를 접하는 국민들이 그 내용을 맹목적으로 수용할 것이라고 보기 어렵다며 12월 29일 '설강화' 상영금지 가처분 신청을 기각했다.

시대극인 '설강화'는 1987년 서울을 배경으로 여대생 영로(지수)와 여대 기숙사에 피투성이로 뛰어든 수호(정해인 분)의 사랑 이야기를 다룬다. 제작 단계부터 민주화 운동 폄훼 논란이 일었던 이 드라마는 첫 회가 나간 이후 논란이 거세졌다.

➕ 반복되는 드라마 역사 왜곡 논란
드라마 속 역사 왜곡 논란이 끊이지 않고 있다. 2020년 12월부터 2021년 2월까지 방영된 tvN 드라마 '철인왕후'부터 2021년 3월 방송된 SBS '조선구마사', 가을 개봉을 앞뒀던 중국영화 '1953 금성 대전투'(원제: 금강천)에 이어 최근 '설강화'까지 역사 왜곡 논란에 올랐다. 이중 '조선구마사'는 중국풍 설정으로 청와대 국민청원에 방영 중단 청원이 오르는 등 반발이 거세졌다. 결국 SBS는 방송 2회 만에 드라마를 폐지했다.

최근 몇 년 새 중국 투자를 받거나 중국 제작사가 참여해 만든 작품이 많아진 가운데, 한국 시청자보다 중국 시장, 아시아 시장을 염두에 두고 중국 협찬사의 PPL이 잦아진 것도 도마에 올랐다. 우리 한복과 김치를 겨냥한 중국의 '문화 동북공정' 시도에 따른 반중 정서가 강한 가운데 국내 드라마에 맞지 않게 중국 제품이 자주 등장하는 것에 불만이 제기됐다. 또한 한국 드라마가 전 세계적인 사랑을 받으며 국외에도 잘못된 역사 인식을 심어줄 가능성도 크다는 지적이다. 한편, 드라마 역사 왜곡을 문제 삼는 것에 대해 시청자의 요구가 당연하다는 주장과 함께, 창작자의 활동을 위축시킬 수 있다는 우려도 나온다.

'골때녀', '조작' 논란 사과→ 후속 조치로 신뢰 회복나서

▲ '골 때리는 그녀들' 포스터 (자료 : SBS)

편집 조작으로 논란을 일으킨 뒤 쇄신에 나선 SBS '골 때리는 그녀들(이하 골때녀)' 측이 해당 사안에 대해 재차 사과했다. 1월 5일 방송된 '골때녀'에서는 앞서 불거진 조작 편집 논란에 대한 제작진의 공식 사과 화면이 담겼다. 제작진은 이날 자막을 통해 스포츠 정신에 입각한 예능답게 출연진들의 열정과 성장을 고스란히 담아내는 프로그램이 되도록 노력하겠다고 사과했다.

이와 함께 캐스터를 맡은 배성재, 해설을 맡은 이

수근도 시청자들에게 사과와 함께 앞으로 촬영에서 달라질 부분에 대해 설명했다. 그러면서 전·후반 진영 교체와 중앙 점수판 설치, 경기감독관 입회, 경기 주요 기록 홈페이지 공개를 약속했다.

앞서 골때녀 측은 지난 12월 22일 방송된 FC 구척장신 대 FC 원더우먼의 경기에서 제작진이 전·후반 점수를 일부 짜깁기 편집해 조작 논란에 휩싸였다. 경기 승패의 결과를 떠나 프로그램의 핵심인 경기 과정을 조작했다는 점에서 대중의 실망감은 상당했다. 이에 골때녀 측은 공식 사과문과 함께 연출진 교체를 감행했다.

한편, 2021년 6월부터 방송을 시작한 골때녀는 6주 연속 수요 예능 시청율 1위를 차지할 정도의 인기 프로그램으로 레전드 태극전사들과 여자 방송인들이 팀을 이뤄 진지하게 ■풋살 경기에 임하며 시청자들의 큰 사랑을 받았다.

■ 풋살 (Futsal)

풋살은 5명이 한 팀을 이뤄 가로 20m, 세로 40m의 작은 경기장에서 가로 3m, 세로 2m의 골문에 공을 차 넣는 경기이다. '미니 축구'나 '길거리 축구'로 불린다. 풋살이란 용어는 축구를 뜻하는 스페인어 'Futbol'과 실내를 뜻하는 프랑스어 'Salon'이 합쳐진 말이다. 풋살은 작은 공간에서 매우 속도감 있게 이뤄지는 경기로 빠른 순발력, 판단력, 정교한 기술 등이 요구된다. 심한 태클, 슬라이딩 태클이 금지된다.

오타니, AP통신 선정 '올해의 남자 선수'...아시아 선수 최초

미국 프로야구 메이저리그에서 활약 중인 오타니 쇼헤이가 아시아 선수 최초로 미국 AP통신이

▲ 오타니 쇼헤이

선정한 '올해의 남자 선수'에 뽑혔다. AP통신은 지난 12월 28일 LA 에인절스의 오타니를 역대 11번째 만장일치로 올해의 남자 선수로 선정하며 "투수와 타자로 활약하며 현대 야구를 재정립했다. 1919년 ■베이브 루스 이후 누구도 성공하지 못한 투타 겸업을 해내며 메이저리그의 아이콘으로 등극했다"고 평했다.

미국의 세계 최대 뉴스 통신사인 AP는 1931년부터 매년 올해의 남녀 스포츠 선수를 한 명씩 선정해 발표한다. 아시아 남자 선수가 이 상을 받은 적은 한 번도 없었다.

미국 국적을 갖지 않은 선수가 수상한 것으로는 오타니가 7번째다. 일본인 중에선 2020년 오사카 나오미 이후 오타니가 두 번째로 상을 받았다. 한국인 수상자는 1998년 박세리가 유일하다.

오타니는 2021시즌 빅리그에서 투수로 23경기에 선발 등판해 130.1이닝을 던지며 9승2패 평균자책 3.18을 기록했고, 타자로는 타율 0.257, 46홈런 100타점 103득점 25도루를 달성했다. 메이저리그 최초로 100이닝-100탈삼진-100안타-100타점-100득점 대기록을 세웠다.

심석희 자격정지 2개월... 올림픽 출전 박탈

쇼트트랙 여자 대표팀 심석희의 2022 베이징 동계올림픽 출전이 좌절됐다. 대한빙상경기연맹은 지난 12월 21일 서울 송파구 올림픽공원에 있는 연맹 회의실에서 스포츠공정위원회를 열고, 심석희에게 국가대표 자격정지 2개월의 징계를 내렸다.

심석희는 지난해 5월 열린 2021-2022시즌 쇼트트랙 국가대표 선발전 여자부 종합우승을 차지해 2022 베이징동계올림픽 출전자격을 획득했다. 그러나 2018 평창 동계올림픽 당시 국가대표 코치 A와 동료·코치 욕설 등 부적절한 메시지를 주고받은 사실이 뒤늦게 알려지면서 논란의 주인공이 됐다.

심석희는 징계 처분을 받자마자 곧바로 징계 효력정지 가처분 신청을 냈다. 그러나 법원은 심석희의 가처분 신청을 받아들이지 않았고 징계가 그대로 확정되면서 2022년 2월 4일 개막하는 베이징 동계올림픽 출전 기회가 사라졌다.

■ 2000년대 동계올림픽 개최지

회차	연도	나라
19	2002	미국, 솔트레이크시티
20	2006	이탈리아, 토리노
21	2010	캐나다, 밴쿠버
22	2014	러시아, 소치
23	2018	대한민국, 평창
24	2022	중화인민공화국, 베이징
25	2026	이탈리아, 밀라노-코르티나담페초
26	2030	미정

'양궁 3관왕' 신화 안산, 2021년 세계랭킹 1위 등극

▲ 양궁 선수 안산

지난해 여름 열린 **■2020 도쿄 하계올림픽에서 사상 최초로 올림픽 양궁 3관왕이라는 신화를 쓴 안산**(광주여대)**이 2021년 연말 세계랭킹 1위에 등극**했다. 지난 1월 6일 세계양궁연맹(WA) 홈페이지를 보면 지난해 치러진 모든 양궁 대회 성적이 반영된 연말 랭킹에서 안산은 리커브 여자 개인전 1위를 차지했다.

안산은 지난해 도쿄 올림픽에서 개인전 금메달을 획득하고, 이어진 세계선수권대회에서 개인전 동메달을 따내며 코로나19로 랭킹이 동결되기 전인 2020년 4월보다 랭킹을 4계단 올려 1위에 등극했다. 안산 외에는 강채영이 8위를 장민희가 16위를 차지했다.

리커브 남자 개인전 랭킹 1위는 미국의 브래디 엘리슨이 차지했다. 2위는 도쿄 올림픽 개인전 금메달리스트인 터키의 메테 가조즈가 차지했다.

한국 선수 가운데는 김우진이 4위를 차지해 가장 높은 기록을 보였다. 한편, 한국은 리커브 혼성 단체전과 남자 단체전 랭킹에서는 1위에 자리했고, 여자 단체전 랭킹에서는 멕시코에 이어 2위에 자리했다.

■ 2020 도쿄 하계올림픽 (Tokyo 2020 Olympic)
2020 도쿄 하계올림픽은 2020년 7월 24일부터 8월 9일까지 일본 도쿄에서 열릴 예정이었던 제32회 하계올림픽이다. 그러나 코로나19의 영향으로 개최가 1년 연기돼, 2021년 7월 23일부터 8월 8일까지의 일정으로 치러졌다. 올림픽이 연기된 것은 사상 최초의 일이었다. 다만, 대회 명칭은 '2020'을 유지했다.
2020 도쿄 올림픽에서 우리나라는 금메달 6개, 은메달 4개, 동메달 10개를 획득해 종합 16위를 차지했다. 우리나라가 딴 금메달 6개 가운데 4개는 양궁에서 나왔다[▲혼성 단체(안산·김제덕) ▲여자 단체(강채영·안산·장민희) ▲남자 단체(김우진·김제덕·오진혁) ▲여자 개인(안산)].

**분야별
최신상식**

인물
용어

웹 3.0
web 3.0

웹 3.0이란 컴퓨터가 **시멘틱 웹**(semantic web : 컴퓨터가 정보자원의 뜻을 이해하고, 논리적 추론까지 할 수 있는 차세대 지능형 웹) 기술을 이용해 웹페이지에 담긴 내용을 이해하고 개인 맞춤형 정보를 제공할 수 있는 지능형 웹 기술을 말한다. 웹 3.0은 탈중앙화, 현실과 가상의 결합 등을 특징으로 한다.

웹 3.0의 시대가 본격적으로 도래할 것이라고 주장하는 사람들에 따르면 현재 인터넷은 웹 2.0의 시대다. 이들의 분류에 따르면 웹 1.0 시대에는 정보를 읽을 수만 있었다. 웹 1.0 의 기본적인 개념은 디렉터리 검색이다. 모든 자료는 체계적으로 분류되어 있으며, 사용자들은 해당 카테고리를 통해 자료를 검색할 수 있었다. 웹 2.0 시대에서는 정보를 읽고 쓸 수 있다. 페이스북과 유튜브, 구글 등이 웹 2.0 시대의 대표적인 성공 모델이었다.

웹 3.0에서는 읽기와 쓰기에 더해 콘텐츠의 개인 소유가 가능해진다. 블록체인 기술과 대체불가능토큰(NFT, Non Fungible Token), 디파이(Defi·탈중앙금융) 등 새로운 기술이 기존에 불가능했던 개념의 실현을 가능하게 해준다. 웹 3.0은 공간 웹(spatial web)으로 정의되기도 한다. 증강현실(AR)과 가상현실(VR), 5G, 6G 이동통신의 발전으로 실제와 가상의 구분이 모호해지기 때문이다.

3+3 육아휴직제

3+3 육아휴직제란 **부모가 육아휴직을 쓰면 3개월간 각각 통상임금의 100%(월 최대 300만원)를 지급하는 제도이다.** 2022년 1월 1일부터 적용됐다. 고용노동부가 2021년 12월 28일 심의·의결한 '고용보험법 시행령' 개정안에 신설된 내용으로, 영아기 자녀를 둔 부모 모두의 육아휴직 사용 및 육아 참여를 촉진하기 위해 도입됐다. 단, 이 제도 적용 대상은 생후 12개월 이하의 자녀를 둔 부모로 제한된다.

첫 3개월간 각각 통상임금의 100%(월 최대 300만원), 4~12개월째는 각각 통상임금의 80%(월 최대 150만원)가 지급된다. 지금까지는 부부 중 한 사람만 100%를, 배우자는 80%의 임금을 수령했고 4~12개월 땐 통상임금의 절반(월 최대 120만원)을 받아왔다. 기존에 운영됐던 '아빠육아휴직보너스제'는 2022년 1년간 한시적으로 연장 운영된 뒤 3+3 육아휴직제와 통폐합된다. 아빠육아휴직보너스제는 부모가 순차적으로 모두 육아휴직을 쓸 경우 두 번째 사용한 사람의 육아휴직 첫 3개월 급여를 100%(월 최대 250만원) 지급하는 제도를 말한다.

직업교육 특성화 특수학교

▲ 문재인 대통령 부부가 공주대학교 부설 특수학교 설립 간담회에 참석했다.

직업교육 특성화 특수학교란 **장애 학생의 특성과 산업 수요를 종합적으로 고려해 미래 유망 분야 교육을 제공하고 취업 연계까지 지원하는 장애 학생 사회적 자립 시설이다.** 지난해 교육부는 국내 최초의 장애 학생을 위한 직업교육 특성화 특수학교인 공주대학교 사범대 부설 직업 특성화 특수학교 설립을 추진한다고 밝혔다. 교육부는 대학 부설 특수학교를 통해 지역사회에 특수학교가 설립되는 것을 거부하는 사회갈등을 최소화하며 운영할 수 있을 것으로 기대했다.

공주대학교 부설 특수학교는 국내 첫 국립 직업교육 특성화 특수학교로서 제과·제빵 등 장애 학생이 많이 취업하고 있는 분야에 더해 스마트농업, 반려동물 관리 등 미래 유망 분야에 대한 교육을 제공하고 졸업 후 취업 연계까지 지원해 장애 학생의 사회적 자립을 돕는다는 점에서 큰 의미를 갖는다. 한편, 지난 12월 29일 문재인 대통령 부부가 2024년 3월 개교할 예정인 공주대학교 부설 특수학교 설립 현장을 방문했다. 정부는 사회취약계층에 대한 교육 지원 강화를 국정과제로 정하고 특수학교 및 일반학교 특수학급 확대를 추진하고 있다.

초거대 AI
超巨大 Artificial Intelligence

초거대 AI란 일반 컴퓨터보다 연산 속도가 훨씬 빠른 슈퍼컴퓨팅 인프라로 대용량 데이터를 학습한 차세대 AI다. 기존 AI보다 사람의 뇌에 더 가깝게 설계돼 사고·학습·판단 능력이 훨씬 뛰어나다는 평가를 받고 있다. 특정 용도에 국한되지 않고 다양한 분야에서 활용 가능하다. **일론 머스크 테슬라 창업자가 세운 오픈AI가 2018년 초거대 AI 'GPT-1'을 처음 소개**한 바 있다. GPT-1는 1억1700만 개의 파라미터(매개변수)로 학습했고, 2020년 공개된 후속 모델 'GPT-3'의 파라미터 수는 이보다 1000배 이상 많은 1750억 개에 달한다.

국내 포털기업인 **네이버는 2021년 5월 말 초거대 AI 모델 '하이퍼 클로바'를 공개**했는데, GPT-3보다 많은 2040억 개의 파라미터 규모로 개발돼 주목받았다. 이론상 파라미터가 많을수록 AI가 더 정교한 학습을 할 수 있다고 알려져 있다. 또 **카카오브레인은 2021년 11월 GPT-3 모델을 활용한 한국어에 특화된 초거대 AI 언어 모델 KoGPT**를 공개한 바 있다. **LG AI연구원은 2021년 12월 초거대 AI '엑사원(EXAONE)'을 전격 공개**했다. 엑사원은 국내 최대인 약 3000억 개의 파라미터를 보유하고 있다.

샤워실의 바보
fool in the shower room

샤워실의 바보란 **정부의 성급한 경제 정책을 비판하는 의미를 담고 있는 말이다.** 샤워실에서 물을 틀 때 따뜻한 물이 빨리 나오도록 수도꼭지를 온수 방향으로 돌렸다가 너무 뜨거우면 깜짝 놀라 재빠르게 찬물 쪽으로 돌리고, 반대로 찬물에 세게 나오면 따뜻한 물로 얼른 수도꼭지를 돌리는 것처럼 정부의 어설픈 경제 정책과 무능을 비판하기 위한 비유로 쓰인다. 1976년 노벨 경제학상 수상자인 미국의 자유주의 경제학자 밀턴 프리드먼이 처음 제시한 개념이다.

즉, 경기 과열이나 경기 침체에 대응하기 위해서라도 정부의 섣부른 시장 개입은 오히려 역효과를 낼 공산이 크다는 뜻이다. 지난 12월 15일 래리 서머스 전 미국 재무장관은 미 연방준비제도(Fed)의 통화 정책 발표 당일 연준의 정책 행보를 두고 샤워실의 바보 비유를 언급했다. 그는 연준이 경기침체를 초래하지 않고 인플레이션 상승률을 통제하긴 어려울 것이라고 경고하면서 통화정책을 오래된 호텔 샤워기의 물을 조절하는 것에 비유했다.

인천 빙하
Incheon glacier

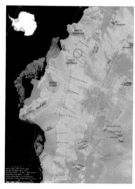
▲ 남극 '인천빙하' 위치도 (자료 : 인천시)

인천 빙하는 **서남극 갯츠 빙붕**(Gets ice shelf)**에 연결된 빙하 9개 중 1개의 명칭**이다. 지난 11월 16일 인천시에 따르면 영국 남극지명위원회는 최근 서남극 갯츠 빙붕에 연결된 빙하 9개 중 1개의 이름을 '인천 빙하'로 지었다. 위원회는 서남극에서 아직 이름이 없었던 빙하 9개에 주요 기후 회의를 개최했던 전 세계 도시 9곳의 이름을 붙였다. 인천시는 지난 2018년 10월 제48차 기후변화에 관한 정부 간 협의체(IPCC) 총회를 연 바 있다.

인천과 더불어 제네바, 리오, 베를린, 교토, 발리, 스톡홀름, 파리, 글래스고의 이름을 딴 빙하가 있다. 남극 빙하에 도시 이름을 붙인 것은 지구 온난화로 빙하가 빠른 속도로 녹고 있다는 것에 대한 경각심을 불러일으키기 위한 조치이기도 하다. 연구에 따르면 이 9개 빙하를 포함해서 남극 14개 빙하는 빠른 속도로 녹고 있다. 1994년부터 2018년까지 약 3150억톤의 얼음이 이 지역에서 사라졌다. 이는 전 세계 해수면을 약 0.9mm 높일 수 있는 양이다. 인천시는 '인천 빙하' 이름이 생긴 것으로 계기로 더 적극적으로 탄소 중립 정책을 펴겠다고 밝혔다.

TINA
There is no alternative

▲ 마거릿 대처 전 영국 총리

TINA란 **마거릿 대처 전 영국 총리가 1980년 자신의 시장 자유화 정책에 대한 비판에 대해 "대안은 없다**(There is no alternative)**"고 말한 것에서 유래한 것으로 자유시장경제가 유일한 해답임을 대변하는 용어**로 차츰 굳어졌다. 이후 TINA는 미국 월가에서 투자 용어로 사용되고 있다. 저금리로 마땅한 투자처를 찾지 못한 사람들이 어쩔 수 없이 주식에 투자하는 상황을 뜻한다.

한편, 미국 중앙은행인 연방준비제도(Fed)가 2022년 금리를 2% 인상하더라도 미 증시가 반등할 것이라는 전망이 나왔다. 연준은 2022년 세 차례 금리 인상을 예고한 상태다. 세계적인 투자 전략가이자 증시 강세론자로 꼽히는 펜실베이니아대 와튼스쿨의 제러미 시걸 교수는 연준의 금리 인상이 증시에 어느 정도 변동성을 일으키겠지만, 인플레이션(물가 상승)에 대응하기 위해 여전히 주식만큼 좋은 투자처는 없다며 이른바 'TINA' 현상은 인플레이션 환경에서 더욱 강해질 것이라고 언급했다.

리테일 테라피
retail therapy

▲ 더현대서울 내부

리테일 테라피란 **치료를 뜻하는 테라피**(therapy)에 **유통**(retail)**이 합쳐진 단어로 쇼핑을 통해 소비자에게 힐링을 제공한다는 뜻의 신조어로, 최근 유통업계를 주도하는 트렌드다.** 코로나19가 장기화하면서 생활 공간이 제한된 데 따른 반작용으로 '경험 소비'에 대한 수요가 늘었기 때문이다. 백화점과 프리미엄아울렛 등은 문화·예술적 요소를 가미한 볼거리를 제공하고, 뷰티업계는 오감으로 자연을 느끼며 쇼핑할 수 있는 환경을 조성하는 등 플래그십 스토어, 팝업 스토어 등의 공간 마케팅을 통해 다양한 체험 공간을 마련하는 게 리테일 테라피의 핵심이다.

이는 경험을 중시하는 MZ세대에게 능동적인 체험 소비의 대상으로 인기를 얻고 있다. 소비자에게 특별한 경험을 제공하는 공간을 마련해 체험과 소비 활동을 세련되게 접목하는 게 리테일 테라피의 성공 요소다. 대표적인 예로 2021년 2월에 개점한 더현대서울은 나무 30그루가 있는 실내 공원 등 휴식공간을 크게 늘린 리테일 테라피 전략으로 크게 성공했다.

행동주의 공매도
activist short

행동주의 공매도란 **기업 가치가 과대 평가됐다고 적극적으로 알려서 주가 하락을 유도해 공매도 이익을 얻는 투자법이다.** 행동주의 공매도 투자자는 공매도에 투자한다는 입장을 공개하면서 기업의 불투명한 경영 실태를 공격하고, 증시에서 투자자의 매도를 부추겨 이익을 본다. 일반적인 투자와 반대 방향으로 투자하기 때문에 '역투자가(contrarian investor)'라는 표현으로도 불린다.

행동주의 공매도자들은 일반적인 공매도자들과 달리 SNS나 언론을 활용해 훨씬 더 적극적으로 기업의 단점을 알린다. 이런 방식으로 대중을 설득해 패닉 셀링을 유도하기 때문에, 이들의 목표가 된 기업은 일반적인 공매도보다 주가가 큰 폭 하락하곤 한다. 중국 루이싱커피 회계 부정 사건을 폭로한 '머디워터스 캐피털'과 수소 트럭 회사 니콜라의 허위·과장 광고를 폭로한 '힌덴버그리서치' 등의 사례가 유명하다. 코로나19 대응을 위해 풀린 유동성이 증시로 몰리면서 주가가 오르는 상황이 이들에겐 위기이자 기회로 작용하고 있다.

오픈 파이낸스
Open Finance

▲ 고승범 금융위원장

오픈 파이낸스란 **은행 계좌정보 및 결제 기능 개방에 초점을 둔 오픈뱅킹의 개념을 여타 업권으로 확산하거나 상품 추가, 기능 확대 등을 통해 이용자의 금융생활에 더 밀접하도록 확장하는 것을 말한다.** 오픈뱅킹은 은행의 송금·결제망을 표준화시키고 개방해서 하나의 애플리케이션으로 모든 은행의 계좌 조회, 결제, 송금 등을 할 수 있는 금융 서비스를 말한다. 오픈 파이낸스는 금융권 및 핀테크 업권 등이 오픈뱅킹뿐 아니라 맞춤형 상품추천, 자산관리, 상품 가입·변경 등을 표준화된 방식으로 상호 개방한 금융 생태계다.

최근 고승범 금융위원장은 '금융플랫폼 혁신 활성화를 위한 간담회'에서 금융산업의 흐름이 플랫폼을 통한 종합 서비스로 가고 있다며 오픈뱅킹을 확대 개편해 오픈 파이낸스로 전환이 필요하다고 설명했다. 2019년 12월 정식 서비스를 시작한 국내 오픈뱅킹이 정착됨에 따라 금융 권역 범위를 확장해 은행뿐만 아니라 보험, 증권 등 다른 업권에서 보유한 고객 정보도 공유하는 오픈 파이낸스 개념 도입이 이뤄지고 있다.

이모카세

이모카세란 음식점 여 사장님을 친근하게 부르는 말인 '이모'와 일본식 표현인 '오마카세(お任せ : 손님이 요리사에게 메뉴 선택을 맡기고 요리사가 그날의 재료로 요리를 만들어 내는 것)'가 합쳐진 말로, **별도의 메뉴 없이 '이모님'이라 불리는 사장님이 알아서 음식을 내주는 것**을 말한다. 오래된 음식점이 많은 을지로 등을 중심으로 젊은 층에 큰 인기를 얻고 있다. 이 같은 표현은 메뉴를 요리사에게 일임하는 '오마카세'가 외식업을 비롯해 각계로 확산하면서 생겨났다. 오마카세는 원래 일식당, 그중에서도 스시 가게에서 주로 쓰였으나 요즘은 한우를 비롯해 커피, 디저트, 파스타, 한식, 중식 등 다양한 분야에서 널리 쓰이는 분위기다.

한우 식당은 스시 외 업종 중에서 오마카세를 먼저 도입한 곳으로 꼽히는데 신선도에 따라 그날 가장 신선한 한우 부위를 요리사가 직접 선정해 매일 다르게 제공하는 식이다. 업계 관계자에 따르면 오마카세는 최근 외식업계의 주요한 키워드 중 하나로, 어떤 메뉴가 나올지 기대하는 재미와 요리사의 전문적인 큐레이션을 받을 수 있어 향후 다양한 분야로 확산될 것으로 보인다.

팬더스트리
fandustry

▲ 위버스에 송출된 BTS가 베개, 잠옷을 판매하는 모습 (위버스 홈페이지 화면 캡처)

팬더스트리는 **팬(fan)과 인더스트리(industry)의 합성어로 팬덤 기반의 비즈니스 산업을** 일컫는다. BTS와 블랙핑크 등 K팝 스타들이 전 세계적인 인기를 끌면서 글로벌 팬덤이 '큰손'으로 떠올랐다. 이에 따라 팬더스트리 시장이 부상하고 있다. 팬더스트리의 사업 영역은 굿즈와 머천다이즈(MD), 공연, 팬덤 플랫폼 등이다. 팬더스트리는 상품을 보고 구매하는 것이 아니라 스타를 보고 구매하는 팬덤 소비의 특징을 가지고 있다.

BTS의 소속사 하이브는 식음료 제조·판매, 화장품 및 먹는 물 판매업, 공연장·유원지·테마파크 등 다각도로 팬인더스트리 사업을 확장할 계획이다. IBK투자증권에 따르면 2020년 기준 팬덤 경제 규모는 8조원대에 달할 것으로 추정된다. 특히 팬과 아이돌을 이어 주는 팬덤 플랫폼의 성장세가 높다. 주요 엔터테인먼트·게임회사도 팬덤 플랫폼 사업에 뛰어들었다. **하이브의 공식 팬 커뮤니티 플랫폼인 위버스, SM엔터테인먼트의 자회사 디어유의 버블, 엔씨소프트의 자회사 클랩의 유니버스가** 대표적이다.

파이로프로세싱
pyroprocessing

▲ 국내에서 진행된 파이로프로세싱 실험 모습 (자료 : 한국원자력연구원)

파이로프로세싱이란 **원자력 발전 후 남은 핵연료를 다시 연료로 활용할 수 있도록 처리하는 신기술이다.** 전문가들은 이 기술이 실용화되면 우라늄을 반복 재활용할 수 있어 활용도가 높아지고 사용 후 핵연료의 부피나 발열량, 방사성 독성 감축 효과 등이 있어 고준위 폐기물 처분장 규모를 줄일 수 있다고 말한다. 남은 핵연료에는 우라늄 96%, 플루토늄 1%, 넵투늄·아메리슘·큐리움·세슘·스트론튬 등 핵분열 생성물이 3% 포함돼 있다.

파이로프로세싱을 통해 잔여 우라늄과 플루토늄을 포함한 미량의 핵물질군을 회수할 수 있는데, 공정 특성상 플루토늄을 단독으로 분리할 수 없어 핵 비확산성이 보장된다. 또 장기간 환경에 영향을 주지 않도록 소멸 처리한다는 장점이 있다. 한편, 2018년 안전성과 핵확산성 우려로 중단된 후 재개 여부를 위한 연구가 진행됐던 '파이로프로세싱' 연구개발(R&D) 사업이 재개될 전망이다. 원자력진흥위원회는 지난 12월 27일 적성성 검토위의 권고안을 수용해 기초·원천기술 확보를 위한 R&D를 지속 지원하기로 결정했다.

래퍼 곡선
Laffer curve

▲ 경제학자 아서 래퍼

래퍼 곡선은 **일정 수준 이상으로 세율이 높아지면 오히려 조세 수입이 감소하기 시작한다는 경제학 이론을 표현한 곡선이다.** 일반적인 조세이론에서는 세율이 높아질수록 세수가 많아진다.

그러나 레퍼곡선은 최적 조세점을 넘어서는 세율에서 오히려 세수가 줄어드는 현상을 표현한다. 세율이 0이면 당연히 세수는 0이 된다. 하지만 세율이 100%라면 누구도 소득을 얻기 위한 활동을 거부하기 때문에 역시 세수는 0이 된다. 따라서 래퍼 곡선은 그 중간 지점에서 세수가 극대화될 수 있는 점의 존재를 주장하는 것이다.

래퍼 곡선은 감세를 표방했던 레이건 정권이 등장하면서 각광을 받았던 공급 측면의 경제학을 지탱하는 주요 이론이 되었다. 레이건 대통령은 미국의 세율이 최적점을 넘었다고 주장하면서 대폭적인 감세를 실시했던 것이다. 그러나 래퍼 곡선은 실증적인 연구에서 도출된 결과가 아니며 경제적 아이디어를 제시한 것에 불과해 현실에 적용할 수 없다는 비판이 많다. 한편 래퍼 곡선의 창시자인 경제학자 아서 래퍼는 코로나19로 많은 미국인이 재정 불확실성에 노출되자 4차 경기부양책을 논의하고 있었던 당시 트럼프 행정부에 급여세를 인하하는 것이 경제를 살리는 방법이라고 조언한 바 있다.

에드워드 윌슨
Edward Wilson, 1929~2021

▲ 사회생물학 석학 고(故) 에드워드 윌슨

에드워드 윌슨 하버드대 명예교수는 **진화론을 창시한 찰스 다윈의 '가장 위대한 20C 후계자'로 불리는 사회생물학자**이다. 지난 12월 26일(현지시간) 92세로 별세했다. 하버드대에서 46년간 교수로 재직한 그는 400종 이상의 개미를 발견했고 개미가 화학물질을 방출해 위험을 피하고 먹이 흔적을 동료들에게 전달하는 과정을 알아냈다. 1978년 쓴 『인간 본성에 대하여』와 1991년 저작 『개미』로 두 차례 퓰리처상을 수상했다.

그는 하버드대학교에서 70년 동안 곤충학 교수이자 큐레이터로 지냈으며 400종 이상의 개미를 발견했다. 그는 자신의 가장 큰 업적 중 하나로 개미가 화학물질을 방출해 위험과 먹이 경로를 전달하는 방법을 연구한 것을 꼽았다. 1975년 펴낸 『사회생물학 : 새로운 종합』은 인간의 이타주의나 적대감 같은 행동이 유전자 또는 본성에 의해 결정된다는 것을 암시하는 것으로 일부 과학자들에 의해 해석되며 논란이 되기도 했다. 은퇴 후에는 지구의 육지와 바다 절반을 보호해야 한다는 '지구의 절반' 프로젝트를 주도했다.

러브 조이
Thomas Lovejoy, 1941~2021

▲ 생물다양성이란 용어를 창안한 고(故) 러브 조이 교수

러브 조이 미국 조지메이슨대학 교수는 '생물다양성'이라는 용어를 처음 창안하고 아마존 열대우림 보호 등에 평생 헌신한 저명한 보존생물학자이자 환경보호 전문가다. 지난 12월 25일 별세했다. 향년 80세. 고인은 1970년대 후반 지구 생명체의 다양성을 의미하는 '생물학적 다양성(biological diversity)'이라는 용어를 처음 창안했다. 이 말은 '생물다양성(biodiversity)'으로 축약돼 기후변화 시대에 가장 중요한 개념 중 하나가 됐다.

러브조이 교수는 1980년 발표한 지구 생명체의 멸종 속도에 관한 연구에서 21C까지 수많은 생물 종이 영원히 사라질 것으로 전망해 세계에 경종을 울렸다. 그는 서식지 파괴와 오염, 지구온난화로 세계 곳곳에서 멸종이 진행되고 있다는 사실을 밝혀내고, 토종 동식물의 재생을 돕기 위해 숲을 복원하고 강과 호수, 바다 등 수역과 토지를 보호할 것을 촉구했다. 러브조이 교수는 1960년대 연구를 위해 처음 아마존 열대우림에 발을 들여놓은 뒤 50년 이상 아마존 연구와 보호에 헌신해 왔다.

웨인 티보
Morton Wayne Thiebaud, 1920~2021

▲ 웨인 티보, '파이, 파이 파이'(1961)

웨인 티보는 **케이크, 파이, 아이스크림 등 달콤한 디저트 연작으로 유명한 화가다.** 동시에 자신이 평생에 걸쳐 살고 있는 캘리포니아 도시 풍경화로도 유명하다. 지난 12월 25일(현지시간) 캘리포니아주 자택에서 숨을 거뒀다. 향년 101세. 그는 젊은 시절 디즈니 애니메이터, 광고판 등 상업용 예술가로 활동하다 20대 후반에 미대에 진학했고 40대가 되면서 비로소 파이와 케이크 그림을 그렸다.

그의 그림에는 1960년대 미국의 풍성함이 담겨 있다. 유화 물감 표현이 실재 머랭(meringue : 달걀 흰자에 설탕을 섞어 만든 디저트의 일종)처럼 보이는 등 주제와 화풍이 맞아떨어지면서 호평을 받고 세계적인 명성을 얻었다. 그의 작품은 정물화든, 풍경화든 따뜻한 파스텔톤 색채가 특징이며 화려한 색상을 활용해 두껍게 칠한 물감의 질감이 트레이드마크였다. 워낙 물감을 많이 써 그림 위에 작가 서명을 '조각'해야 할 정도였다. **로이 리히텐슈타인, 앤디 워홀 등과 함께 당대를 대표하는 팝아트 작가로 평가**받기도 했지만 정작 본인은 이런 분류에 동의하지 않았다.

마이클 샌델

Michael J. Sandel, 1953~

▲ 이재명 대선 후보와 마이클 샌델 교수가 대담했다. (이재명 유튜브 캡처)

마이클 샌델 하버드대 교수는 **저서 『정의란 무엇인가』로 국내외에 정의 열풍을 일으킨 인물이다.** 27세로 최연소 하버드대 교수가 된 샌델은 29세이던 1982년 자유주의 이론의 대가인 존 롤스를 비판한 『자유주의와 정의의 한계』를 발표하면서 세계적인 명성을 얻기 시작했다. 1980년부터 30년간 하버드대에서 정치철학을 가르치고 있으며 특히 그의 '정의(Justice)' 수업은 지난 20여 년 동안 하버드대 학생들 사이에서 최고의 명강의로 손꼽힌다.

한편, 더불어민주당 이재명 대선 후보가 마이클 샌델 하버드 교수와 '공정'을 주제로 온라인 화상 대담을 했다. 지난 12월 21일 온라인을 통해 '대전환의 시대, 대한민국은 어떻게 공정의 날개로 비상할 것인가'를 주제로 샌델 교수와 이야기를 나눴다. 1시간가량 진행된 질의응답에서 두 사람은 드라마 '오징어게임' 등을 언급하며 능력주의의 문제점에 대한 공감대를 나눴다. 이날 이 후보의 행보는 공정을 앞세워 최근 불거진 아들 관련 논란을 돌파하겠다는 의도가 담겼다는 분석이다.

부모 뽑기

부모 뽑기는 **일본에서 부모를 뜻하는 '오야(親)'와 뽑기 기계를 뜻하는 '가차(ga-cha)'를 합친 신조어 '오야가차'를 직역한 것이다.**

일본 출판사 자유국민사가 1984년부터 시작한 '2021년 신조어·유행어 대상' 후보작에 꼽혀 화제가 된 신조어다. 이 상은 일본에선 연말이 왔음을 알리는 연례행사 중 하나로 꼽히며, 후보 단어만 살펴봐도 한 해 일본 사회를 돌아볼 수 있어 매년 주요 뉴스로 다뤄진다. 2021년에는 이 신조어·유행어 후보에 넷플릭스 드라마 '오징어게임'이 포함돼 한국에서도 화제가 됐다.

부모 뽑기(오야가차)는 동전을 넣고 돌리면 상품이 든 캡슐이 무작위로 나오는 뽑기 기계에 부모를 비유한 일본의 신조어로, 자식에게 부모란 선택할 수 없고 어떤 부모를 만날지는 전적으로 운에 달려 있다는 데서 따 온 것이다. 한국 '금수저·흙수저론'의 일본판으로 볼 수 있다. 부모 뽑기라는 유행어에는 자기 운명이 날 때부터 결정된다는 비관적인 생각이 녹아있다. 그간 이른바 '사토리(득도) 세대'로 불리던 청년세대가 개인의 노력이 일생에 미치는 영향은 너무 미미하다는 불평을 제기하기 시작한 것으로 볼 수 있다.

클러터코어
cluttercore

클러터코어란 **공간을 여러 물건으로 가득 차게 꾸미는 스타일을 말한다.** 다양한 소품 배치, 화려한 패턴의 벽지 등을 활용하는 게 특징이다. 자신의 취향을 반영한 물건으로 공간을 채워 개성을 표현하는 방식으로 여겨지기도 한다. 최대를 추구하는 맥시멀리즘(maximalism) 현상 중 하나로, 최소를 추구하는 미니멀리즘(minimalism)과 반대다. 인테리어부터 삶의 태도까지 우리 사회를 강타한 미니멀 열풍이 가고 소품으로 집 안을 꽉 채우는 맥시멀리즘이 화두로 떠오른 것이다.

이는 코로나19로 집에서 보내는 시간이 많아지면서 생긴 변화다. 코로나19로 집이 휴식, 사무실, 헬스장 등 여러 기능을 하다 보니 물건이 많아지는 경향이 생겼다. 옥스퍼드 영어 사전에서 '클러터'는 '여러 가지 물건들이 깔끔하지 않은 상태로 널려 있는 것'이라고 나오는데 청소 안 해서 지저분한 집과 취향과 감각이 담긴 맥시멀 인테리어는 엄연히 다르다. 집에서 보내는 시간이 많아지면서 원룸 등 좁은 공간에 사는 MZ세대들이 자신의 개성을 가득 채울 수 있는 맥시멀리즘에 열광하고 있다.

삼프로TV

삼프로TV란 금융 투자 전반을 다루는 유튜브 채널로 금융·경제 전문가인 김동환, 이진우, 정영진 3명이 방송을 진행한다고 해서 삼프로TV다. **2022년 1월 기준 유튜브 구독자 수가 185만 명에 달해 독보적으로 규모가 큰 경제 유튜브 채널이다.** 국내 개인투자자들에게 끼치는 영향력도 크다. 지난 12월 25일 새 정부의 경제, 금융, 부동산 정책을 탐구하기 위한 목적으로 유력 후보인 이재명 더불어민주당 후보와 윤석열 국민의힘 후보를 초청해 녹화방송을 진행해 큰 이슈가 됐다.

해당 인터뷰는 폭발적인 관심은 물론 기존의 언론들이 제대로 긁어주지 못했던 유권자들의 의문점을 풀어줬다는 호평을 받았다. 지난 18, 19대 대선에 이어 레거시 미디어(TV로 대표되는 전통 미디어)에 대한 뉴 미디어의 반격이 강해지고 있는 모양새다. 한편, 국민의힘 총괄선대위원장직을 사퇴한 김종인 전 위원장이 윤석열 후보와 상의 없이 '선대위 개편안'을 발표한 결정적 계기로 '삼프로TV 출연'을 들었다. 윤 후보가 전혀 준비가 되지 않은 상태에서 삼프로TV에 출연해 여론이 좋지 않아졌고, 본질적인 변화가 필요하다고 생각했다고 밝혔다.

투렛 증후군
tourette syndrome

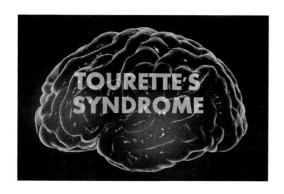

투렛 증후군이란 본인의 의지와는 관계없이 같은 행동을 반복하는 것으로, 신체의 일부분이 반복적으로 움직이는 운동 틱, 특정 소리를 반복해서 내는 음성 틱으로 나뉜다. 증상을 보유한 기간이 1년이 넘으면 만성질병으로 본다. 이 질환을 처음 언급한 조르주 질 드 라 투레트의 이름에서 명칭이 유래됐다. **2021년 4월 장애인복지법 시행령 개정으로 장애 인정 대상이 되면서 장애인복지법이 보장하는 복지서비스를 받을 수 있게 됐다.**

개정안에 따라 투렛 증후군 외에도 강박장애와 뇌의 신경학적 손상으로 인한 기질성 정신장애, 일상생활에 상당한 제약이 있는 기면증이 있는 사람 등도 정신장애인으로 인정됐다. 한편, 법은 개정됐지만 현실에서 투렛 증후군으로 장애 인정을 받기는 쉽지 않다. 정부가 최근 2년 동안 계속 치료받았다는 기록을 제출해야 한다는 조건을 걸었기 때문이다. 하지만 약물 효과가 크지 않거나, 부작용 때문에 치료를 중단하는 경우가 많아 '2년간의 지속적인 치료'라는 기준을 맞추기가 쉽지 않은 현실이다.

플루로나
flurona

플루로나란 **독감을 의미하는 '인플루엔자(influenza)'와 '코로나(corona)'의 합성어로 독감과 코로나19 이중 감염을 말한다.** 겨울 추위가 심해지면서 코로나19와 독감에 동시 감염되는 플루로나 사례가 잇따라 발생하고 있어 전 세계가 비상에 걸렸다. 전문가들은 플루로나의 새로운 증상이나 치료법은 없다고 전했다. 다만 독감과 코로나19에 대한 개별적인 증상이 있을 수 있으며, 치료법도 그에 맞게 적용돼야 한다고 설명했다.

미국 질병통제예방센터(CDC)는 코로나19 감염 증상으로 오한·기침·호흡 곤란·피로감·근육통·두통·미각 및 후각 상실·인후염·코막힘·메스꺼움 및 구토·설사 등이 있을 수 있다고 설명했다. 독감의 경우 고열·기침·인후염·근육통·두통·피로감·구토 및 설사 등이 있을 수 있다. 뉴욕 버팔로 대학 교수이자 전염병 책임자 토마스 루소 박사는 2021년에는 독감이 유행하지 않았지만 2022년에는 독감이 유행하고 있어 우려스럽다며 감염 경로에 대해서는 코로나19와 독감 모두 비말을 통해 가장 잘 전파된다고 말했다.

대체식품
代替食品

▲ 미국의 대표적인 식물성 대체육 제조업체 '비욘드 미트'의 햄버거 패티

대체식품은 **기존 식용 자원의 고갈을 방지하기 위해 비슷한 성질을 가진 동식물로 대체해서 사용하는 것을 의미한다.** 식물성 재료로 고기와 유사하게 만든 대체육이 있으며 유전자 편집 및 3D 프린팅 기술을 활용한 배양육, 적은 양으로 높은 에너지를 낼 수 있는 식용 곤충 등이 대표적이다. 국제 시장조사업체 스트래티스틱스에 따르면 국내 식물단백질 기반 대체식품 시장은 2017년부터 연평균 15.7%씩 성장해 2026년 2억1600만달러, 약 2500억원에 이를 것으로 전망되고 있다.

국내에서는 CJ제일제당이 사내 전담 조직을 만들어 대체식품 투자에 활발히 나서고 있으며 풀무원, SPC그룹 등도 대체육에 높은 관심을 나타내고 있다. 2022년을 주도할 혁신 트렌드를 가장 먼저 만나볼 수 있는 CES 2022에서도 대체식품이 큰 관심을 받았다. 대체식품의 정수라 불리는 대체육 시장의 비약적인 성장이 기대되면서 CES를 이끌 중요한 주제가 될 것으로 예상된다.

만타
MANTA

만타는 **지난 2021년 말 미국 증시 상승을 견인했던 주요 종목들을 묶어 부르는 표현으로 ▲마이크로소프트**(MS)와 **▲애플**(Apple) **▲엔비디아**(NVIDIA) **▲테슬라**(TESLA) **▲구글 모기업인 알파벳**(Alphabet)**의 앞 글자를 딴 말**이다. 미국 주식시장을 주도하는 다섯 개 종목이 팡(FAANG)에서 만타(MANTA)로 바뀌었다는 분석이 나왔다. 팡은 ▲페이스북 ▲애플 ▲아마존 ▲넷플릭스 ▲알파벳 등 다섯 종목이다.

빌게이츠가 창업한 마이크로소프트(MS)가 코로나19 사태 이후 급증한 재택근무의 수혜 종목이 되면서 페이스북과 아마존을 제치고 2022년 주식시장 흐름을 이끄는 주도주로 부상했다. 이 용어는 글로벌 투자은행(IB)인 골드만삭스가 2021년 12월 팡(FAANG)의 시대가 저물고 만타(MANTA)를 주목해야 한다고 평가하면서 사용됐다. 특히 2021년 4월부터 연말까지 이들 만타에 포함된 5곳의 업체들이 스탠더드앤드푸어스(S&P)500지수 상승 폭의 51%를 담당했다고 분석했다.

스킴플레이션
skimpflation

나눔히어로즈

스킴플레이션은 **물가는 오르는 와중에 상품과 서비스의 양이나 질이 눈에 띄지 않게 떨어지는 현상을 가리킨다.** '(음식·돈 등에) 인색하게 굴다', '찔끔주다' 등의 뜻을 지닌 '스킴프(skimp)'와 물가 상승을 뜻하는 '인플레이션(inflation)'의 합성어다. 미국 연방의회 경제위원회의 앨런 콜 선임이코노미스트가 만들어낸 신조어다. 스킴플레이션의 주요 원인은 글로벌 공급망이 제대로 작동하지 않기 때문이라는 분석이 지배적이다.

최근 패스트푸드점에서 버거를 주문할 때 수급 어려움으로 원재료인 양상추 대신 양배추가 제공됐는데 이는 스킴플레이션의 전형이라 볼 수 있다. 제품값은 그대로지만 재료는 양상추보다 더 싼 양배추가 들어가면서 소비자가 손해를 봤기 때문이다. 이 밖에 과자 가격은 그대로인데 용량은 슬쩍 줄이거나 제품 배송이 당초보다 훨씬 오래 걸리는 경우도 모두 스킴플레이션의 일환이다. 물가는 그대로이거나 미세하게 오르는 것처럼 보여도 실제 제품이나 서비스의 질이 떨어지는 현상은 코로나19 시대에 많은 사람이 겪는 문제로 떠오르고 있다.

나눔히어로즈란 매년 반복되는 특정 시기(1~3월, 9~10월) 헌혈자 감소로 인한 혈액 수급의 어려움을 해소하기 위해 해당 시기 전혈헌혈에 참여해 줄 것을 약속하는 헌혈자를 말한다. **전혈헌혈은 혈액의 모든 성분**(적혈구, 백혈구, 혈장, 혈소판)**을 채혈하는 것**으로 320mL, 400mL 두 종류가 있다. 헌혈자(헌혈 1회 이상 참여자)라면 누구나 전국의 대한적십자사 혈액원 및 헌혈의집(헌혈버스), 헌혈고객지원센터(1600-3705), 혈액관리본부 누리집 등을 통해 가입할 수 있다.

혈액은 인공적으로 만들거나 이를 대체할 수 있는 물질이 없기에 헌혈은 수혈이 필요한 환자의 생명을 구하는 유일한 수단이다. 그러나 매년 동·하절기, 방학, 휴가, 명절 연휴 기간 등이 있는 1~3월 및 9~10월에는 헌혈자가 감소해 혈액의 원활한 수급에 어려움이 있다. 대한적십자사 혈액관리본부에 따르면 헌혈자 수는 2021년 241만여 명, 2020년 243만여 명, 2019년 261만여 명으로 점차 감소하고 있으며, 특히 코로나19가 발생한 2020년 이후부터는 헌혈량이 급감하는 추세이다.

엘리자베스 홈즈
Elizabeth Holmes, 1984~

▲ 사기 혐의로 유죄 판결을 받은 엘리자베스 홈즈 테라노스 창업자

엘리자베스 홈즈는 **바이오벤처 테라노스 창업자 겸 전 최고경영자(CEO)로 미국 실리콘밸리 역사상 최대 사기극을 벌인 혐의로 재판에 넘겨진 인물이다.** 홈즈는 미국 나이로 19살이던 2003년 미국의 메디컬 스타트 기업인 '테라노스'를 처음 창업했다. 손가락 끝에서 채취한 혈액 몇 방울만으로 각종 질병을 진단할 수 있는 획기적인 기기를 개발했다고 주장해 주목을 받았다. 그러나 내부 고발자로부터 테라노스의 혈액 질병진단 기술이 "사기에 가깝다"는 폭로가 나오면서 그녀의 신화는 무너졌다.

홈즈는 당시 여성 스타트업 창업자가 흔치 않아 언론의 관심이 집중됐고 '여자 스티브 잡스'라는 별명이 붙었다. 테라노스는 9억4500만달러(약 1조1270억원)에 달하는 투자를 받았고 한 때 테라노스 가치는 90억달러까지 치솟았다. 하지만 2018년 검찰은 홈즈와 관계자들을 사기 혐의로 기소했고, 2021년 1월 3일 유죄 평결이 내려졌다. 이후 테라노스의 기업가치는 '0'으로 추락했고 청산 절차를 밟게 됐다.

수리할 권리
right to repair

수리할 권리란 **소비자가 자신의 제품을 스스로 수리하고 원하는 방식으로 개조할 수 있는 권리다.** 전자제품은 수리할 권리가 제한된 경우가 많아 미국과 유럽 등에서 권리 보장을 법제화하기 위한 움직임이 가시화하고 있다. 대표적으로 애플의 아이폰은 수리할 권리 제한으로 소비자 불만이 많이 제기되는 대표 사례다. 애플은 이용자가 공인 서비스센터가 아닌 사설 수리업체를 이용한 이력이 있는 경우 또는 직접 분해해 수리한 경우 보증 대상에서 제외한다.

미국에서는 2021년 7월 조 바이든 미국 대통령이 전자기기 제조업체의 수리 제한 관행을 불법으로 규정하는 행정명령에 서명했다. 유럽연합(EU) 역시 2019년 소비자가 전자기기 부품을 사설업체에서도 살 수 있도록 하는 법안을 통과시켰다. 국내에서는 더불어민주당 김상희 국회 부의장이 2021년 9월 이용자의 휴대폰 수리 권리를 보장하는 '소비자 수리권 보장법'을 대표 발의했다. 세계 각국에서 수리할 권리 법제화를 추진하는 가운데 애플은 2022년부터 사용자가 아이폰 등 고장을 고칠 수 있도록 하는 '셀프서비스 수리 프로그램'을 도입할 계획이다.

다크 패턴
dark pattern

다크 패턴이란 **사람을 속이기 위해 설계된 사용자 인터페이스(UI)이다.** 인터넷과 모바일 등을 이용할 때 소비자의 인지와 행동편향을 악용해 소비자에게 특정한 행동을 유도하거나, 의사결정에 영향을 주는 방식이다. '불법'의 경계선을 교묘하게 넘지 않고, 당사자도 속았지만 속았는지 모르는 경우가 많아 규제가 쉽지 않다. '마감 임박' 등의 내용을 눈에 잘 띄는 곳에 배치하는 것이 대표적인 예다. **'자칫 좋은 기회를 놓칠 수 있다'는 포모**(FOMO, Fear Of Missing Out) **증후군**에 빠지기 쉬운 심리를 이용해 구매를 유도한다.

이에 세계 주요국 공정거래 당국은 온라인상에서 소비자를 은밀히 속이는 다크 패턴에 대한 주의보를 발령했다. 2021년 11월 OECD는 주요국 경쟁당국이 참석하는 '소비자정책위원회'를 개최하고 다크 패턴 문제에 대해 논의했다. OECD에 따르면 과거 1년간 전자상거래 구매 이력이 있는 소비자의 약 50%가 다크 패턴의 피해를 경험했다. 특히 코로나19 확산에 따라 비대면 온라인 소비가 일반화하면서, 다크 패턴 피해 사례는 늘어날 전망이다.

금융치료

BOYCOTT JAPAN
'가지 않습니다'
'사지 않습니다'

금융치료란 **돈으로 아픈 마음을 치료한다는 뜻으로 인터넷 커뮤니티에서는 개인·기업의 잘못을 돈으로 단죄한다는 의미로 더 많이 쓰인다.** 지치고 힘든 일상에서 소비를 통해 위안을 받는다는 의미와 함께 사회 법규를 벗어난 다른 사람으로 인해 자신이 고통받았을 때 그 사람에게 금전적 부담을 지우게 하는 응징의 뜻도 가진 것이다. 일명 '돈으로 본때를 보여주는 행위' 정도로 이해하면 쉽다. 여타의 법률적·제도적 대책이 먹히지 않을 때 금융치료가 더 효과적이라는 식으로 쓰인다.

대표적인 사례로 2019년 일본 상품 불매운동인 '노재팬 운동'을 들 수 있다. 일본에서 역사왜곡 논란을 '불매운동'인 '금융치료'로 대응한 것이다. 최근에는 시청자들이 역사왜곡으로 논란이 된 드라마 '조선구마사'의 방영을 막기 위해 광고주에게 압박을 가해 방송 금지를 이끄는 사례가 있었다. 금융치료는 SNS를 활발히 이용하는 MZ세대를 중심으로 이뤄진다. 전통적으로 사회문제를 비판할 때 집회나 시민단체에 참여했다면 MZ세대는 금융치료를 통해 자신만의 목소리를 내고 있다.

SNS 톡! 톡!

해야 할 건 많고, (이거 한다고 뭐가 나아질까) 미래는 여전히 불안하고 거울 속 내 표정은 (정말 노답이다) 무표정할 때!
턱 막힌 숨을 조금이나마 열어 드릴게요. "톡!톡! 너 이 얘기 들어봤니?" SNS 속 이야기로 쉬어가요.

#이 정도는 알아야 #트렌드남녀

돌 묶어 빙판 위 강아지 방치한 견주에 누리꾼 분노

▲ 돌에 묶여 빙판 위에 방치된 강아지 (동물보호단체 '도로시지켜줄개' 인스타그램 캡처)

새해 첫날인 1월 1일 50대 A 씨가 강아지를 무거운 돌에 묶어 연결한 채 차가운 빙판 위에 방치한 사실이 알려져 누리꾼들이 분노했다. 당시 주변에 있던 한 시민이 A 씨가 강아지를 두고 자리를 떠나는 모습을 보고 강아지를 구조했으며, 이어 동물보호단체가 강아지를 구조한 시민으로부터 제보를 받은 SNS에 구조 당시 영상을 올려 SNS상에서 '돌에 묶여 빙판에 버려진 강아지'로 알려지게 됐다. 경찰은 A 씨를 동물보호법 위반 혐의로 입건해 수사했다.

@ 동물보호법 (動物保護法)
동물의 생명과 안전을 보호하여 생명존중 등 국민 정서 함양을 위해 제정한 법이다. 우리나라는 동물보호법 위반에 대한 처벌 수위가 지나치게 낮다는 지적이 꾸준히 제기되고 있다.

#다행히_강아지는_새로운_주인을_찾을_예정이라고 #좋은_주인_만나서_행복하길

SNS에 올라온 롯데리아 알바생 주방 흡연 영상에 '발칵'

유명 패스트푸드 프랜차이즈 롯데리아의 아르바이트생이 주방에서 담배를 피우는 영상을 SNS에 올려 논란을 빚었다. 문제의 7초 분량 영상에는 경북 지역 한 롯데리아 가맹점 주방의 조리 시설 옆에서 아르바이트생이 롯데리아 로고가 인쇄된 위생모를 쓴 채 담배를 피우는 모습이 담겼다. 해당 아르바이트생은 자신의 틱톡 계정에 영상을 올렸다가 논란이 되자 삭제한 것으로 알려졌다.

@ 틱톡 (TikTok)
중국의 바이트댄스사가 운영하는 SNS 앱으로, 짧은 동영상을 제작하고 사용자들과 공유하는 기능을 제공한다.

#음식_만드는_데서 #그러지_마세요...

'아기상어 유튜브' 100억 뷰 돌파

▲ 100억 뷰를 돌파한 핑크퐁의 '아기상어' 댄스 영상 (유튜브 영상 캡처)

우리나라 기업이 선보인 동요 '아기상어'의 댄스 유튜브 영상이 100억 회 이상의 조회수를 기록했다. 유튜브 영상이 100억 조회수를 달성한 것은 최초로, 현재 2위를 기록하고 있는 영상보다 약 23억 회 더 높은 수치다. 100억 뷰는 세계인이 한 번 이상씩 봤다는 의미로도 풀이된다. 한편, 해당 영상은 유아교육 콘텐츠 '핑크퐁'을 통해 내놓은 동요 '아기상어'에 맞춰 어린이들이 영어로 노래를 부르며 율동하는 모습이 담겼다.

@ 핑크퐁 (Pinkfon)
스마트스터디에서 만든 어린이용 콘텐츠 브랜드다. 스마트스터디가 제작한 애플리케이션으로 시작했으며 이후 동요, 뮤지컬, 게임, 애니메이션 등으로 활용되고 있다.

#우리나라_콘텐츠의_힘 #정말_대단해요!

제주도 '누웨마루 거리' 인증샷 명소 등극

▲ 방탄소년단 멤버 지민이 누웨마루 거리를 여행하며 찍어 올린 사진 (지민 인스타그램 캡처)

제주도 누웨마루 거리가 제주도의 새로운 관광 명소로 등극했다. SNS에는 누웨마루 거리를 찾아 인증샷을 찍어 올린 게시글이 넘쳐나고 있다. 이는 방탄소년단(BTS)의 멤버 지민 덕분이다. 지민이 휴가 기간 중 제주도 누웨마루 거리를 여행하며 올린 사진이 화제가 되면서, 지민이 방문한 관광지에 대한 관심이 폭발했기 때문이다. 누웨마루 거리에 대한 관심은 한국인을 넘어 전 세계인에게로 확산됐다.

@ 누웨마루
누웨마루는 제주특별자치도 제주시 연동에 있는 연동7길의 명예도로명이다. 본래 명칭은 바오젠거리로, '제주 속의 작은 중국'이라고도 불렸으나, 중국 관광객이 크게 줄어 해당 도로명을 유지할 필요성이 줄어, 제주도 측에서 명칭을 누웨마루로 변경했다.

#고즈넉해_보이는_것이 #저도_한번_가보고싶네요

페이스북에서 이벤트도 참여하세요.

• 페이스북
facebook.com/eduwillnet

• 에듀윌 도서몰
book.eduwill.net

• 시사상식 App
에듀윌 시사상식

구글 플레이스토어 or 애플 앱스토어에서 에듀윌 시사상식을 검색하세요.

* **Cover Story**와 분야별 **최신상식**에 나온 중요 키워드를 떠올려보세요.

01 계약의 형식에 관계없이 근로자와 유사하게 노무를 제공함에도 근로기준법 등이 적용되지 않아 업무상 재해로부터 보호할 필요가 있는 노동자는? p.9

02 신분 보장이 돼 있는 공무원의 위법행위에 대해 국가 기관의 심판으로 처벌하거나 파면하는 제도는? p.16

03 선거 투표가 가능한 법정 연령 기준은? p.30

04 금리 인상을 통한 긴축 효과가 한계에 다다랐을 때 중앙은행이 보유한 채권을 매각하고 시중 자금을 회수하는 방법 등으로 통화의 유동성을 줄이는 정책은? p.36

05 부서 간 경계를 허물고 목적에 따라 소규모 팀을 만들어 업무를 수행하는 조직은? p.47

06 다른 근로자나 시민들에게 쟁의 중임을 알리고 근로자 측에 유리한 여론을 형성하거나, 파업에 동조하도록 호소하는 행위는? p.54

07 남미에서 온건한 사회주의를 표방하는 좌파 정당이 연달아 집권하는 기조를 일컫는 말은? p.67

08 중국을 중심으로 육·해상 실크로드를 만들어 거대 경제권을 구성하겠다는 전략은? p.73

09 국가 안보·통일·외교와 관련된 정책을 수립하는 최고 의결기구는? p.78

10 제79회 골든글로브 시상식에서 한국 배우 최초로 남우조연상을 수상한 인물은? p.82

11 2021년 12월 25일에 발사한, 허블 망원경을 대체하는 차세대 우주망원경 명칭은? p.92

12 화이자가 개발한 경구용 치료 알약 명칭은? p.94

13 미국소비자기술협회가 주관해 매년 열리는 세계 최대 규모의 전자·IT 박람회는? p.96

14 기존 통신·방송사업자 이외 제3사업자들이 온라인을 통해 드라마, 영화 등 다양한 미디어 콘텐츠를 TV, PC, 스마트폰 등에 제공하는 서비스는? p.103

정답 **01** 특수형태근로종사자 **02** 탄핵 **03** 만 18세 이상 **04** 양적긴축 **05** 애자일 조직 **06** 피케팅
07 핑크타이드 **08** 일대일로 **09** NSC **10** 오영수 **11** 제임스 웹 우주망원경 **12** 팍스로비드
13 CES **14** OTT

시작하는 데 있어서
나쁜 시기란 없다.

– 프란츠 카프카(Franz Kafka)

에듀윌, 합격앱 '9급 공무원 영어 어휘 무료 문제풀이 서비스' 오픈

종합교육기업 에듀윌 (대표 이중현)이 2022년 9급 공무원 시험을 준비 중인 공시생들을 위해 '에듀윌 합격앱'에 '영어 기본서 어휘 문제풀이 서비스'를 오픈했다고 밝혔다.

에듀윌 합격앱은 문제풀이 및 강의 수강 전용 어플리케이션이다. 공무원 과정은 물론 취업, 자격증 과정까지 에듀윌이 운영하는 전 교육과정을 만나볼 수 있다. 700여 개의 무료 특강과 기출 및 모의고사 문제풀이 그리고 강의 수강까지 합격에 필요한 모든 기능을 제공한다.

에듀윌 합격앱에 새로 추가된 '영어 기본서 어휘 문제풀이 서비스'는 에듀윌 공무원 대표 영어 강사인 성정혜 교수의 '에듀윌 9급 공무원 기본서 영어 어휘편' 교재를 토대로 제작됐다. 총 4개의 파트, 62개의 영역으로 구성되어 있으며, 3000여 개가 넘는 어휘 문제를 무료로 제공한다.

수능 필수 어휘, 공시 실전 어휘, 공시 실전 숙어와 유의어 등 파트별로 활용이 가능하다. 특히, 수험생이 취약한 파트는 여러 번 풀이할 수 있으며, 오답노트 기능으로 틀린 문제는 복습이 가능하다.

이어, 공무원 영어는 꾸준한 학습이 중요한 만큼 문제에 대한 감을 잃지 않도록 앱 푸시 기능을 제공, 학습을 독려하는 학습 지원 역할을 톡톡히 해내고 있다. 해당 서비스는 '에듀윌 합격앱'에 회원가입한 모든 회원을 대상으로 무료 제공된다. 딱풀공무원 메뉴에서 누구나 문제풀이 서비스를 이용할 수 있다.

에듀윌 공무원 관계자는 "앱 다운로드만 하면 3000여 개의 어휘 문제를 누구나 무료로 풀이할 수 있다"면서, "수능 영어부터 공시 실전 영어까지 기초부터 탄탄하게 개념을 잡을 수 있을 것"이라고 설명했다.

에듀윌 합격앱은 애플 앱스토어 및 안드로이드 플레이스토어에서 '합격앱'으로 검색 후 다운로드받을 수 있다.

PART

03

취업상식
실전TEST

취업문이 열리는 실전 문제 풀이

최근 출판된 에듀윌 자격증·공무원·취업
교재에 수록된 문제를 제공합니다.

01 대통령의 권한이 아닌 것은?

① 특별사면권
② 계엄선포권
③ 국채동의권
④ 공무원 임면권

해설 국채동의권은 국가의 부담이 될 계약 체결에 대한 동의권이다. 국채는 국가가 세입 부족을 충족하기 위해 부담하는 재정적 의무로서 국회의 의결을 거쳐 모집할 수 있다.

📁 **박근혜 특별사면 석방...이명박은 해당 없어**

국정농단 사건 등으로 유죄 확정을 받아 수감 중인 박근혜 전 대통령이 특별 사면·복권 됐다. 2017년 3월 31일 구속된 이후 4년 9개월 만이다. 박 전 대통령은 국정농단과 국가정보원 특수활동비 상납 사건으로 그해 1월 대법원에서 징역 20년을 확정받아 서울구치소에서 수감 생활을 해 왔다. 정부는 2022년 신년을 맞아 이들을 비롯한 일반 형사범 등 3094명을 12월 31일자로 특별사면·감형·복권 조치했다고 밝혔다.

이명박 전 대통령은 사면 대상에서 제외됐다. 그는 삼성 등에서 거액의 뇌물을 받고 회사 자금을 횡령한 혐의 등으로 2020년 10월 대법원에서 징역 17년과 벌금 130억원을 확정받아 안양교도소에 수감 중이다. 박범계 법무부 장관은 "이 전 대통령과 박 전 대통령 사항은 그 내용이 다르고, 국민적 정서도 고려하지 않을 수 없었다"며 "구체적인 경위는 소상히 말씀드리지 못한다"고 말했다.

정답 ③

02 헌정 사상 최초의 30대 교섭단체의 장이자 2022년 1월 기준 국민의힘 당 대표인 인물은?

① 이준석
② 김종인
③ 주호영
④ 서범수

해설 이준석은 국민의힘 당 대표로, 헌정 사상 최초의 30대 교섭단체 장이다. 2021년 6월 21일 당 대표 선거 본경선에서 44%를 득표하며 당 대표 자리에 올랐다.

📁 **이준석, 선대위직 사퇴**

▲ 이준석 국민의힘 당 대표 (오른쪽·자료: 국민의힘)

국민의힘 선거대책위원회 공동상임선대위원장인 이준석 대표가 12월 21일 상임선대위원장직 사퇴를 선언했다. 이 대표는 자신과 갈등을 빚은 선대위 공보단장인 조수진 의원을 겨냥, "선대위 구성원이 상임선대위원장의 지시를 따를 필요가 없다고 한다면 선대위 존재의 필요성을 부정하는 것"이라고 말했다.

윤석열 대선 후보는 당력을 총동원해야 할 시점에서 극한 충돌이 계속 이어지자, 김종인 총괄선대위원장과의 공식 결별을 선언하고 선대위를 해체했다. 한편, 이 대표는 1월 6일 의원총회에서 윤석열 대선 후보와 화해하며 그간의 갈등 관계를 일시에 전격 봉합하고 '원팀'으로 급선회했다.

정답 ①

03 고위공직자범죄수사처(공수처)에 대한 설명으로 옳지 않은 것은?

① 대통령도 수사 대상에 포함된다.
② 국회의원도 기소 대상에 포함된다.
③ 초대 공수처장의 이름은 김진욱이다.
④ 고위공직자 가족의 비리도 수사할 수 있다.

해설 고위공직자범죄수사처(공수처) 수사 대상은 대통령·국회의장·국회의원·대법원장과 대법관·헌법재판소장·헌법재판관·국무총리·국무총리 비서실 정무직공무원·중앙선거관리위원회 정무직공무원·판검사·경무관 이상 경찰 공무원 등 고위공직자다. 공수처는 이 가운데 대법원장 및 대법관, 검찰총장, 판검사, 경무관 이상 경찰 공무원과 가족의 범죄에 대해서만 기소권을 갖는다.

📁 **공수처, 무더기 통신자료 조회 논란**

고위공직자범죄수사처(공수처)가 윤석열 국민의힘 대선 후보, 야당 국회의원, 취재기자 등의 통신자료를 무더기 조회해 논란을 빚었다. 공수처는 최근 고발 사주 의혹 등을 수사하면서 기자 100여 명과 80명이 넘는 야당 의원에 대해 통신자료를 조회했다. 수사 건수에 비해 많은 사람을 대상으로 했고, 특정인을 반복적으로 조회했다는 점이 드러나면서 논란이 됐다.

▲ 김진욱 고위공직자범죄수사처장 (자료 : 고위공직자범죄수사처)

김진욱 공수처장은 지난 12월 30일 열린 국회 법제사법위원회 현안질의에 출석해 최근 불거진 공수처의 통신자료 조회 논란을 해명했다. 이날 김 처장은 검찰과 경찰처럼 적법한 절차에 따라 통신자료를 조회했다는 점을 재차 강조했다. 한편, 이번 일을 계기로 아예 법을 바꿔야 한다는 의견도 나온다. 수사 기관이 통신자료를 조회해도 당사자에게 알려줄 의무가 없어 인권이 침해될 수 있기 때문이다.

정답 ②

04 다가오는 제22대 국회의원 선거와 제8회 지방선거는 각각 몇 연도에 실시되는가?

① 2022년·2022년
② 2022년·2024년
③ 2024년·2022년
④ 2024년·2024년

해설 제22대 국회의원 선거는 2024년 4월 10일에, 제8회 지방선거는 2022년 6월 1일에 각각 실시될 예정이다.

📁 **총선·지방선거 출마연령 만 25→18세...고3도 출마 가능**

지난 12월 31일 국회는 본회의를 열어 총선·지방선거 피선거권 연령 기준을 만 25세에서 만 18세로 낮추는 내용의 공직선거법 개정안을 의결했다. 이에 따라 만 19세 이상이면 누구나 국회의원 선거와 지방선거에 출마할 수 있게 됐다. 고3도 선거일 기준 생일이 지났을 경우 총선과 지방선거 출마가 가능하다.

이날 본회의에서 해당 개정안은 총투표수 226표 중 찬성 204표, 반대 12표, 기권 10표로, 압도적 찬성으로 통과됐다. 이는 2022년 3월 치러질 예정인 대선을 앞두고 청년층 표심을 의식한 여야가 의기투합해 속전속결 처리에 나선 것으로 해석된다. 여야가 비례대표 공천이나 전략 공천 등 다양한 방식으로 '젊은 피' 수혈에 나설 것이란 전망이 나온다.

정답 ③

05 다음 중 5부 요인에 포함되는 사람이 아닌 것은?

① 대통령
② 국회의장
③ 대법원장
④ 헌법재판소장

해설 5부 요인은 ▲국회의장 ▲대법원장 ▲헌법재판소장 ▲국무총리 ▲중앙선거관리위원회 위원장 등 5개 헌법기관 장을 일컫는 말이다. 국가 의전 서열 1위인 대통령은 헌법상 행정부 수반이자 국가원수로서 항상 국가를 대표하므로 5부 요인에 포함시키지 않는다.

🗁 문 대통령 임기 마지막 신년사…"통합의 선거 되길"

▲ 문재인 대통령이 신년사를 발표하고 있다. (자료 : 청와대)

문재인 대통령이 지난 1월 3일 오전 10시 청와대에서 임기 내 마지막 신년사를 발표했다. 문 대통령은 이날 발표한 신년사를 통해 "2022년 새해, 위기를 완전히 극복해 정상화하는 원년으로 만들겠다"며 "세계에서 앞서가는 선도국가 시대를 힘차게 열어나가겠다"고 말했다. 올해 3월 치를 차기 대통령 선거와 관련해서는 "국민의 희망을 담는 통합의 선거가 되었으면 한다"고 밝혔다.

문 대통령은 이날 신년사를 발표한 뒤 정·재계 인사와 화상으로 신년인사회를 하며 덕담을 주고받았다. 신년인사회에는 박병석 국회의장, 김명수 대법원장, 유남석 헌법재판소장, 김부겸 국무총리, 노정희 중앙선거관리위원장 등 5부 요인과 더불어민주당 송영길 대표, 국민의힘 이준석 대표 등 여야 대표가 참석했다.

정답 ①

06 방역패스 유효기간은 몇 개월인가?

① 3개월
② 4개월
③ 5개월
④ 6개월

해설 정부는 지난 2021년 11월 29일 코로나19 백신 기본 접종 완료자도 백신을 맞은 지 6개월이 지나면 방역패스 유효기간을 도입한다고 밝혔다. 이는 시간이 지남에 따라 백신의 효과가 떨어지는 것을 고려한 것이다. 한편, 방역패스 6개월 유효기간은 2022년 1월 3일부터 전격 도입됐다.

🗁 1월 3일부터 방역패스 유효기간 적용

1월 3일부터 방역패스(접종증명·음성확인제)에 6개월 유효기간이 적용된다. 방역 당국에 따르면 이날부터 방역패스에 유효기간이 적용됨에 따라 코로나19 백신 2차 접종(얀센 접종자는 1차 접종) 후 14일이 지난 날부터 6개월(180일)이 지났다면 방역패스 효력이 만료된다.

유효기간이 임박한 사람은 부스터샷(3차 접종)을 맞아야 방역패스 효력을 유지할 수 있으며, 3차 접종은 접종 당일부터 바로 백신패스 효력이 인정된다. 한편, 유효기간이 지난 접종자들은 방역패스 적용 시설에 입장할 수 없다. 방역패스가 적용되는 다중이용시설은 대규모 점포, 영화관, PC방 등 총 17종이다. 반면, 학원, 전국대형마트·백화점, 독서실·스터디카페, 도사관, 박물관·미술관·과학관, 영화관·공연장은 방역패스를 적용하지 않는다.

정답 ④

07 연료비연동제에 대한 설명으로 옳지 않은 것은?

① 2021년부터 시행됐다.

② 매 분기 연료비 변동분을 3개월마다 전기 요금에 반영한다.

③ 기후환경 비용이 전기요금 고지서에서 별도 항목으로 분리 고지된다.

④ 2022년부터 200kWh 이하 사용 가구에는 주택용 필수사용공제 할인제도가 적용된다.

해설 주택용 필수사용공제 할인제도는 200kWh 이하 사용 가구에 일정액을 할인해 주는 제도로, 2022년 7월 완전히 폐지된다.

🗁 2022년 전기료·가스요금 동시 인상

2022년 봄부터 전기요금과 가스요금이 동시에 오른다. 정부가 물가 상승을 우려해 전기요금을 비롯한 공공요금을 2022년 1분기까지는 동결한다는 방침을 세웠으나 원료비 급등으로 원가를 산정하는 기준 자체가 상향 조정됨에 따라 대선이 끝나는 2022년 4월과 5월에는 전기요금과 가스요금이 각각 오르게 됐다.

연료비연동제에 따라 조정단가가 1분기에 동결됐지만 이번에 기준연료비가 오르게 되면서 2분기부터는 전기요금이 오르게 되는 것이다. 2020년 12월부터 2021년 11월까지 국제유가와 유연탄, 천연가스 가격은 모두 두 자릿수의 증가율을 기록해 기준연료비 인상 요인이 발생했다는 것이 한전의 설명이다. 다만, 국민 부담이 급격히 증가하는 점을 고려해 시차를 두고 단계적으로 인상된다.

정답 ④

08 다음 중 공소시효가 배제되는 범죄가 아닌 것은?

① 무기형에 해당하는 범죄

② 살인죄로 사형에 해당하는 범죄

③ 내란죄로 사형에 해당하는 범죄

④ 13세 미만 아동 대상 성폭력 범죄

해설 무기형에 해당하는 범죄의 공소시효는 15년이다. 내란죄·외환죄·집단살해죄·살인죄로 사형에 해당하는 범죄, 13세 미만 아동 및 장애인 대상 성폭력 범죄는 공소시효가 배제된다.

🗁 70cm 막대기로 엽기 살인...경찰 대응 도마에

▲ 서울 서대문 경찰서

서울 서대문구의 한 스포츠센터 대표가 직원을 엽기적 방법으로 폭행해 숨지게 한 사건을 두고 경찰의 초동 대응이 도마에 올랐다. 40대 피의자 A 씨는 자신이 운영하는 스포츠센터에서 직원 20대 B 씨의 항문에 길이 70cm가량의 플라스틱 막대를 찔러 넣어 장기가 파열돼 숨지게 한 혐의(살인)로 1월 2일 구속됐다.

술에 취한 채 피해자를 폭행한 A 씨는 허위로 신고를 했지만 현장에 출동한 경찰은 하의가 모두 벗겨진 채 누워 있는 피해자 B 씨를 보고도 별다른 확인 절차 없이 철수했다. B 씨는 폭행 피해로 엉덩이 부위에 집중적으로 멍이 들었지만 경찰은 "B 씨가 술 취해 자고 있다"는 A 씨의 말만 믿고 B 씨의 엉덩이만 패딩으로 덮어두고 떠났다. 몇 시간 뒤 A 씨는 B 씨가 숨을 거뒀다고 신고했고 재차 출동한 경찰은 A 씨를 체포했다.

정답 ①

09 2022년 3월 취임 예정인 칠레 최연소 대통령은?

① 미첼 바첼레트

② 가브리엘 보리치

③ 세바스티안 피녜라

④ 호세 안토니오 카스트

해설 칠레에서 MZ세대 대통령이 탄생했다. 1986년생으로 세계 최연소 대통령이 된 가브리엘 보리치는 2022년 3월 취임 후 4년간 칠레를 이끈다.

📁 **칠레에서 35세 'MZ세대' 대통령 탄생**

▲ 가브리엘 보리치(앞쪽) 칠레 대통령 당선자

MZ세대 정치인 가브리엘 보리치 의원이 신흥 경제 강국 칠레의 대통령에 당선됐다. AP통신 등 외신에 따르면 12월 19일(현지시간) 칠레 대선 결선투표에서 보리치 좌파연합 후보가 득표율 56%로, 극우 성향 칠레공화당의 호세 안토니오 카스트 후보를 누르고 승리를 차지했다. 투표율은 2012년 이후 최고치인 약 56%를 기록했다.

2022년 3월, 26세의 나이에 세계 최연소 대통령으로 취임하는 그는 당선 소감에서 사회적 권리 확장을 약속하며 "모두를 위한 더 정의로운 사회를 만들겠다"면서도 재정적 책임을 강조했다. 한편, 좌파인 보리치 의원이 당선되면서, 지난 30년간 이어진 칠레 중도 정치의 종말이란 분석이 나오고 있다.

정답 ②

10 다음 중 흑인인권 운동을 직접 주도한 인물이 아닌 사람은?

① 넬슨 만델라

② 데스몬드 투투

③ 조지 플로이드

④ 마틴 루터 킹

해설 조지 플로이드는 2020년 5월 25일 미국 미네소타 미니애폴리스에서 백인 경찰 데릭 쇼빈의 과잉진압으로 사망한 인물이다. 조지 플로이드 사건으로 미니애폴리스는 물론 미국 전역에서 플로이드의 죽음과 인종차별에 항의하는 시위가 확산됐다.

📁 **남아공 투투 대주교 선종**

▲ 고(故) 데스몬드 투투 명예 대주교

남아프리카공화국의 아파르트헤이트(흑백 차별정책)에 맞선 투쟁의 상징 인물인 데스몬드 투투 명예 대주교가 12월 26일(현지시간) 세상을 떠났다. 향년 90세. 투투 대주교는 만델라 전 대통령과 함께 남아공 민주화와 흑인 자유 투쟁의 양대 지도자로 여겨진다. 아파르트헤이트 정권이 무너지고 넬슨 만델라가 최초 흑인 대통령이 됐을 때 그는 남아공에 '무지개 국가'라는 별칭을 붙인 주인공이기도 하다.

자국의 인종차별 철폐 뿐 아니라 전 세계 인권 신장을 위해 목소리를 냈던 투투 대주교의 별세에 전 세계 인사들이 애도를 표했다. 시릴 라마포사 남아공 대통령은 "남아공 출신 노벨평화상 수상자인 투투 대주교는 교계는 물론, 비종교적 분야까지 포괄하는 보편적인 인권 옹호자였다"고 애도했다. 조 바이든 미국 대통령은 "신과 인민의 진정한 봉사자였던 그의 유산은 국경을 초월하고 시대를 초월해 울려 퍼질 것"이라고 추모했다.

정답 ③

11 유럽연합(EU)이 2020년 6월 처음 발표한 것으로, 환경적으로 지속가능한 경제 활동의 범위를 정한 것은?

① RE100
② 폭소노미
③ K-택소노미
④ 그린 택소노미

해설 그린 택소노미(green taxonomy)에 대한 설명이다. 발표 당시 원자력 발전과 천연가스가 포함되지 않은 것을 두고 논쟁이 계속됐다. 그린 택소노미에 속하지 않으면 투자 기회를 잡기 어려워지므로 해당 산업계에서는 이 기준에 포함되는 것이 유리하지만, EU 일부 국가와 환경단체 등에서는 원자력이나 가스를 그린 택소노미로 포괄하는 데 반대하는 등 이해관계가 엇갈렸다.

📁 EU, 천연가스·원자력 발전 투자 '녹색' 분류

유럽연합(EU)이 천연가스와 원자력 발전에 대한 투자를 환경·기후 친화적인 '녹색'으로 분류하기로 결정했다. 지난 1월 1일(현지시간) 독일 쥐트도이체차이퉁과 로이터 통신 등 외신은 EU 집행위원회가 회원국에 이 같은 내용을 담은 초안을 보냈다고 보도했다. 이는 원전과 천연가스를 EU의 녹색분류체계인 그린 택소노미에 포함하는 방향이 구체화되고 있음을 보여준다.

지난 1년간 EU 회원국들은 원전과 천연가스를 녹색분류체계에 포함할지를 두고 견해차를 보여왔다. EU 회원국 중 전력 생산의 70%를 원자력 발전에 의존하는 프랑스 등은 녹색분류체계에 원자력을 넣자는 입장이고, 탈원전을 지향하는 독일 등은 반대하고 있다. 한편, 한국의 녹색분류체계인 K-택소노미에는 원자력 발전이 제외돼 있다.

정답 ④

12 화이자에서 개발한 코로나19 경구용 치료 알약은?

① 팍스로비드
② 코미나티주
③ 몰누피라비르
④ 백스제브리아

해설 팍스로비드(PAXLOVID)에 대한 설명이다.
② 코미나티주 : 화이자에서 개발한 코로나19 백신
③ 몰누피라비르 : 머크사에서 개발한 코로나19 알약 치료제
④ 백스제브리아 : 아스트라제네카에서 개발한 코로나19 백신

📁 미국, 가정용 '먹는 코로나 치료 알약' 첫 사용 승인

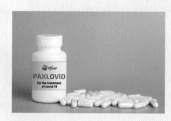

미국 식품의약국(FDA)은 12월 22일(현지시간) 제약사 화이자가 개발한 코로나19 경구용 치료 알약 '팍스로비드'를 미국의 각 가정에서 사용하는 것을 최초로 승인했다. 화이자의 임상시험 데이터에 따르면 '팍스로비드'는 중증 질환 위험이 큰 코로나 환자의 입원과 사망을 예방하는데 90% 효과를 발휘했고, 오미크론에 대해서 효능을 유지하는 것으로 나타났다.

FDA에 따르면 병원 밖에서도 화이자의 '팍스로비드' 알약을 복용할 수 있는 사람은 코로나 감염 시 입원 가능성이 큰, 고위험군에 속하는 성인과 12세 이상 소아 환자다. FDA는 "코로나 새 변이(오미크론)가 출현한 중대한 시기에 이번 허가는 코로나에 맞서 싸울 새로운 도구를 제공한다"며 "심각한 질환으로 진행될 수 있는 고위험군 환자들이 더 쉽게 항바이러스 치료에 접근할 수 있을 것"이라고 밝혔다.

정답 ①

13 2021년 12월에 발사에 성공한, 우주에서 적외선 영역을 관측하는 우주망원경 명칭은?

① 케플러 우주망원경
② 가이아 우주망원경
③ 허블 우주망원경
④ 제임스 웹 우주망원경

해설 제임스 웹 우주망원경은 허블 우주망원경을 대체할 차세대 우주망원경으로 2021년 12월 25일 발사·성공했다. 웹 망원경은 10년간 작동하도록 설계됐으며, 역대 가장 큰 차광막과 주경을 갖추고 있어 은하의 신비를 파악할 수 있을 것이라 예상되고 있다.

📁 **차세대 허블, '제임스 웹 우주망원경' 마침내 발사**

▲ 제임스 웹 우주망원경 (자료 : NASA)

허블 우주망원경을 대체할 '제임스 웹 우주망원경(JWST)'이 발사됐다. 웹 망원경은 12월 25일 밤 9시 20분께 프랑스령 기아나 쿠루 인근 유럽우주국(ESA) 발사장인 기아나 우주 센터에서 아리안5호 로켓에 실려 우주로 향했다. 이번 프로젝트를 추진한 미국 항공우주국(NASA)은 이날 발사에 대해 '향후 10년의 우주과학 관측이 개봉됐다'고 표현했다.

웹 망원경은 고도의 성능으로 인류의 천문학 수준을 크게 높일 것이라는 기대가 나온다. 웹 망원경은 외계 행성의 대기에 대한 정보를 읽을 수 있으며 관측 능력이 매우 뛰어나다. 이를 통해 모든 단계의 은하를 관측하고 비교함으로써 은하의 형성과 진화를 이해하고 은하의 분포를 파악해 암흑물질과 암흑에너지의 실체에도 한 걸음 더 다가설 수 있을 것으로 기대를 모은다.

정답 ④

14 미국 라스베이거스에서 매년 1월 열리는 세계 최대 가전·정보기술(IT) 전시회는?

① CEU
② CES
③ IFA
④ GSMA

해설 ▲국제전자제품박람회(CES, Consumer Electronics Show)에 대한 설명이다. 이른바 세계 3대 가전·IT 기기 전시회로 CES와 함께 스페인 바르셀로나의 ▲모바일 월드 콩그레스(MWC, Mobile World Congress), 독일 베를린에서 열리는 ▲베를린 국제가전박람회(IFA, Internationale Funkausstellung)가 꼽힌다.

📁 **삼성·LG, 혁신 기술·제품 대거 공개**

2년 만에 오프라인으로 열리는 국제전자제품박람회(CES)에서 국내 글로벌 기업이 새로운 기술과 제품을 대거 선보였다. 1월 5일(이하 현지시간)부터 1월 8일까지 미국 라스베이거스에서 열린 CES에서 삼성전자는 갤럭시S21FE를 첫 공개하고 비스포크, 모니터, TV 등을 대거 전시했다. 사내 벤처 프로그램으로 육성한 스타트업의 혁신 기술도 선보였다.

LG전자는 차세대 인공지능 세탁기·건조기·워시타워·신개념 공기청정팬 '퓨리케어 에어로타워' 등 혁신적인 생활가전을 전시했다. 미니 LED와 독자 개발한 고색재현 기술 '퀀텀닷 나노셀 컬러 테크놀로지'를 적용한 LG QNED 미니LED, LG 나노셀 TV 등 2022년형 프리미엄 LCD TV 라인업도 선보였다.

정답 ②

15 청와대 국민청원에서 관계자의 답변을 받을 수 있는 기준은?

① 30일 이내 10만 명 이상 동의
② 30일 이내 20만 명 이상 동의
③ 60일 이내 10만 명 이상 동의
④ 60일 이내 20만 명 이상 동의

해설 청와대 국민청원에서 청와대 관계자의 답변을 얻으려면 청원 글이 공개된 시점으로부터 30일 이내 20만 명 이상의 동의를 얻어야 한다.

📂 '설강화' 방영 중지 청원 24만 명 돌파...광고·협찬사도 손절

▲ 드라마 '설강화' 포스터 (자료 : JTBC)

JTBC 주말 드라마 '설강화'가 역사 왜곡 논란의 중심에 섰다. 첫 회 방송 직후 국가안전기획부(현 국가정보원) 미화, 민주화운동을 폄훼하는 내용 등이 담겼다는 이유로 방송 중단을 요청하는 청와대 국민청원이 올라와 20만 명이 넘는 동의를 얻었다. 청원인은 "이 드라마는 OTT 서비스를 통해 세계 각국에서 시청할 수 있다. 다수 외국인에게 민주화 운동에 대한 잘못된 역사관을 심어줄 수 있기에 더욱 방영을 강행해서는 안 된다"고 했다.

여론의 우려하는 목소리가 커지자 광고주들도 줄줄이 고개를 돌렸다. 이미 흥일가구는 방송 전인 지난 3월 민주화운동 폄훼 논란이 일자 협찬을 취소했다. 불매 확산 조짐이 일자 기업들은 잇따라 광고 협찬 중단을 선언했다. '설강화' 제작진은 3화 연속 편성으로 간첩을 운동권으로 오해했다는 부분 말고는 제기된 의혹과 거리를 두는 전개를 보여줬지만, 3% 미만의 시청률로 흥행이 저조했다.

정답 ②

16 2021년 지상파 3사 연기대상·연예대상 대상 수상자를 잘못 연결한 것은?

① MBC 연기대상–남궁민
② SBS 연기대상–김소연
③ MBC 연예대상–유재석
④ SBS 연예대상–지석진

해설 2021년 SBS 연예대상 대상은 예능 프로그램 '미운 우리 새끼' 팀에 돌아갔다. 애초 '런닝맨'에서 꾸준히 활약한 지석진이 유력한 대상 후보로 예상됐으나, 지석진은 명예사원상을 수상하는 데 그쳤다.

📂 연말 지상파 3사 연기대상·연예대상 결과

2021년 12월 연말 있었던 방송 3사 연기대상에서 최고 영예인 대상은 남궁민(MBC·'검은태양')·김소연(SBS·'펜트하우스')·지현우(KBS·'신사와 아가씨')에게 돌아갔다. 남궁민은 특히 지난 2021년에 '스토브리그'로 SBS에서 연기대상을 거머쥐었던 것에 이어 2년 연속 지상파 방송사 대상을 수상하는 진기록을 세웠다.

연예대상은 유재석(MBC·'놀면 뭐하니?')·'미운 우리 새끼' 팀(SBS)·문세윤(KBS·'1박 2일 시즌4')이 대상을 수상했다. 이로써 유재석은 MBC에서 2년 연속 대상을 받은 데 이어, 통산 16번째 지상파 연예대상 대상 수상이라는 대기록을 세웠다. 유재석은 MBC에서 2006년을 시작으로 2020년과 2021년까지 8번의 대상을 받았으며, KBS에서는 2005년과 2014년 2번, SBS에서는 2008~2009년과 2019년 등 6번 대상을 차지했다.

정답 ④

01 국회에서 5분의 3 이상 동의로 이뤄지는 것은?

① 법률안 재의결
② 일반 탄핵소추 의결
③ 신속처리 안건 지정
④ 국회회의 비공개 여부 결정
⑤ 국무총리, 국무위원의 해임건의

해설 국회에서 특정 안건을 신속 처리 안건(패스트트랙)으로 지정하기 위해서는 전체 재적 의원 또는 상임위원회 재적 위원 5분의 3 이상이 찬성해야 한다.
①법률안 재의결은 재적 과반수와 출석 3분의 2이상, ②일반 탄핵소추 의결은 재적 과반수 이상, ④국회회의 비공개 여부 결정은 출석 과반수, ⑤국무총리, 국무위원의 해임건의는 재적 과반수 이상이 동의해야 한다.

정답 ③

02 한일 지소미아가 체결된 연도는?

① 2010년
② 2012년
③ 2014년
④ 2016년
⑤ 2018년

해설 한일 지소미아(GSOMIA, General Security Of Military Information Agreement : 군사정보보호협정)는 박근혜 정부 당시 2016년 11월 체결됐다. 문재인 정부는 2019년 11월 일본 수출규제 해제를 전제로 한일 지소미아를 조건부 연장했다.

정답 ④

03 헌법상 국회의원의 수는 몇 명 이상인가?

① 199명
② 200명
③ 250명
④ 295명
⑤ 300명

해설 국회의원의 수는 법률로 정하되, 200인 이상으로 한다(헌법 제41조 2항). 공직선거법에서는 국회의원 정수를 300명으로 정하고 있으며 이에 따라 20대 국회 국회의원 정수는 300명(지역구 253명, 비례대표 47명)이다.

정답 ②

04 **국회에서 패스트트랙으로 지정되어 통과된 법안이 아닌 것은?**

① 선거법
② 민식이법
③ 공수처법
④ 유치원 3법
⑤ 검경 수사권 조정법

해설 민식이법은 어린이보호구역(스쿨존) 내 어린이 교통안전을 강화하는 내용을 담은 민생 법안으로, 2019년 9월 법안이 발의돼 약 2개월 만에 국회를 통과했다. 나머지 ①선거법 개정안 ③고위공직자범죄수사처(공수처)법 ④유치원 3법(▲유아교육법 ▲사립학교법 ▲학교급식법 개정안) ⑤검찰·경찰 수사권 조정법안은 모두 국회에서 신속처리 안건(패스트트랙)으로 지정된 뒤 통과됐다.

정답 ②

05 **2019년 7월 일본이 대(對)한국 수출을 규제한 반도체 핵심 소재 3개는?**

① 희토류, 실리콘 웨이퍼, 불화수소
② 플루오린 폴리이미드, 희토류, 불화수소
③ 플루오린 폴리이미드, 포토레지스트, 불화수소
④ 플루오린 폴리이미드, 희토류, 실리콘 웨이퍼
⑤ 플루오린 폴리이미드, 포토레지스트, 실리콘 웨이퍼

해설 일본 정부는 2019년 7월 플루오린 폴리이미드, 포토레지스트, 고순도 불화수소(에칭가스) 등 반도체 핵심 소재 3개 품목을 자국에서 한국으로 수출할 때 그 절차를 까다롭게 하는 규제를 개시했다.

정답 ③

06 **미국의 시리아 철군으로 터키의 공격을 받은 민족은?**

① 로힝야족
② 야지디족
③ 다야크족
④ 바스크족
⑤ 쿠르드족

해설 쿠르드족(Kurds)은 터키와 이란, 이라크, 시리아 일대에 흩어져 살고 있는 세계 최대 유랑 민족이다. 쿠르드족은 시리아 내전과 이슬람국가(IS) 격퇴 전에서 미국에 협력했지만 트럼프 전 대통령이 국익에 도움이 되지 않는다며 시리아에서 미군을 철수시키자 방패막이를 잃고 터키의 공격을 받았다.

정답 ⑤

07 성관계 도중 합의 없이 몰래 피임기구를 제거하는 행위는?

① 불링
② 치팅
③ 피싱
④ 스미싱
⑤ 스텔싱

해설 몇몇 나라에서는 스텔싱(stealthing)을 심각한 범죄행위로 보고 처벌 규정을 마련했으나 한국에서는 이를 처벌할 방법이 없는 실정이다.

정답 ⑤

08 일반적인 검색엔진으로 찾을 수 없어 주로 불법적인 정보가 거래되는 웹은?

① 토렌트
② P2P
③ 블루웹
④ 블랙웹
⑤ 다크웹

해설 다크웹(dark web)에 대한 설명이다. 다크웹은 딥웹(deep web), 섀도웹(shadow web)이라고도 한다.

정답 ⑤

09 영구 정지된 원전으로 묶인 것은?

① 월성 1호기, 고리 1호기
② 월성 1호기, 한빛 1호기
③ 고리 1호기, 한빛 1호기
④ 고리 1호기, 한울 1호기
⑤ 고리 3호기, 한울 1호기

해설 2017년 6월 고리 1호기에 이어서 2019년 12월 월성 1호기의 영구정지가 확정됐다.

정답 ①

10 다음 중 용어 설명이 옳지 않은 것은?

① 워크아웃 : 기업의 재무구조 개선 작업
② 모라토리엄 : 실질적인 국가 부도 상황
③ 블록딜 : 매도자와 매수자 간 대량 주식 거래를 체결시켜주는 제도
④ 모멘텀 : 주가의 오름세나 내림세에 얼마나 가속이 붙을 것인지를 측정하는 지표
⑤ 세컨더리 보이콧 : 제재를 받는 국가는 물론 그 국가와 거래하는 제3국 정부와 기업까지 포괄하는 금융제재

해설 모라토리엄(moratorium)은 국가나 기업이 일시적으로 부채 상환을 연기하는 것이다. 상환 의사가 있다는 점에서 실질적인 국가 부도 상황을 뜻하는 디폴트(default)와 차이가 있다.
정답 ②

11 산업자본의 인터넷전문은행 지분 보유 가능 한도는?

① 4%
② 10%
③ 26%
④ 34%
⑤ 100%

해설 인터넷전문은행 특례법이 2019년 초 통과됨에 따라 산업자본(비금융주력자)이 인터넷전문은행 지분을 34%까지 늘릴 수 있게 됐다. 그전까지는 산업자본이 은행을 소유할 수 없도록 한 은산분리 원칙에 따라 지분 보유 한도가 4%로 제한됐다.
정답 ④

12 배우와 관객이 적극적으로 소통하는 공연은?

① 미장센 공연
② 게릴라 공연
③ 플래시몹 공연
④ 인터미션 공연
⑤ 이머시브 공연

해설 관객이 무대 위 배우를 수동적으로 감상하기만 하는 것이 아니라 적극적으로 작품에 참여하는 공연이나 연극을 이머시브(immersive : 몰입) 공연이라고 한다.
정답 ⑤

광명도시공사 2021년 12월 11일

01 어떤 사실 또는 현상에 대한 설명 가운데 논리적으로 가장 단순한 것이 진실일 가능성이 크다는 논리학의 방법론은?

① 지식의 저주
② 조하리의 창
③ 오컴의 면도날
④ 롱기누스의 창

해설 오컴의 면도날(Occam's razor)은 건전한 추론을 위한 방법론으로서, '단순성의 원칙' 또는 '논리 절약의 원칙'으로도 지칭된다. 이는 중세 영국 프란체스코회 수사이자 철학자였던 영국 출신 오컴 윌리엄(William of Occam, 1285~1349)의 신학 논리 전개방식에서 유래했으며 영국 경험철학에 영향을 미쳤다.

02 민츠버그가 분류한 조직 유형 가운데 임시적으로 형성되며 전문가 중심이 되는 조직은?

① 애드호크라시
② 사업부 조직
③ 전문관료제 조직
④ 기계관료제 조직

해설 애드호크라시(adhocracy)는 임시적으로 형성되며 전문가가 중심이 되는 조직 유형으로서 전통적인 관료제 구조와 달리 융통성이 있고 적응력이 있는 특별임시조직을 의미한다.

❖ **민츠버그의 5가지 조직 유형 분류**

조직 유형	특징
단순 조직	중간 계층이 적고 의사 결정이 빠름
기계관료제 조직	중간 계층이 비대하고 작업 과정이 표준화 됨
전문관료제 조직	개인 전문성에 의존하며 직무 기술이 표준화 됨
사업부 조직	대형 조직 내 기계관료제 조직이 독립 구성된 형태
애드호크라시	임시적으로 형성되며 전문가가 중심이 됨

03 쇼팽 국제 피아노 콩쿠르에서 한국인 최초로 우승한 피아니스트는?

① 손열음
② 임동혁
③ 백건우
④ 조성진

해설 조성진은 2015년 제17회 쇼팽 국제 피아노 콩쿠르에서 한국인 최초로 우승했다. 폴란드에서 열리는 쇼팽 국제 피아노 콩쿠르는 러시아 차이콥스키 국제 콩쿠르, 벨기에 퀸 엘리자베스 콩쿠르와 더불어 세계에서 가장 권위 있는 콩쿠르로 꼽힌다.

04 협력해야 가장 이익이 되는 상황에서 개인적인 욕심으로 서로 불리한 상황을 선택하는 상황을 일컫는 말은?

① 치킨게임
② 제로섬게임
③ 죄수의 딜레마
④ 공유지의 비극

해설 죄수의 딜레마(prisoner's dilemma)는 경쟁 상대의 반응을 고려해 자신의 최적화된 의사결정 행태를 연구하는 수학 이론인 게임 이론의 유명한 사례이다.

구분	죄수 B의 침묵	죄수 B의 자백
죄수 A의 침묵	죄수 A, B 각자 6개월 징역	죄수 A 10년 징역, 죄수 B 석방
죄수 A의 자백	죄수 A 석방, 죄수 B 10년 징역	죄수 A, B 각자 5년 징역

죄수 A는 죄수 B가 침묵할 것으로 생각되는 경우 자백을 하는 것이 유리하다. B가 자백할 것으로 되는 경우도 A는 자백이 유리하다. 따라서 A는 B가 어떤 선택을 하든지 자백을 선택한다. B의 선택도 A와 동일한 상황이다.

이러한 죄수의 딜레마는 자신의 이익만을 고려한 합리적 선택이 결국에는 자신뿐만 아니라 상대방에게도 불리한 결과를 유발하는 상황을 예시하며 사회행동 전략의 진화를 설명하는 데 유용하게 활용되고 있다.

05 임대차 3법에 해당하지 않는 법안은?

① 전월세신고제
② 전월세상한제
③ 전세권설정제
④ 계약갱신청구권제

해설 임대차 3법은 ▲전월세신고제 ▲전월세상한제 ▲계약갱신청구권제로 이뤄져 있다.

06 하나의 문제를 해결하면 그 대신에 다른 곳에서 문제가 새로 생겨나는 현상은?

① 나비효과
② 풍선효과
③ 기저효과
④ 분수효과

해설 풍선효과(balloon effect)는 풍선의 한 부분을 누르면 쑥 들어가는 만큼 다른 부분이 튀어나온다는 데서 유래한 말이다. 부동산 시장에서 특정 지역의 집값을 잡기 위해 규제를 강화하면 수요가 다른 지역으로 몰려 새로운 지역의 집값이 오르는 현상이 대표적인 풍선효과의 사례다.

07 경제 불황기에 저렴한 사치품이 잘 판매되는 현상은?

① 디드로 효과
② 립스틱 효과
③ 카페라테 효과
④ 파노플리 효과

해설 립스틱 효과(lipstick effect)는 불경기에 립스틱 같은 저가 미용품·사치품 매출이 오히려 증가하는 현상이다. 경제적으로 어려운 시기에 사람들은 돈을 아끼는 방법으로 품위를 유지하려 하기 때문에 이 같은 현상이 나타난다.

08 〈보기〉의 빈칸에 들어갈 말은?

> ── 보기 ──
> 요소수는 암모니아(NH_4)에 일산화탄소(CO)를 반응시켜 합하는 수용액으로서 디젤 내연기관의 배기가스 후처리 장치인 (   ) 저감장치 작동에 필수적인 물질이다.

① 질소산화물
② 탄화수소
③ 황산화물
④ 휘발성유기화합물

해설 요소수는 '질소산화물 저감장치'(선택적 촉매환원 장치·SCR, Selective Catalytic Reduction) 작동에 필수적인 물질이다. 질소와 산소가 결합된 화합물인 질소산화물(NOx)은 발암물질일 뿐만 아니라 미세먼지를 유발하고 비에 섞여 내리면 토양을 오염시킨다. 요소수는 질소산화물을 물과 질소로 바꿔 정화하는 역할을 한다.

09 〈보기〉는 어떤 국제회의에서 도출된 내용인가?

> ── 보기 ──
> 100여 개국 정상들은 더는 기후 변화 대응을 미룰 수 없다는 시급성에 공감하며 말보다 실질적인 행동을 주문했다. 이들은 2030년 세계 메탄 배출량을 2020년 대비 30% 이상 감축하자는 이니셔티브인 국제메탄서약을 공식 출범시켰다.

① 2021 P4G
② 교토의정서
③ COP26
④ 파리기후변화협약

해설 〈보기〉는 2021년 11월 열린 제26차 유엔기후변화협약 당사국 총회(COP26)에서 도출된 내용이다. COP는 유엔 환경개발회의에서 체결한 기후변화협약의 구체적인 이행방안을 논의하기 위해 매년 개최하는 당사국들의 회의(Conference of the Parties)를 의미하며 26은 26번째 총회라는 뜻이다.

정답   01 ③   02 ①   03 ④   04 ③   05 ③   06 ②   07 ②   08 ①   09 ③

10 탄소중립을 위한 친환경 정책의 영향으로 산업금속이나 화석연료의 공급이 줄어드는 반면 수요는 증가해 원자재 가격이 오르고 물가의 인플레이션을 유발하는 현상은?

① 그린플레이션
② 애그플레이션
③ 에코플레이션
④ 아이언플레이션

해설 친환경을 뜻하는 그린(green)과 물가상승을 뜻하는 인플레이션(inflation)의 합성어인 그린플레이션(greenflation)에 대한 설명이다. 실제로 중국은 전체 전력의 약 68%를 화력 발전에 의존하는 상황에서 탄소중립 정책을 급격히 밀어붙이려다 대규모 전력부족 사태를 겪기도 했다.
③에코플레이션은 기후변화와 같은 환경 요인으로 인해 빈번해지는 고온현상, 가뭄, 산불, 태풍 등 자연재해가 기업의 제조원가를 높여 소비재 가격이 인상되는 것을 말한다. ②애그플레이션은 국제 농산물 가격 급등에 따른 물가의 상승. ④아이언플레이션은 철 가격의 지속적 상승을 의미한다.

11 조직에서 부서 간에 서로 협력하지 않고 내부의 이익만을 추구하는 현상은?

① 앵커링 효과
② 사일로 효과
③ 헤일로 효과
④ 네트워크 효과

해설 사일로 효과(silo effect)는 조직 부서 간에 서로 협력하지 않고 내부 이익만을 추구하는 현상을 의미한다. 사일로란 원래 곡식을 저장해두는 굴뚝 모양의 창고를 말한다. 조직 내에서 개별 부서끼리 서로 담을 쌓고 있는 모습과 유사한 데서 유래했다.
① 앵커링 효과 : 사고가 한 방향에 고착되면 그 영향에서 벗어나지 못하는 현상
③ 헤일로 효과 : 어떤 사람이나 요소가 가진 일부만을 보고 논리적이지 않은 판단을 내리는 현상
④ 네트워크 효과 : 사용자가 많으면 많을수록 개별 소비자가 얻는 효용의 크기도 커지는 효과

12 제2차 세계대전 당시 유대인 대학살과 관련이 없는 것은?

① 킬링필드
② 홀로코스트
③ 뉘른베르크 재판
④ 아우슈비츠 강제 수용소

해설 킬링필드(Killing Fields)는 캄보디아의 급진적인 공산주의 무장 집권 세력인 크메르루즈가 1975년부터 1979년까지 노동자와 농민의 유토피아를 건설한다는 명분 아래 전체 국민의 4분의 1에 해당하는 200만 명의 지식인, 자본주의자, 지주, 반대파 등을 학살한 사건을 말한다.
①홀로코스트는 2차 세계대전 당시 유대인 대학살을 지칭하는 말이다. ③뉘른베르크 재판은 제2차 세계대전 이후 홀로코스트 책임자들을 비롯한 독일 전범들을 단죄한 재판이다. ④아우슈비츠 강제 수용소는 나치 독일의 공장식 유대인 학살이 자행된 대표적인 장소다.

13 케이블TV나 IPTV 같은 기존 유료 방송 서비스를 해지하고 인터넷으로 온라인동영상서비스(OTT, Over The Top)를 시청하는 행태를 일컫는 말은?

① 필터버블
② 코드커팅
③ 메타버스
④ 스낵컬처

해설 코드커팅(cord cutting)이란 가정에서 전통적인 방식의 유료 방송 서비스를 해지하고 인터넷으로 방송을 보는 것을 '선을 끊는다'는 식으로 표현한 말이다. 언제 어디서나 스마트폰, PC, TV 등으로 인터넷 동영상 서비스를 시청할 수 있는 OTT가 확산하면서 코드커팅 현상이 확산하고 있다.
① 필터버블 : 대형 인터넷·IT업체들이 맞춤식 정보를 제공하면서 개별 사용자들의 시야나 관심사가 점점 자신만의 울타리에 갇히는 현상
② 메타버스 : 웹과 인터넷 등의 가상세계가 현실 세계에 흡수된 3차원 가상세계 형태
③ 스낵컬처 : 짧은 시간 동안 간편하게 문화생활을 즐기는 새로운 문화 트렌드

14 전체는 부분의 합 이상이며, 인간이 대상을 바라볼 때, 전체적이고 총합적으로 지각한다는 뜻을 가진 심리학 용어는?

① 변증법 ② 아비투스
③ 게슈탈트 ④ 발달변형

해설 게슈탈트(gestalt) 심리학은 인간의 정신 현상을 개개의 감각적 부분이나 요소의 집합이 아니라 하나의 그 자체로서 전체성으로 구성된 구조나 특질에 중점을 두고 이를 파악한다. 이 전체성을 가진 정리된 구조를 독일어로 게슈탈트라고 부른다.

15 다음 중 하이퍼 로컬 서비스는?

① 토스 ② 당근마켓
③ 중고나라 ④ 야놀자

해설 하이퍼 로컬(hyper-local)은 사전적 의미로 아주 좁은 지역을 뜻하며 동네 또는 단지 수준의 좁은 지역을 타깃으로 하는 서비스를 말한다. 코로나19로 인한 사회적 거리두기로 활동 반경이 거주 지역으로 좁혀지고, 긴급재난지원금 등의 재정정책 시행으로 지역 내 소비가 더 활성화되면서 하이퍼 로컬 서비스가 활성화되고 있다. 국내 대표적인 하이퍼 로컬 서비스로 동네 기반 중고거래 플랫폼인 당근마켓을 들 수 있다.

16 대통령 후보 선출을 위한 전당대회 등 사회적 이목이 집중되는 정치행사에서 후보로 확정되면 매스컴의 조명을 많이 받아 일시적으로 지지도가 상승하는 효과는?

① 가르시아 효과
② 브래들리 효과
③ 에코 체임버 효과
④ 컨벤션 효과

해설 컨벤션 효과(convention effect)란 전당대회나 후보 경선과 같은 정치 이벤트에서 승리한 대선 후보나 해당 정당의 지지율이 이전에 비해 크게 상승하는 현상을 말한다.

17 다음 중 2021년 기준 선출직 공무원이 아닌 것은?

① 증평 군수
② 구리시의회 의원
③ 전북 교육감
④ 서울시 교육의원

해설 교육의원은 교육부와 교육감을 비롯한 지역 교육청을 견제하고 지방교육자치의 발전을 위한 취지에서 시행되었으나 여러 부작용이 일면서 2014년 지방교육자치법 개정 일몰제 적용으로 폐지됐다. 다만 '제주특별자치도 설치 및 국제자유도시 조성을 위한 특별법'에 따라 도의회를 구성한 제주에서는 2022년 현재 여전히 교육의원이 존재한다.

18 특정 제품에 대한 대중의 소비가 증가하면 오히려 그 제품에 대한 수요가 줄어드는 현상으로, 다른 사람과 차이를 두고 싶은 마음에서 나타나는 이 현상은?

① 스놉 효과
② 톱니 효과
③ 마태 효과
④ 밴드왜건 효과

해설 다른 사람과 차이를 두고 싶어 하는 마음에서 유행하는 상품의 소비를 일부러 줄이는 것을 스놉(snob) 효과라고 한다. 스놉은 속물이라는 의미로 속물 효과라고 표현하기도 한다.

19 〈보기〉의 빈칸에 들어갈 말은?

─── 보기 ───

한국 우주항공 기술의 결정체인 (　　　)이(가) 2021년 10월 21일 17시 전남 고흥군 봉래면 나로 우주센터 제2발사대에서 발사됐다. (　　　)은(는) 고도 700km에 도달했지만 최종 목표였던 더미의 궤도 안착에 실패했다.

① 승리호
② 나로호
③ 누리호
④ 아나시스 2호

해설 누리호(KSLV-II)에 대한 설명이다. 누리호는 설계, 제작, 시험, 발사 운용 등 모든 과정에서 100% 국내 기술이 적용됐다. 한국은 누리호를 저궤도까지 올리면서 1톤급 인공위성을 원하는 시기에 우주로 보낼 수 있는 기술을 갖춘 7번째 국가가 됐다.

20 임진왜란 당시 전쟁을 일어난 순서대로 배열한 것은?

① 노량해전-명량해전-옥포해전-한산도해전
② 옥포해전-명량해전-한산도해전-노량해전
③ 한산도해전-옥포해전-명량해전-노량해전
④ 옥포해전-한산도해전-명량해전-노량해전

해설 옥포해전(1592년 6월)-한산도해전(1592년 8월)-명량해전(1597년 10월)-노량해전(1598년 12월) 순서다.

서울경제 2021년 12월 5일

※ 약술형 (01~15)

01 기준금리

02 추가경정예산

03 최저임금위원회

04 그로스해킹

06 차등의결권

05 경제 5단체

07 중앙은행디지털화폐(CBDC)

정답 19 ③ 20 ④

01 기준금리는 각국 중앙은행에서 결정하는 정책금리를 말한다. 한국에서는 한국은행 금융통화위원회에서 매달 회의를 거쳐 기준금리를 결정한다. 한국은행과 금융기관 간에 환매조건부채권매매(RP)와 대기성 여수신 등의 자금거래를 할 때 기준으로 적용되며 기준금리 인하는 경기 진작, 인상은 경기 진정 효과가 있다.

02 추가경정예산이란 정부가 예산을 성립한 후에 생긴 사유로 인하여 이미 성립한 예산을 변경할 필요가 있을 때 편성하는 예산이다. 추가경정예산은 단일예산의 원칙에 대한 예외로, 한 해의 총예산은 본예산과 추가경정예산의 합으로 정해진다.

03 최저임금위원회는 최저임금을 심의·의결하는 사회적 대화 기구로서 고용노동부 소속 기관이다. 공익위원·노동자위원·사용자위원 각각 9명씩 총 27명으로 구성돼 있다. 이들 위원의 재적 과반수 참석과 출석 과반수 찬성으로 다음 연도의 최저임금이 결정된다. 2022년 최저임금은 시급 9160원이다.

04 그로스해킹은 성장을 뜻하는 그로스(growth)와 해킹(hacking)의 합성어로서 상품 및 서비스의 개선 사항을 수시로 모니터링하면서 즉각 반영해 성장을 유도하는 온라인 마케팅 해법이다. 전체 개발 과정에서 고객의 행동 방식을 분석해 마케팅 아이디어를 고안해내는 기법이다.

05 경제 5단체는 각종 현안과 사회 문제에 대한 기업의 입장을 대변하는 역할을 하고 있는 경제인 단체로서 대한상공회의소(대한상의), 전국경제인연합회(전경련), 한국무역협회(무협), 중소기업협동조합중앙회(중기중앙회), 한국경영자총협회(경총)를 통틀어 말한다.

06 차등의결권은 보유한 지분율 이상의 의결권을 행사할 수 있는 제도다. 1개 주식마다 1개 의결권을 주는 것이 아니라, 특정 주식에 많은 수의 의결권을 부여해 대주주 지배권을 강화한다. 적대적 인수합병(M&A)에 맞선 기업의 경영권 방어 수단으로 꼽힌다.

07 중앙은행디지털화폐(CBDC, Central Bank Digital Currency)는 실물 명목화폐를 대체하거나 보완하기 위해 각국 중앙은행이 발행하는 디지털 화폐를 의미한다. CBDC는 일반 화폐와 달리 제작, 재발행 비용이 들지 않으며 거래 내역이 블록에 기록돼 자금세탁 등 범죄나 분실 우려가 줄어들고 거래의 신속성과 편의성을 확보할 수 있다는 장점이 있다.

08 NDC

11 ESS

09 CPTPP

12 UAM

10 메자닌

13 고교학점제

14 쿼드(Quad)

15 테이퍼링

01 (가)~(마)에 대한 설명으로 옳은 것은?

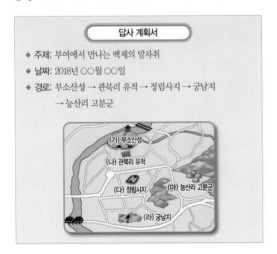

① (가) – 재상을 선출하던 천정대가 있다.

② (나) – 백제 금동 대향로가 발굴되었다.

③ (다) – 백제의 대표적인 5층 석탑이 남아 있다.

④ (라) – 귀족들의 놀이 도구인 나무 주사위가 출토되었다.

⑤ (마) – 무령왕 부부의 무덤이 발견되었다.

해설 자료는 백제의 마지막 수도인 부여의 여러 유적들을 보여주고 있다. (가)~(마) 유적지에는 그에 맞는 자료가 연결되어야 한다. (가) 부소산성은 백제의 마지막 왕성으로 사비성으로 불리기도 하였으며, (나) 관북리 유적은 백제의 왕궁지로 알려져 있다. (다) 정림사지에는 정림사지 5층 석탑이 있으며, (라) 궁남지는 백제의 궁원지이다. (마) 능산리 고분군에서는 백제 금동 대향로와 창왕명 석조 사리감이 발견되었다.
③ 정림사지에는 백제의 대표적 5층 석탑인 정림사지 5층 석탑이 남아있다.

오답 피하기
① 천정대는 부여군 규암면 호암리에 있다.
② 백제 금동 대향로는 부여 능산리 절터에서 발견되었다.
④ 나무 주사위가 출토된 곳은 경주의 동궁과 월지이다.
⑤ 무령왕 부부의 무덤이 발견된 곳은 공주 송산리 고분군이다.

02 다음 사건이 일어난 시기를 연표에서 옳게 고른 것은?

> ○ 남쪽에서 적(賊)들이 봉기하였다. 가장 심한 자들은 운문을 거점으로 한 김사미와 초전을 거점으로 한 효심이었다. 이들은 유랑민을 불러 모아 주현(州縣)을 습격하여 노략질하였다.
> – 『고려사절요』 –
>
> ○ 최광수가 마침내 서경에 웅거해 반란을 일으켜 고구려흥복병마사(高句麗興復兵馬使) 금오위섭상장군(金吾衛攝上將軍)이라 자칭하고 막료들을 임명하여 배치한 후 정예군을 모았다.
> – 『고려사』 –

945	1009	1126	1170	1270	1388
	(가)	(나)	(다)	(라)	(마)
왕규의 난	강조의 정변	이자겸의 난	무신 정변	개경 환도	위화도 회군

① (가)　　　② (나)　　　③ (다)

④ (라)　　　⑤ (마)

해설 첫 번째 자료에서는 운문의 김사미와 초전의 효심이 봉기하였다는 것으로 보아 김사미·효심의 난(1193)에 대한 것임을 알 수 있고, 두 번째 자료에서는 최광수가 서경에서 반란을 일으켰다는 것으로 보아 최광수의 난(1217)임을 알 수 있다.
무신 집권기에 일어난 김사미·효심의 난은 신라 부흥을 표방하였으며, 최광수의 난은 고구려 부흥을 표방하며 일어난 사건이다.
④ 김사미·효심의 난과 최광수의 난은 모두 무신 집권기에 일어난 사건이다.

03 (가)에 대한 설명으로 옳은 것은?

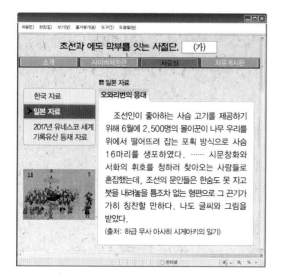

조선과 에도 막부를 잇는 사절단. (가)

일본 자료
오와리번의 응대

조선인이 좋아하는 사슴 고기를 제공하기 위해 6월에 2,500명의 몰이꾼이 나무 우리를 위에서 떨어뜨려 잡는 포획 방식으로 사슴 16마리를 생포하였다. …… 시문창화와 서화의 휘호를 청하러 찾아오는 사람들로 혼잡했는데, 조선의 문인들은 한숨도 못 자고 붓을 내려놓을 틈조차 없는 형편으로 그 끈기가 가히 칭찬할 만하다. 나도 글씨와 그림을 받았다.

(출처: 하급 무사 아시히 시게아키의 일기)

① 매년 정기적으로 파견되었다.
② 다녀온 여정을 연행록으로 남겼다.
③ 하정사, 성절사, 천추사 등이 있었다.
④ 사절 왕래를 위하여 북평관을 개설하였다.
⑤ 19세기 초까지 파견되어 문화 교류의 역할을 하였다.

해설 자료에서 조선과 에도 막부를 잇는 사절단이라고 언급한 점, 유네스코 세계 기록 유산에 등재되었다는 점, 제시된 그림 등으로 보아 (가)가 조선 통신사임을 알 수 있다. 에도 막부가 쇼군의 권위를 인정받기 위해 요청하여 파견된 조선 통신사는 일본에 선진 문물을 전파하는 역할을 하였다.
⑤ 조선 통신사는 19세기 초까지 파견되어 문화 교류의 역할을 하였다.

오답 피하기
① 통신사는 에도 막부의 요청이 있을 때 파견되었으며, 매년 정기적으로 파견된 사절단은 명·청에 파견된 조천사·연행사 등에 해당한다.
② 『연행록』은 연행사의 사절단이 남긴 글이다.
③ 하정사, 성절사, 천추사 등은 중국에 다녀온 사절단이다.
④ 북평관은 여진족 사신을 접대하기 위해 한양에 설치한 곳이었다.

04 (가) 인물에 대한 설명으로 옳은 것은?

심문자: 재차 기포(起包)한 것을 일본 군사가 궁궐을 침범하였다고 한 까닭에 다시 일어났다 하니, 다시 일어난 후에는 일본 병사에게 무슨 행동을 하려 하였느냐.
진술자: 궁궐을 침범한 연유를 힐문하고자 하였다.
심문자: 그러면 일본 병사나 각국 사람이 경성에 머물고 있는 자를 내쫓으려 하였느냐.
진술자: 그런 것이 아니라 각국인은 다만 통상만 하는데 일본인은 병사를 거느리고 경성에 진을 치고 있으므로 우리나라 영토를 침략하는가 하고 의아해한 것이다.
— 「 (가) 공초」 —

① 을사늑약에 반대하여 의병을 일으켰다.
② 독립 협회를 창립하고 독립문을 세웠다.
③ 지부복궐척화의소를 올려 왜양일체론을 주장하였다.
④ 13도 창의군을 지휘하여 서울 진공 작전을 전개하였다.
⑤ 보국안민을 기치로 우금치에서 일본군 및 관군과 맞서 싸웠다.

해설 자료에서 일본 군사가 궁궐을 침범하였다고 하여 재차 봉기했다는 사실을 통해 동학 농민 운동에 대한 것임을 알 수 있고, (가) 인물의 공초라는 자료의 출처를 통해 (가)가 전봉준임을 알 수 있다.
⑤ 동학 농민군을 이끈 전봉준은 보국안민을 구호로 하여 우금치에서 일본군 및 관군에 맞서 싸웠으나 패배하였다.

오답 피하기
① 을사늑약에 반대하여 의병을 일으킨 것은 최익현과 신돌석 등이 대표적이다.
② 독립 협회를 창립하고 독립문을 세운 것은 서재필이다.
③ '지부복궐척화의소'를 올리고 왜양일체론을 주장한 인물은 최익현이다.
④ 13도 창의군을 지휘한 것은 이인영과 허위에 해당한다.

정답 01 ③ 02 ④ 03 ⑤ 04 ⑤

05 다음 인물에 대한 설명으로 옳은 것은?

이달의 역사 인물

국권 침탈에 저항한 구국 운동의 지도자

이준(1859년~1907년)

1896년에 한성 재판소 검사보로 임명되었다. 을사늑약 폐기를 주장하는 상소 운동을 펼쳤고, 안창호 등과 함께 비밀 결사인 신민회를 조직하여 구국 운동을 전개하였다. 정부에서는 그의 공훈을 기리어 1962년에 건국훈장 대한민국장을 추서하였다.

① 고종의 밀지를 받아 독립 의군부를 조직하였다.
② 영국인 베델과 함께 대한매일신보를 발간하였다.
③ 평양에서 조선 물산 장려회 발기인 대회를 개최하였다.
④ 북간도에 서전서숙을 설립하여 민족 교육을 실시하였다.
⑤ 네덜란드 헤이그에서 열린 만국 평화 회의에 특사로 파견되었다.

해설 자료에서 을사늑약 폐기를 주장하였다는 점, '이준'이라는 이름을 통해 헤이그 특사로 파견되었던 이준 열사에 대한 내용을 골라야 함을 알 수 있다.
⑤ 이준은 이위종, 이상설과 함께 네덜란드 헤이그에서 열리는 만국 평화 회의에 특사로 파견되었다. 그러나 열강의 반대로 회의에 참석하지 못하자 헤이그에서 순국하였다.

오답 피하기
① 고종의 밀지를 받아 독립 의군부를 조직한 것은 임병찬이다.
② 영국인 베델과 대한매일신보를 창간한 것은 양기탁이다.
③ 평양에서 조선 물산 장려회 발기인 대회를 개최한 것은 조만식이다.
④ 북간도에 서전서숙을 설립한 것은 이상설이다.

06 (가) 인물에 대한 설명으로 옳은 것은?

이것은 한국광복군 총사령관을 역임한 **(가)** 의 흉상입니다. 이 흉상은 3·1절과 대한민국 임시 정부 수립 99주년을 기념하기 위해 대한민국 육군 사관 학교에 건립되었습니다. 그는 일본 육군 사관 학교를 졸업하였으나 만주 지역으로 망명하여 신흥 무관 학교에서 독립군 양성에 힘썼습니다. 또한 한국 독립군의 총사령관으로 대전자령 전투를 지휘하여 승리로 이끌었습니다.

① 숭무 학교를 설립하여 독립군을 양성하였다.
② 쌍성보 전투에서 한·중 연합 작전을 전개하였다.
③ 독립군 비행사 육성을 위해 한인 비행 학교를 세웠다.
④ 독립군 연합 부대를 이끌고 청산리 전투에서 승리하였다.
⑤ 일제 패망과 광복에 대비하여 조선 건국 동맹을 결성하였다.

해설 자료에서 (가) 인물이 한국광복군의 총사령관을 역임했다는 점, 한국 독립군의 총사령관으로 대전자령 전투를 승리로 이끌었다는 점 등을 통해 지청천에 대한 설명임을 알 수 있다.
② 지청천은 한국 독립군을 이끌고 쌍성보 전투에서 일본에 맞서 중국 호로군과 함께 연합 작전을 펼쳤다.

오답 피하기
① 숭무 학교는 멕시코에서 이근영, 양귀선 등이 설립하였다.
③ 노백린은 항일 비행사 양성을 위해 미국에서 한인 비행 학교를 설립하였다.
④ 청산리 전투를 승리로 이끈 것은 김좌진이다.
⑤ 조선 건국 동맹을 결성한 것은 여운형이다.

07 다음 글을 쓴 인물의 활동으로 옳은 것은?

대륙의 원기는 동으로는 바다로 뻗어 백두산으로 솟았고, 북으로는 요동 평야를 열었으며, 남으로는 한반도를 이루었다. …… 저들이 일찍이 우리를 스승으로 섬겨 왔는데, 이제는 우리를 노예로 삼았구나. …… 옛사람이 이르기를 나라는 멸할 수 있으나 역사는 멸할 수 없다고 하였다. 나라는 형체이고 역사는 정신이다. 이제 한국의 형체는 허물어졌으나 정신만을 홀로 보존하는 것이 어찌 불가능하겠는가.

태백광노(太白狂奴) 지음

① 진단 학회를 창립하고 진단 학보를 발행하였다.
② 여유당전서를 간행하고 조선학 운동을 주도하였다.
③ 한국독립운동지혈사에서 독립 투쟁 과정을 정리하였다.
④ 독사신론을 저술하여 민족주의 사관의 기초를 마련하였다.
⑤ 조선사회경제사에서 식민 사학의 정체성 이론을 반박하였다.

해설 자료에서 나라는 형체이고 역사는 정신이라고 하면서 혼을 강조한 점, 태백광노라는 명칭 등을 통해 자료의 인물이 박은식임을 알 수 있다. 태백광노는 박은식이 사용한 별호 중 하나이다.
③ 박은식은 『한국독립운동지혈사』를 통해 우리의 독립운동 과정을 정리하였다.

오답 피하기
① 이병도·손진태 등은 진단 학회를 창립하여 실증주의 사학을 발전시켰다.
② 『여유당전서』를 간행하는 등 조선학 운동을 주도한 것은 정인보·안재홍 등이다.
④ 『독사신론』을 저술한 것은 신채호이다.
⑤ 『조선사회경제사』를 저술한 것은 백남운이다.

08 (가)에 들어갈 내용으로 가장 적절한 것은?

  학술 대회 안내

우리 학회는 일제 강점기 프로 문학의 대표적 작가인 민촌 이기영 선생의 문학 세계를 조명하는 학술 대회를 개최합니다.

◆ 발표 주제 ◆
• 카프의 결성과 민촌 이기영의 문학 세계
• □□□□□□ (가) □□□□□□
• 민촌 이기영의 소설을 통해 본 근대 도시의 모습
• 민촌 이기영 문학의 위상과 남북 문화 교류의 가능성 모색

■일시: 2018년 ○○월 ○○일 13:00~17:00
■장소: □□대학교 소강당
■주최: △△학회

① 황성신문에 연재된 소설의 주제와 문체
② 해에게서 소년에게에 나타난 신체시의 형식
③ 소설 고향을 통해 본 일제 강점기 농촌 현실
④ 금수회의록을 통해 본 신소설의 소재와 내용
⑤ 시 광야에 드러난 항일 정신과 작가의 독립운동

해설 자료에서 카프의 결성, 일제 강점기 프로 문학 등이 제시되었고, 이기영의 문학 세계를 살펴본다고 하였으므로 (가)에는 이기영의 작품이 들어가야 한다.
③ 소설 『고향』은 이기영이 일제 강점기 농촌의 실상을 묘사한 대표적인 작품이다.

오답 피하기
① 황성신문은 1898년~1910년에 발간되었다.
② 『해에게서 소년에게』는 최남선이 쓴 신체시이다.
④ 『금수회의록』은 안국선의 작품이다.
⑤ 『광야』는 이육사의 작품이다.

정답 05 ⑤   06 ②   07 ③   08 ③

01 밑줄 친 부분의 띄어쓰기가 잘못된 것은?

① 이것은 그것만 못하다.
② 밥은 커녕 물도 못 마시고 있다.
③ 연수차(次) 갔던 미국에서 그를 만났다.
④ 그이는 일을 잘할뿐더러 착하기까지 하다.
⑤ 말하는 대로 할 수만 있다면 얼마나 좋을까.

해설 띄어쓰기

'은커녕'은 어떤 사실을 부정하는 뜻을 강조하는 보조사로, '밥은커녕'과 같이 붙여 써야 한다.

정답 ②

02 다음 문장에서 쉼표(,)가 사용법에 맞게 쓰이지 않은 것은?

① 제가 정말 하, 합격이라고요?
② 다음으로, 애국가 제창이 있겠습니다.
③ 책의 서문, 곧 머리말에는 책을 지은 목적이 드러나 있다.
④ 철원과, 대관령을 중심으로 한 강원도 산간 지대에 첫눈이 일찍 내렸다.
⑤ 이건 내 것이니까, 아니, 내가 처음 발견한 것이니까, 절대로 양보할 수 없다.

해설 문장부호

쉼표는 문장 중간에 끼어든 어구의 앞뒤에 사용하지만, 끼어든 어구 안에 다른 쉼표가 들어 있을 때는 쉼표 대신 줄표를 쓴다. 따라서 "이건 내 것이니까 — 아니, 내가 처음 발견한 것이니까 — 절대로 양보할 수 없다."와 같이 문장 부호를 사용해야 한다.

정답 ⑤

03 밑줄 친 말이 표준어가 아닌 것은?

① 그는 성대모사의 달인이다.
② 아지랑이가 피어오를 때쯤 그때 만나요.
③ 다시 누군가로부터 설레임을 느낄 수 있을까.
④ 만 원을 내고 우수리로 2,100원을 거슬러 받았다.
⑤ 아들이 다쳤다는 말을 듣고 얼마나 식겁했는지 모른다.

해설 표준어

기본형은 '설레다'이며, 용언의 어간 '설레-'와 명사형 어미 '-ㅁ'이 결합한 '설렘'이 표준어이다.

정답 ③

04 외래어 표기가 올바른 것은?

① 세비야
② 로스엔젤레스
③ 라스베거스
④ 쿠알라룸푸루
⑤ 블라디보스톡

해설 관용표현

②, ③, ④, ⑤는 각각 '로스앤젤레스, 라스베이거스, 쿠알라룸푸르, 블라디보스토크'가 바른 표기이다.

정답 ①

05 표현의 중의성을 해소한 것으로 적절하지 않은 것은?

① 그것은 남편 사진이 아니다. → 그것은 남편의 사진이 아니다.

② 귀여운 그의 강아지가 보고 싶다. → 귀여운, 그의 강아지가 보고 싶다.

③ 오기로 한 그들이 다 오지 않았다. → 오기로 한 그들이 다는 오지 않았다.

④ 간식으로 사과와 귤 두 개를 싸 왔다. → 간식으로 사과 한 개와 귤 한 개를 싸왔다.

⑤ 현재는 울면서 뛰어오는 재은이를 쳐다봤다. → 울면서 뛰어오는 재은이를 현채가 쳐다봤다.

해설 중의 표현

고친 문장 역시 '남편이 소유한 사진'인지 '남편을 찍은 사진'인지 아니면 '그것'이 아니라 '이것'이 남편의 사진이라는 것인지가 명확하게 드러나지 않는다.

정답 ①

06 단어를 발음할 때, 〈보기〉에서 설명하는 음운 변동 현상이 일어나는 것은?

─────── 보기 ───────

두 소리가 이어질 때 두 소리의 성질을 모두 가진 소리로 줄어드는 현상

① 맏이   ② 겪다   ③ 법학
④ 좋은   ⑤ 곡물

해설 맞춤법

〈보기〉에서 설명하는 음운 변동 현상은 '축약'이다. ③의 '법학[버팍]'은 자음 축약에 해당한다.

정답 ③

자주 출제되는 고유어		자주 출제되는 외래어 표기법	
나비잠	갓난아이가 두 팔을 머리 위로 벌리고 자는 잠	Colombia	콜롬비아
담상담상	드물고 성긴 모양	catalog	카탈로그
선웃음	우습지도 않은데 꾸며서 웃는 웃음	staff	스태프
예니레	엿새나 이레	festival	페스티벌
재겹다	몹시 지겹다	muffler	머플러

01 주어진 문장이 들어갈 위치로 가장 적절한 것은?

For example, the state archives of New Jersey hold more than 30,000 cubic feet of paper and 25,000 reels of microfilm.

Archives are a treasure trove* of material : from audio to video to newspapers, magazines and printed material — which makes them indispensable to any History Detective investigation. While libraries and archives may appear the same, the differences are important. (①) An archive collection is almost always made up of primary sources, while a library contains secondary sources. (②) To learn more about the Korean War, you'd go to a library for a history book. If you wanted to read the government papers, or letters written by Korean War soldiers, you'd go to an archive. (③) If you're searching for information, chances are there's an archive out there for you. Many state and local archives store public records — which are an amazing, diverse resource. (④) An online search of your state's archives will quickly show you they contain much more than just the minutes of the legislature — there are detailed land grant** information to be found, old town maps, criminal records and oddities such as peddler license applications.

*treasure trove : 귀중한 발굴물(수집물)
**land grant : (대학·철도 등을 위해) 정부가 주는 땅

유형 **독해**

어휘 archive 기록 보관소 cubic feet 입방피트 / reel (실·밧줄·녹음 테이프·호스 등을 감는) 릴, 감는 틀 / treasure trove 보고, 매장물, 귀중한 발견 / indispensable 불가결의, 필수적인 / investigation 조사, 연구 / be made up of ~로 구성되다 / secondary 부차적인 / chances are 아마 ~일 것이다, ~할 가능성이 충분하다 / diverse 다양한 / minutes 회의록 / legislature 입법부, 입법 기관 / land grant (대학·철도의 부지로서) 정부가 주는 땅, 무상 불허지 / oddity 이상한 것[물건] / peddler 행상인 / application 신청서, 지원서

해설 주어진 문장에서는 For example로 시작하여 다수의 자료를 보관하고 있는 New Jersey 주의 기록 보관소에 대해 구체적으로 예를 제시하고 있는데, ④ 이전 문장에서 많은 주 및 지역 보관소들이 공공 기록을 보관한다고 언급하고 있으므로, 문맥상 ④에 주어진 문장이 들어가야 알맞다.

해석 기록 보관소는 오디오에서 비디오, 그리고 신문, 잡지, 인쇄물까지 자료의 보고이며, 이것은 그것들을 어떠한 역사 탐구 조사에 있어서도 필수적으로 만든다. 도서관과 기록 보관소가 동일해 보일지도 모르지만, 차이는 중요하다. 기록 보관소 소장품은 거의 항상 주요 자료로 구성되어 있지만, 도서관은 부차적인 자료를 포함한다. 한국 전쟁에 대해 더 알고자 한다면, 당신은 역사책을 보기 위해 도서관으로 갈 것이다. 당신이 정부 문서 혹은 한국 전쟁 군인들에 의해 쓰여진 서신을 읽길 원한다면, 당신은 기록 보관소에 갈 것이다. 만일 당신이 정보를 찾고 있다면, 아마 당신을 위한 기록 보관소가 있을 것이다. 많은 주 및 지역의 기록 보관소들이 공공 기록을 보관하는데, 이것들은 놀랍고 다양한 자료이다. ④ 예를 들어, New Jersey 주의 주립 기록 보관소는 3만 입방피트 이상의 문서와 2만5000릴 이상의 마이크로필름을 보유하고 있다. 당신이 사는 주의 기록 보관소를 온라인으로 검색하면 그것은 당신에게 그것들이 단지 입법부의 회의록보다 훨씬 많은 것을 포함한다는 것을 빠르게 보여줄 것이다. 거기엔 찾을 수 있는 무상 토지에 대한 상세한 정보, 예전의 도시 지도, 범죄 기록, 그리고 행상인 면허 신청서와 같은 특이한 것들이 있다.

정답 ④

02 다음 글의 내용과 일치하지 않는 것은?

Deserts cover more than one-fifth of the Earth's land area, and they are found on every continent. A place that receives less than 25 centimeters (10 inches) of rain per year is considered a desert. Deserts are part of a wider class of regions called drylands. These areas exist under a "moisture deficit," which means they can frequently lose more moisture through evaporation than they receive from annual precipitation. Despite the common conceptions of deserts as hot, there are cold deserts as well. The largest hot desert in the world, northern Africa's Sahara, reaches temperatures of up to 50 degrees Celsius (122 degrees Fahrenheit) during the day. But some deserts are always cold, like the Gobi Desert in Asia and the polar deserts of the Antarctic and Arctic, which are the world's largest. Others are mountainous. Only about 20 percent of deserts are covered by sand. The driest deserts, such as Chile's Atacama Desert, have parts that receive less than two millimeters (0.08 inches) of precipitation a year. Such environments are so harsh and otherworldly that scientists have even studied them for clues about life on Mars. On the other hand, every few years, an unusually rainy period can produce "super blooms," where even the Atacama becomes blanketed in wildflowers.

① There is at least one desert on each continent.
② The Sahara is the world's largest hot desert.
③ The Gobi Desert is categorized as a cold desert.
④ The Atacama Desert is one of the rainiest deserts.

유형 독해

어휘 continent 대륙 / moisture 수분 / deficit 부족, 결핍 / evaporation 증발 / precipitation 강우[강수]량 / conception 이해, 개념 / Celsius 섭씨 / Fahrenheit 화씨 / Antarctic 남극 / Arctic 북극 / mountainous 산이 많은, 산지의 / otherworldly 비현실적인 / produce 일으키다, 야기하다, 생산하다 / super bloom 슈퍼 블룸(사막에 일시적으로 들꽃이 많이 피는 현상) / categorize 분류하다

해설 본문 중후반 The driest desserts, such as Chile's Atacama Desert, ~의 내용으로 보아 글의 내용과 대치됨을 알 수 있다.

해석 사막은 지구 육지 영역의 5분의 1 이상을 차지하며, 모든 대륙에서 찾아볼 수 있다. 연간 25 센티미터(10인치) 이하의 비가 내리는 곳은 사막으로 여겨진다. 사막은 건조지라 불리는 더 넓은 부류의 구역의 일부이다. 이 지역들은 "수분 부족" 상태로 존재하고, 이는 그곳들이 빈번하게 연간 강우를 통해 얻는 것보다 증발을 통해 더 많은 수분을 상실할 수 있다는 것을 의미한다. 사막은 뜨겁다는 일반적인 이해에도 불구하고, 추운 사막 또한 있다. 세계에서 가장 큰 뜨거운 사막인 북아프리카의 Sahara는 낮 동안 최대 섭씨 50도(화씨 122도)의 온도에 도달한다. 그러나 아시아의 Gobi 사막과 남극과 북극에 있는 극지방의 사막과 같은 어떤 사막은 항상 추운데, 이것들은 세계 최대의 사막이다. 다른 것들은 산지이다. 오직 사막의 20퍼센트만이 모래로 덮여 있다. 칠레의 Atacama 사막과 같은 가장 건조한 사막에는 1년에 강우량이 2밀리미터(0.08인치)보다 더 적은 지역들이 있다. 그러한 환경은 너무 혹독하고 비현실적이라서 과학자들은 화성의 생명체에 대한 단서를 찾기 위해 심지어 그것들을 연구해 왔다. 반면, 몇 년에 한 번씩 비정상적인 우기가 "슈퍼 블룸[개화]"을 일으킬 수 있는데, 이때는 심지어 Atacama 사막도 야생화로 뒤덮이게 된다.

정답 ④

독 / 해 / 추 / 론

01 다음 글의 내용이 참일 경우, 반드시 거짓인 진술을 고르면?

전자기파는 서로 수직한 방향으로 진동하는 전기장과 자기장의 두 진동면에 모두 수직한 방향으로 진행하는 파동이다. 전자기파에는 우리가 흔히 알고 있는 가시광선을 비롯해 적외선, 자외선, 마이크로파 등이 포함된다. 여기서 마이크로파는 파장이 1mm~1m까지의 전자기파를 의미하며, 주로 전자레인지에 쓰인다. 마이크로파를 이용한 전자레인지의 원리를 알기 위해서는 물 분자의 구조를 먼저 알아야 한다. 물 분자는 수소와 산소 원자로 이루어져 있으며, 수소 원자 쪽이 양전하를 띠고 산소 원자 쪽이 음전하를 띠는 극성 분자이다. 음식에 마이크로파를 쪼이면 극성 분자는 전자기파의 전기장이 양과 음으로 진동할 때 분자가 양과 음의 방향을 바꾸며 매우 빠르게 회전한다. 이때 분자의 회전으로 인해 발생한 운동에너지가 음식의 온도를 높이게 된다.

① 운동에너지는 열에너지로 변환될 수 있다.
② 파장이 10m인 전자기파는 마이크로파에 포함되지 않는다.
③ 자외선은 마이크로파보다 파장이 길다.
④ 극성이 없는 기름은 전자레인지로 데울 수 없다.
⑤ 마이크로파는 자기장의 진동면에 수평한 방향으로 진행한다.

해설 전자기파의 한 종류인 마이크로파는 전기장과 자기장의 진동면에 수직한 방향으로 진행한다.
① 분자의 회전으로 인해 발생한 운동에너지가 음식의 온도를 높이게 되므로 운동에너지는 열에너지로 변환될 수 있음을 알 수 있다. (○)
② 마이크로파는 파장이 1mm~1m까지의 전자기파를 의미하므로 파장이 10m인 전자기파는 마이크로파에 포함되지 않음을 알 수 있다. (○)
③ 주어진 글만으로는 자외선이 마이크로파보다 파장이 긴지 알 수 없다. (△)
④ 전자레인지에 쓰이는 마이크로파를 음식에 쪼이면 극성 분자가 빠르게 회전하며 음식의 온도를 높인다고 했으므로 극성이 없는 기름은 전자레인지로 데울 수 없다는 것을 알 수 있다. (○)

정답 ⑤

02 다음 글과 [보기]를 읽고 한 추론 중 가장 적절하지 않은 것을 고르면?

─ 보기 ─

지구 위의 위치를 나타내는 좌표축으로 위도와 경도가 사용된다. 위도는 가로 좌표축이며, 적도를 중심으로 북극점까지를 북위, 남극점까지를 남위로 부른다. 적도는 북위 0°이자 남위 0°의 기다란 원형 띠인데 반해, 북위 90°는 북극점, 남위 90°는 남극점이다. 경도는 세로 좌표축인데, 본초자오선(0°)을 중심으로 동쪽으로 180°까지를 동경, 서쪽으로 180°까지를 서경이라고 부른다. 경도에 따라서 시간이 달라지는데, 동경과 서경을 합하면 360°이고 하루는 24시간이므로 경도 15° 거리는 1시간의 차이가 난다.

위도의 기준인 적도는 매우 자연스럽게 결정되었으나, 경도의 기준인 본초자오선은 영국, 프랑스, 독일 등 당시 강대국들이 자신이 기준이 되기를 희망하였다가 결국 영국의 그리니치 천문대를 지나는 그리니치 자오선이 본초자오선이 되었다. 그러나 오늘날 국제 지구 자전회전 관리국(IERS)에서는 그리니치 자오선 대신 그리니치 자오선에서 동쪽으로 102.5m 떨어진 자오선을 공식적인 본초자오선으로 설정하고 있다.

① 본초자오선은 변경된 적이 있다.
② 동경 180°와 서경 180°는 일치한다.
③ 위도 15° 거리는 1시간의 차이가 난다.
④ 북위 90°와 남위 90°는 지구의 정반대에 위치한다.
⑤ 오늘날 IERS에서 설정한 본초자오선에서 서쪽으로 102.5m 떨어진 곳에 그리니치 자오선이 있다.

해설 ① 본초자오선은 원래 그리니치 자오선이었다가, 오늘날에는 그리니치 자오선에서 동쪽으로 102.5m 떨어진 곳이 되었다. 따라서 변경된 적이 있다. (○)
② 본초자오선(0°)을 중심으로 동쪽으로 180°까지를 동경, 서쪽으로 180°까지를 서경이라고 하며, 동경과 서경을 합하면 360°이므로 동경 180°와 서경 180°는 일치함을 알 수 있다. (○)
③ 위도가 아닌 경도 15° 거리가 1시간의 차이가 난다. (✕)
④ 북위 90°는 북극점, 남위 90°는 남극점으로 지구의 정반대에 위치한다는 추론을 할 수 있다. (○)
⑤ 그리니치 자오선에서 동쪽으로 102.5m 떨어진 자오선이 오늘날의 본초자오선이므로, 오늘날의 본초자오선에서 서쪽으로 102.5m 떨어진 곳에 그리니치 자오선이 있을 것이다. (○)

정답 ③

수 / 리 / 능 / 력

01 7인승 차량 1대로 부서장과 K 씨를 포함한 직원 7명이 함께 오리엔테이션 장소로 이동한다고 한다. 다음 [조건]과 [차량 좌석 배치도]를 참고할 때 K 씨가 부서장 옆자리에 앉지 않을 확률을 고르면?

─────── 조건 ───────

• 운전면허 소지자는 K씨를 포함하여 총 3명이다.
• 부서장은 운전면허가 없고, 조수석에 앉지 않는다.

맨 뒤		
중간		

맨 앞	조수석	운전석

[차량 좌석 배치도]

① 0.09　　　　　　② 0.16　　　　　　③ 0.45
④ 0.84　　　　　　⑤ 0.91

해설 K 씨가 부서장 옆자리에 앉지 않을 확률은 전체 확률에서 K 씨가 부서장 옆자리에 앉을 확률을 빼면 된다.

맨 뒤	ⓓ		ⓔ
중간	ⓐ	ⓑ	ⓒ

맨 뒤	조수석	운전석

7명이 차량에 타는 전체 경우의 수는 K 씨를 포함한 운전면허 소지자 3명 중 한 명은 운전석에 앉고 부서장은 운전석과 조수석을 제외한 ⓐ~ⓔ 중 한 좌석에 앉는다. 운전자와 부서장을 제외한 5명은 남은 5자리에 앉는다. 그러므로 전체 경우의 수는 (3×5×5!)가지이다. K 씨가 부서장 옆자리에 앉는 경우의 수는 다음과 같이 구한다. K 씨를 제외한 다른 운전면허 소지자 2명 중 한 명이 운전석에 앉는다. K 씨와 부서장이 나란히 앉는 경우는 (ⓐ, ⓑ), (ⓑ, ⓒ), (ⓓ, ⓔ)의 3가지이고, 이때 K 씨가 부서장과 자리를 바꿔 앉는 경우도 고려해야 한다. 운전자와 K 씨와 부서장을 제외한 4명은 남은 4자리에 앉는다. 이때 경우의 수는 (2×(3×2)×4!)가지이다.

따라서 구하는 확률은 $1 - \dfrac{2 \times (3 \times 2) \times 4 \times 3 \times 2 \times 1}{3 \times 5 \times 5 \times 4 \times 3 \times 2 \times 1} = 1 - \dfrac{4}{25} = 0.84$

정답 ④

02 어느 기업의 면접 지원자에 대한 정보가 다음 [조건]과 같을 때, 1차 면접에 합격한 지원자 수를 고르면?(단, 1차 면접에 합격한 지원자는 모두 2차 면접을 보았다.)

┤ 조건 ├

- 1차 면접에 합격한 남녀의 성비는 4 : 5이다.
- 2차 면접에 합격한 인원과 불합격한 인원의 비율은 2 : 7이다.
- 2차 면접에 불합격한 남녀의 성비는 3 : 4이다.
- 2차 면접 합격자가 최종 합격자이며, 최종 남성 합격자 수는 30명이다.

① 155명 　　　　　② 165명 　　　　　③ 180명
④ 270명 　　　　　⑤ 360명

해설 1차 면접에 합격한 남성의 수를 4k명, 여성의 수를 5k명이라 하면 전체 1차 면접 합격자 수는 9k명이다. 이 중 2차 면접의 합격자와 불합격자의 비율이 2 : 7이므로 합격자는 2k명, 불합격자는 7k명이다. 불합격자 중 남녀의 성비는 3 : 4이므로 남성 불합격자는 3k명, 여성 불합격자는 4k명이다. 즉, 2차 면접 지원자 중 남성이 4k명, 여성이 5k명이고, 이 중 남성이 3k명, 여성이 4k명 불합격하였으므로 2차 면접에 합격한 남성 지원자는 4k−3k=k(명), 여성 지원자는 5k−4k=k(명)이다. 2차 면접 합격자가 최종 합격자와 같고, 최종 남성 합격자 수는 30명이므로 k=30이다. 따라서 1차 면접 합격자 수는 9×30=270(명)이다.

정답 ④

고 / 난 / 도

01 다음 [표]와 [대화]는 4월 4일 기준 지역별 자가격리자 및 모니터링 요원에 관한 자료이다. 주어진 [표]와 [대화]를 근거로 C와 D에 해당하는 지역을 바르게 나열한 것을 고르면?

[표] 지역별 자가격리자 및 모니터링 요원 현황(4월 4일 기준) (단위 : 명)

구분	지역	A	B	C	D
내국인	자가격리자	9,442	1,287	1,147	9,263
	신규 인원	560	70	20	839
	해제 인원	900	195	7	704
외국인	자가격리자	8,122	508	141	7,626
	신규 인원	646	52	15	741
	해제 인원	600	33	5	666
모니터링 요원		10,142	710	196	8,898

※ (자가격리자)=(내국인 자가격리자)+(외국인 자가격리자)
※ (해당일 기준 자가격리자)=(전일 기준 자가격리자)+(해당일 신규 인원)−(해당일 해제 인원)

[대화]
- 갑: 감염병 확산에 대응하기 위한 회의를 시작합시다. 오늘은 천안, 아산, 서산, 당진의 4월 4일 기준 자가격리자 및 모니터링 요원 현황을 보기로 했는데, 각 지역 상황이 어떤가요?
- 을: 4개 지역 중 아산, 서산은 각각 4월 4일 기준 자가격리자가 전일 기준 자가격리자보다 늘어났습니다.
- 갑: 모니터링 요원의 업무 부담과 관련된 통계 자료도 있나요?
- 을: 4월 4일 기준으로 모니터링 요원 대비 자가격리자의 비율은 서산이 천안보다 높습니다.
- 갑: 지역에 모니터링 요원을 추가로 배치해야 할 것 같습니다. 자가격리자 중 외국인이 차지하는 비중이 4개 지역 가운데 천안이 제일 높은 것은 아니군요. 외국어 구사가 가능한 모니터링 요원을 다른 지역에 우선 배치하는 방향으로 검토해 봅시다.

	C	D
①	당진	천안
②	서산	당진
③	서산	아산
④	아산	서산
⑤	아산	천안

정답 풀이

- 첫 번째 갑의 말: A~D는 천안, 아산, 서산, 당진이 될 수 있음을 파악할 수 있다.
- 두 번째 을의 말: (해당일 기준 자가격리자)=(전일 기준 자가격리자)+(해당일 신규 인원)−(해당일 해제 인원)이므로, (전일 기준 자가격리자)=(해당일 기준 자가격리자)−(해당일 신규 인원)+(해당일 해제 인원)이다. 내국인과 외국인을 모두 고려하여 A~D의 4월 4일 자가격리자와 전일 자가격리자를 구하면 다음과 같다.

[표] A~D의 일별 자가격리자 (단위 : 명)

구분	A	B	C	D
4월 4일	17,564	1,795	1,288	16,889
전일	17,858	1,901	1,265	16,679

4월 4일 기준 자가격리자가 전일 기준 자가격리자보다 늘어난 지역은 C, D이다. 따라서 C, D는 각각 아산 또는 서산이다. 그러므로 A, B는 각각 천안 또는 당진이다.

- 네 번째 을의 말: 4월 4일 기준 모니터링 요원 대비 자가격리자 비율은 다음과 같다.

[표] A~D의 모니터링 요원 대비 자가격리자 비율

구분	비율
A	$\dfrac{9,442+8,122}{10,142} \fallingdotseq 1.73$
B	$\dfrac{1,287+508}{710} \fallingdotseq 2.53$
C	$\dfrac{1,147+141}{196} \fallingdotseq 6.57$
D	$\dfrac{9,263+7,626}{8,898} \fallingdotseq 1.90$

따라서 지역을 비율이 높은 순서대로 나열하면 C>B>D>A이다. C, D는 각각 아산 또는 서산이고, A, B는 각각 천안 또는 당진이며, 비율은 서산이 천안보다 높으므로 다음과 같은 3가지 경우가 가능하다.

구분	C	B	D	A
(가)	서산	당진	아산	천안
(나)	서산	천안	아산	당진
(다)	아산	당진	서산	천안

- 마지막 갑의 말: 자가격리자 중 외국인이 차지하는 비중은 다음과 같다.

[표] A~D의 외국인 비중 (단위 : %)

구분	A	B	C	D
비중	46.2	28.3	10.9	45.2

비중이 제일 높은 지역은 A인데, 이곳은 천안이 될 수 없다. 따라서 위의 3가지 경우 중 (가)와 (다)는 불가능하다.

그러므로 A-당진, B-천안, C-서산, D-아산이므로 정답은 ③이다.

정답 ③

해결 TIP

이 문제는 2021년 7급 공채 PSAT 기출변형 문제로 일반적인 NCS 자료해석 빈출유형과 다르게 대화를 바탕으로 한 여러 조건과 표가 주어진 형태로, 조건을 바탕으로 여러 가지 경우의 수를 생각하면서 각 대상에 해당하는 것을 찾는 NCS 고난도 자료형 문제입니다.

고난도 자료형 문제는 선택지 또는 보기의 정오를 판별하는 형태로 주로 출제되지만, 이 문제처럼 정오 판별이 아닌, 대상 선택형으로 출제되기도 하며, 이러한 형태의 출제 비중은 점차 커지고 있습니다. 소거법은 보기의 정오에 따라 선택지에 포함된 보기를 소거하면서 푸는 방법으로 정오 판단 유형을 빠르게 해결하는 데 쓰이는 보편적인 방법인데, 대상 선택형 역시 소거법을 이용하여 풀 수 있습니다. 특히, 선택지 구조를 고려하여 모든 대상을 고려할 필요 없이 하나의 대상을 찾으면, 다른 하나의 대상은 소거법을 통해 여러 가지 경우를 모두 확인할 필요 없이 특정한 몇 가지 경우만을 확인하여 해결할 수 있습니다. 특히, 주어진 조건을 바탕으로 문제를 풀 때, 대소 관계를 비교하는 조건의 내용이 있을 때에는 정확한 수치를 구하기 위한 계산을 하기보다는 계산 과정에서 영향을 미치지 않는 수치를 생략하거나 수치 비교법, 분수 비교법을 바탕으로 계산을 하지 않고 빠른 시간 내에 해결할 수 있도록 합니다.

이 문제의 경우에는 갑과 을의 대화를 바탕으로 대화에 주어진 조건의 내용을 순차적으로 해결해야 하는데, 첫 번째 조건에 해당하는 두 번째 을의 말에서 앞의 해설처럼 전일 기준 자가격리자를 직접 구할 필요는 없습니다. 표의 주석의 두 번째 식을 보면, (해당일 기준 자가격리자)=(전일 기준 자가격리자)+(해당일 신규 인원)−(해당일 해제 인원)이므로, (해당일 신규 인원)>(해당일 해제 인원)이라면, (해당일 기준 자가격리자)>(전일 기준 자가격리자)가 성립합니다. A의 경우, 외국인 신규 인원이 외국인 해제 인원보다 46명 많지만, 내국인 신규 인원은 내국인 해제 인원보다 340명이나 적으므로 (해당일 신규 인원)<(해당일 해제 인원)임을 쉽게 알 수 있습니다. 즉, A는 4월 4일 기준 자가격리자가 전일 기준 자가격리자보다 적습니다. 위와 같은 방법으로 B, C, D를 확인하면, C, D가 각각 아산 또는 서산에 해당된다는 것을 알 수 있습니다. 따라서 정답은 ③과 ④ 중 하나로 좁혀집니다.

한편, 두 번째 조건에 해당하는 네 번째 을의 말에서 모니터링 요원 대비 자가격리자의 비율 대소 비교는 B와 C는 비교적 명확하게 알 수 있지만, A와 D는 상대적으로 비슷해서 조금 더 면밀히 확인해 보아야 합니다. $\dfrac{9,442+8,122}{10,142}$와 $\dfrac{9,263+7,626}{8,898}$의 대소 비교를 해야 하는데, 십의 자리 이하를 모두 버린 후에 계산하면, $\dfrac{175}{101}$와 $\dfrac{168}{88}$의 대소 비교로 볼 수 있습니다. 분자끼리의 차이는 10 이하인데, 분모끼리의 차이는 10 이상이고 분모의 숫자가 더 작습니다. 즉, 분모의 괴리율이 분자보다 명백하게 더 높으므로 $\dfrac{175}{101}<\dfrac{168}{88}$임을 알 수 있습니다.

마지막 조건에 해당하는 마지막 갑의 말에서도 A와 D의 외국인 비중이 서로 비슷합니다. 그런데 만약 D의 외국인 비중이 가장 높다면 D가 천안이 아니라는 뜻인데, 이때는 (가), (나), (다) 3가지 경우 중에서 소거되는 것이 없으므로 정답을 찾을 수 없습니다. 반면, A의 외국인 비중이 가장 높다면 A가 천안이 아니라는 뜻이므로, 3가지 경우 중에서 (가)와 (다)를 소거할 수 있어 정답을 찾을 수 있습니다. 따라서 비중의 대소 비교를 굳이 할 필요 없이 A가 천안이 아니고, (나)의 경우가 성립한다는 것을 알 수 있습니다. 그러므로 정답을 ③으로 선택할 수 있습니다.

김 성 근
에듀윌 취업연구소 연구원

PART

04

상 식 을
넘은 상식

사고의 틀이 넓어지는 깊은 상식

탄소중립, 속도 조절해야 하나

"힘들어도 가야 할 길 – 과도한 목표로 부작용"

🗨 이슈의 배경

티핑 포인트(tipping point)란 특정한 현상이 폭발적으로 일어나 더는 이전으로 돌아갈 수 없는 지점을 말한다. 기후변화에 관한 정부 간 협의체(IPCC, Intergovernmental Panel on Climate Change)는 지구 평균 기온이 산업혁명 전보다 섭씨 1.5도이상 오를 경우를 기후변화의 티핑 포인트로 설정했다. IPCC는 2030년까지 1.5도 이내로 억제하지 못한다면 인류 문명의 실질적 위협이 닥칠 것이라고 내다봤다.

그러나 과학자들은 2019년 급속도로 줄어든 북극 해빙을 보며 기후변화 위기를 되돌릴 수 있는 티핑 포인트가 이미 지났다고 탄식했다. 2021년 기후 위기는 기후 재앙으로 현실화됐다. 그린란드 영구 동토 정상에서 사상 처음으로 눈보라가 아닌 폭우가 쏟아졌다. 2월 미국 텍사스에서는 유례없는 겨울 폭풍이 덮쳐 4000만 명이 정전으로 고통을 겪었다.

6월 최악의 폭염으로 태평양 북서부에서 수백 명이 사망한 데 이어 7월에는 서유럽, 중국 허난성, 미국 테네시 등 3대륙이 평년보다 9배의 강우량을 기록하며 물에 잠겼다. 8월에는 허리케인이 미 동부를 휩쓸었고 12월에는 봄이나 여름에나 볼 수 있었던 초강력 토네이도가 미 동부를 덮쳐 많은 사람이 희생됐다.

말로만 기후 위기가 심각하다며 행동에는 미적거렸던 각국은 이제서야 움직였다. 2021년 11월 열린 제26차 유엔기후변화협약 당사국 총회(COP26)에서 195개 참가국 전원은 기후 위기 대응을 위해 석탄 발전을 단계적으로 감축하기로 하는 글래스고 기후조약을 채택했다. 파리기후변화협약 체결 후 6년간 허송세월 끝에 마련한 세부 지침이었다.

파리기후변화협약의 핵심 지향점은 전 세계가 **탄소중립**을 실현하고 1.5도 이내 상승 폭을 유지하자는 것으로서 각국은 2030년까지 국가 온실가스 감축 목표(NDC, Nationally Determined Contribution)를 제출하라는 UNFCC 요청에 응답해야 한다. 한국도 예외는 아니어서 정부와 여당은 2021년 9월 '기후 위기 대응을 위한 탄소중립·녹색성장기본법'(탄소중립기본법)을 통과시키고 세계에서 14번째로 탄소중립을 법적 의무로 규정했다.

탄소중립기본법은 2030년 NDC를 2018년 대비 26.3%를 줄이는 기존 목표보다 9%p 상향한 35% 이상 범위로 정했다. 정부는 이조차 부족하다고 여겼는지 한 달 뒤 국무회의에서 NDC를 2018년 대비 40%로 다시 늘렸다. 독일(49.1%), 미국(45.8%), 캐나다(42.5%) 등보다는 낮지만 일본(38.6%)이나 EU(39.8%)보다 높다. 기후 선진국들이 오래전부터 탄소 배출량을 줄여온 것을 고려하면 매우 도전적인 목표다.

산업계와 노동계에서는 다른 선진국도 탄소중립 문제에 신중한데 왜 한국이 주제넘게 나서느냐며 볼멘소리를 냈다. 탄소중립의 당위성이야 두말할 나위가 없겠으나 실천에 부담이 크기 때문이다. 1차 에너지 산업부터 제조업 전반에 이르기까지 친환경 공장이나 시설을 갖추고 탄소배출권까지 구매하려면 막대한 비용이 든다. 친환경 산업 구조로 전환 시 화석연료 기반 노동자들의 대량 해고 사태도 불가피하다. 이러한 상황을 둘러싸고 탄소중립을 계획대로 실천해야 한다는 주장과 속도를 조절해야 한다는 반론이 대립하고 있다.

탄소중립 (carbon neutral)

탄소중립은 인간의 활동에 의한 온실가스(이산화탄소) 배출을 최대한 줄이고, 배출한 만큼의 온실가스는 흡수, 제거해서 실질적인 배출량을 0으로 만든다는 개념이다. 즉 대기 중으로 배출한 이산화탄소량을 상쇄할 정도로 흡수하는 대책을 세워 이산화탄소 총량을 중립 상태로 만든다는 뜻으로 넷제로(net zero)라고도 한다. 탄소중립을 실행하는 방법으로는 태양열·태양광·풍력 등 재생에너지 분야에 투자하는 방법, 이산화탄소 배출량에 상응하는 탄소배출권을 구매하는 방법 등이 있다.

이슈의 논점

힘들어도 가야 할 길...더 큰 재앙 막아야

이산화탄소의 실질 배출량을 제로로 만들자는 탄소중립은 인류 전체의 생존과 미래 세대를 위해 힘들어도 갈 수밖에 없는 길이다. 그 밖의 다른 길 자체가 존재하지 않는다. 2021년 세계를 할퀸 기후 위기는 우리나라도 예외가 아니다. 지난 100여 년간 우리나라 평균온도는 지구 평균(0.8~1.2도)보다 높은 1.8도 상승했으며 연평균 강수량도 약 160mm 증가했다. IPCC의 최신 보고서에 근거한 기상청의 기후변화 전망에 따르면 한반도 전역에서 더욱 가파른 속도로 지구 온난화가 진행될 것으로 전망된다.

하지만 일각에서는 정책 속도를 문제 삼는다. 한국이 '탄소중립 1등 국가'가 되기로 작정이나 한 듯 무리하게 뜀박질하고 있다는 것이다. 문재인 대통령이 2018년 대비 NDC 40% 목표를 국제

사회에 발표한 뒤 어느 보수 언론에서는 '탄소중립 폭주'이자 '정부의 무모한 친환경 드라이브'라고 비난하기도 했다. 이는 화력발전에 의존하는 값싼 전기에 중독된 산업계의 이기주의를 대변한 주장일 뿐 미래 세대를 생각하지 않은 무책임한 발상이다.

EU는 이미 1990년, 미국은 2007년부터 탄소중립 정책을 시행했다. 그럼에도 이들 기후 선진국은 우리나라와 같은 기간 대비 비슷하거나 더 높은 감축 목표를 설정했다. 물론 2018년에 탄소 배출이 정점을 기록한 한국이 2030년까지 기후 선진국보다 가파른 비율로 온실가스를 줄여나가야 하는 부담을 진 것은 사실이다. 한국은 NDC 40%를 이행하려면 연평균 4.17%씩 감축해야 하므로 미국(2.81%)이나 EU(1.98%)에 비해 빠른 속도로 탄소 배출을 줄여야 한다.

애초 NDC를 너무 낮게 설정한 나머지 밀린 숙제를 뒤늦게 해야 하는 상황이다. 1992년 유엔기후변화협약이 체결된 이후 기후 선진국들은 꾸준히 탄소를 감축했지만 한국은 2013년까지도 초대형 석탄화력발전소 7기 신설 계획을 확정하는 등 글로벌 흐름에 역행했다.

결국 한국은 경제 규모가 세계 10위권인데 국제에너지기구(IEA, International Energy Agency)가 평가하는 1인당 탄소 배출 규모는 6위로 '기후 불량국가'란 오명을 쓰고 있다. 이번에도 탄소중립에 소극적으로 대처한다면 몇 년 뒤 할당될 탄소중립 과제는 감당조차 어려울 것이다.

경제적 논리로 보더라도 기존 화석연료 중심 경제 체제를 고수하기보다는 탄소중립 시대를 이끌어갈 기술 개발과 투자를 선점하는 것이 이익이다. 미국과 EU 등 기후 선진국은 탄소중립을 중심으로 한 기술 개발과 투자에 박차를 가하고 탄소국경세를 도입함으로써 무역장벽을 높이고 있다.

산업 대전환은 시작됐다. 탄소중립 전환 과정에서 혼란을 겪게 될 산업 부문이나 노동자들에 대한 대책 마련은 필요하지만 이는 산업 진흥책이 아닌 출구전략으로 접근해야 한다. 최후까지 화석연료를 쥐어짜 이윤을 남기겠다는 근시안에서 벗어나지 못한다면 미래 친환경 기술 경쟁에서 뒤처질 뿐 아니라 더 큰 비용을 치러야 할 것이다.

과도한 목표...산업 전반에 부작용

정부가 NDC를 40%로 크게 높이면서 우리나라는 약 30년이나 먼저 탄소 감축에 돌입한 기후 선진국과 동일하게 2050년까지 탄소중립을 달성해야 하는 부담을 지게 됐다. 뒤늦은 출발에 초조해진 정부와 여당이 과도하게 목표를 높이는 바람에 국내 제조업 산업 경쟁력은 크게 약화될 가능성이 커졌다.

탄소중립이라는 국가 비전에는 국민 다수와 기업들도 동의한다. 산업계에서도 탄소 배출 감축을 위해 자발적인 노력을 확대하고 있다. 하지만 아무리 좋은 취지라도 이상만 내세운다고 실천이 담보되는 것은 아니다. 실현 불가능한 감축 목표를 세우고 이를 법제화까지 한 것은 비현실적이다. 한국은 제조업에 치중한 탄소 다배출 산업 구조를 갖추고 있어 기후 선진국과 같은 탄소 배출 저감 목표를 세우기 어렵다.

가령 국내에서 온실가스를 가장 많이 배출하는 철강 산업에서는 탄소 감축을 위해 수소환원 제철이라는 새로운 공법을 제시하고 있는데 이는 아직 이론적 단계로서 2030년까지도 상용화된다고 장담할 수 없다. 도입된다고 해도 기존 공장 전체를 새로 지어야 할 정도로 부담이 크다. 석유화학 기업도 맞춤형 탄소포집 기술을 개발하고 있지만 이 역시 2030년까지 도입이 불투명하다.

국내 지형과 기후를 고려하면 재생에너지 발전 확대도 어렵다. 정부는 최근 '산업-에너지 탄소중립 대전환 비전·전략'에서 산업·에너지 분야의 탄소중립을 달성하기 위해 오는 2050년까지 재생에너지가 전체 전원(전력공급원)에서 차지하는 비중을 70.8%까지 끌어올리겠다고 밝혔으나 현실성이 없는 시나리오에 불과하다. 우리나라의 재생에너지 발전량은 현재 6% 수준으로 경제협력개발기구(OECD) 국가 가운데 하위권이다.

풍력이 강한 영국은 재생에너지 비중이 전체 발전량의 42%에 달하며 노르웨이는 수력발전만으로 전체 에너지 수요의 94%를 조달하지만 한국으로선 꿈같은 얘기다. 풍력발전은 바람이 초속 11m가 넘어야 경제성 있는 전력 생산이 가능하지만 세계 최대 해상풍력 단지가 들어설 신안 등 전남 서부 지역 앞바다의 풍속은 이에 한참 못 미친다. 태양광 발전 건설 부지는 1MW당 원전의 20배 이상이 필요하며 건설 과정에서 산을 깎아내야하는 등 친환경과 거리가 멀다. 야심 찬 탄소 배출 저감 목표를 세웠으면서 탄소 배출을 가장 효율적으로 줄이는 원자력 발전 비중을 낮추겠다는 것도 모순이다.

더구나 재생에너지는 기후나 날씨에 따른 발전 간헐성 때문에 에너지저장장치(ESS) 구축이 필수다. 재생에너지 비중 70.8%를 보완할 만큼 충분한 양의 ESS를 전국에 구축하려면 최소 1000조 원이 넘는 비용 투입이 불가피하다고 하니 막대한 에너지 비용을 어떻게 부담할 수 있겠는가.

지난 COP26(제26차 유엔기후변화협약 당사국총회)에서 인도와 중국은 파리기후협약이 제시한 2030년까지 1.5도 이내 목표에 부합하지 않는 목표치를 제출했다. G20은 석탄 감축을 위해 노력하기로 했지만 가장 중요한 탄소중립 시간표를 끝내 도출하지 못했고 각국은 2022년에 NDC를 다시 점검하기로 했다. 세계의 비난을 감수하면서까지 각국은 자국의 산업과 경제에 미칠 영향과 탄소 감축의 실현성을 고려하며 속도 조절을 할 수밖에 없었던 것이다.

전 세계가 공조해 현재의 능력을 초월하는 규모와 속도로 새로운 1차 에너지원을 채택하지 않는 한 탄소중립은 계획이 아닌 목표에 머물 수밖에 없다. 탄소중립에 온갖 악조건을 갖추고 있으면서 세계 10위 선진국에 걸맞은 책임을 다한다며 허세를 부리기보다는 실현할 수 있는 탄소 배출 저감 목표와 계획을 통해 실리를 취해야 한다.

연습문제 **2021 전자신문**

정부의 탄소중립 정책에 대해 기업은 완화를 원하고 있다. 탄소중립 정책 완화에 대한 찬반을 정하고 본인 입장을 서술하시오. (1000자, 50분)

※ 논술대비는 실전연습이 필수적입니다. 반드시 시간을 정해 놓고 원고지에 직접 써 보세요.

200

400

인터넷 개인방송 선정성·폭력성 논란

개인방송 선정성·폭력성 배경 및 원인 그리고 대응 방안

이슈의 배경

바야흐로 '개인방송(1인 미디어)' 전성시대다. 개인이 영상을 기획하고 제작해 인터넷 방송 플랫폼으로 유통하는 1인 방송이 가파르게 증가하고 있다.

한국언론진흥재단의 2018년 언론수용자 의식조사에 따르면 유튜브 등 온라인 동영상 플랫폼 이용률은 33.6%로, 종이신문 17.7%와 라디오 20.8%에 비해 높은 수치이다. 텔레비전이나 뉴스 같은 기존 매체들이 주를 이루던 시기에서 유튜브로 대표되는 **뉴미디어** 시대가 찾아온 것이다.

뉴미디어 시대에서 이용자들은 자신의 기호에 맞는 동영상을 선택할 수 있고, 모바일로 언제든 접속이 가능하며, 누구나 다양한 콘텐츠를 제작할 수 있다. 이처럼 누구나 손쉽게 인터넷 방송을 할 수 있는 시대가 되면서 최근 인터넷 방송의 영역은 증권·음악·게임·요리·기업 방송 등 여러 분야로 확산되어 다양한 성향을 가진 시청자들의 방송 프로그램 소비 욕구를 채워주는 역할을 하고 있다.

인터넷 개인방송은 기존 지상파나 케이블 등 레거시 미디어에서 다루었거나 다루지 못했던 콘텐츠를 개인이 직접 콘텐츠를 개발·촬영·송출까지 책임지는 1인 미디어를 의미한다. 개인방송은 기존 레거시 미디어와는 달리 특별한 전문 지식이나 기술, 장비 없이도 방송을 시작할 수 있어 진입장벽이 낮고, 시청자와 쌍방향으로 소통이 가능하기 때문에 대중들과 적극적인 참여가 일어나고 시청 몰입도가 크다.

정보통신 기술의 발전과 1인 가구 증가, 사회·문화적 의식의 변화 등으로 인해 인터넷 개인방송은 활성화되고 있다. 이에 인터넷 방송 콘텐츠를 총체적으로 관리해주는 MCN(Multi Channel Network) 산업이 등장했고, 인터넷 방송인의 높은 인기와 수익, 사회적 영향력으로 인터넷 방송의 사회 문화 경제적 파급력이 향상되고 있다.

인터넷 개인방송에 대한 인기가 커질수록 개인방송의 선정성과 폭력성 등 유해성에 대한 논란이 끊이지 않고 있다. 방송 진행자는 더욱 많은 시청자를 확보하기 위해 폭력적이고 선정적인 주제의 영상을 제작한다. 대중의 관심이 곧 영상 조회 수이며 이는 수입으로 직결된다는 인식이 보편화되면서 상식을 뛰어넘는 자극적인 방송을 하는 이가 늘어나는 추세다.

2019년 6월 아프리카TV 생방송 BJ(Broadcasting Jockey)가 다른 여성 BJ를 언급하여 성희롱 발언으로 물의를 빚은 바 있었으며, 7월에는 개인방송 유튜버가 방송 진행 중 반려견의 머리를 가격해 동물 학대 논란이 일었다. 또 다른 유튜버가

뉴미디어 (new media)

뉴미디어란 과학기술의 발전에 따라 생겨난 새로운 전달 매체로, 텔레비전, 라디오, 신문, 잡지, 전화 등의 기존 대중 매체에 얽매이지 않는 새로운 매체를 말한다. 뉴미디어는 통신 연결을 통해 정보를 전달하고 이에 대한 사람들의 의견과 반응을 공유하며 다양한 주제에 대해 논의할 수 있도록 한다. 뉴미디어에서는 정보가 디지털화되고, 정보의 전달 및 교환이 상호적으로 일어난다. 또 미디어 사용자 및 수용자가 미디어를 더욱 능동적으로 이용할 수 있고 기존의 여러 가지 매체의 속성이 하나로 통합된 멀티미디어 성격이 나타난다. 대표적인 예로 소셜미디어(페이스북 등), 유튜브, 넷플릭스 등이 있다.

'건방지다'는 이유로 출연자를 폭행한 사건이 발생하기도 했다.

🗨 이슈의 논점

개인방송의 선정성·폭력성 원인

인터넷 개인방송이 선정적이고 폭력적으로 변질되는 이유는 인터넷 방송인의 '수익'과 맞물려 있다. 공공성을 지키도록 심의 규정을 준수해야 하는 전통적 방송과 달리 인터넷 개인방송의 척도는 상업성에 극도로 치우쳐 있다.

인터넷 개인방송에서 진행자는 영상 조회 수가 높아야 더 많은 광고 수익을 얻을 수 있다. 아프리카TV를 비롯한 일부 플랫폼에서는 시청자가 선물하는 별풍선, 슈퍼챗 등의 유료 아이템을 통해 직접 수익을 창출할 수 있다.

기존 미디어 채널과는 달리 쌍방향으로 이뤄지는 뉴미디어인 인터넷 방송에서 시청자의 관심은 수익과 밀접한 관계가 있다. 인터넷 방송에서 수익은 시청자들로부터 실시간으로 발생하며, 이를 피부로 직접 느끼는 인터넷 방송인은 '구독', '조회 수' 등 시청자의 관심을 나타내는 지표에 민감해질 수밖에 없다.

이에 일부 진행자들은 후원금을 받기 위해, 혹은 조회 수를 높이기 위해 자극적이고 선정적인 방송에만 집중 제작한다. 이들은 행위의 대가로 시청자들에게 일정 금액 이상의 후원금을 요구하기도 한다. 심지어 무조건적인 후원을 강요할 뿐 아니라 시청자 간의 후원 경쟁을 조장하는 분위기

를 형성해 과소비를 선동하기도 한다.

동영상 스트리밍 전후 노출되는 광고와 자극적인 콘텐츠로 인한 시청자의 유료 아이템 구매는 개인방송 콘텐츠 제작자들의 인기와 흥행에 영향을 미치기 때문에 인터넷 방송 플랫폼 사업자는 이를 적극적으로 정화하려 하지 않는다. 플랫폼 사업자의 자율규제 가이드라인이 있음에도 불구하고 1인 미디어의 문제점이 끊이지 않는 이유다.

이 부적절한 콘텐츠들이 인터넷 방송 플랫폼과 웹사이트를 통해 여과 없이 일파만파 퍼져나가고 있어 유튜브를 주검색원으로 활용하는 청소년들에게 악영향을 미칠 수 있다. 이에 청와대 국민청원 게시판에는 1인 미디어 또는 인터넷 방송 진행자들의 콘텐츠를 강력하게 규제할 수 있는 법안이 마련되어야 한다는 목소리가 높아지고 있다.

해결 방안 ① : 개인방송 규제 필요

방송법에서 규정하는 '방송'은 지상파 방송, 종합유선방송, 위성방송, 중계유선방송 등에 한정된다. 방송법상의 '방송'은 전통적으로 전파의 희소성, 전파의 공공재적 성격을 의미하는 공공성, 보편적 서비스, 소비자 보호, 공동체 유지 등의 근거를 통해 규제의 당위성을 인정받았다.

유튜브나 아프리카TV 등 인터넷 플랫폼은 '방송' 형식을 취하지만, '방송'으로 분류되지 않는다. 인터넷 개인방송 콘텐츠는 전기통신사업법의 규제를 받는 '정보통신 콘텐츠'로 분류된다. 정보통신 콘텐츠도 심의 규정을 준수해야 하므로 성행위와 관련된 묘사나 자극적이고 혐오스러운 표현 등은 제재를 받지만, 그 기준이 지극히 모호하다.

현행 방송법에서 1인 방송 등 뉴미디어는 규제 사각지대에 있다. 인터넷 개인방송은 비교적 엄격한 방송법이 아닌 '정보통신망 이용촉진 및 정보보호 등에 관한 법률'로 규제되는데, 이 규제는 방송통신심의위원회의 '권고'가 전부다. 게다가 기존 방송처럼 행정처분 등의 징계를 내리지 않고, 유해하다고 판단되는 콘텐츠에 대한 삭제 권고 식의 조치를 취하다 보니 제대로 관리가 되지 않는 게 당연하다.

지난 2019년 김성수 더불어민주당 의원이 인터넷 방송을 규제대상에 포함한 '방송법 전부개정법률안'을 발의했지만, 표현의 자유를 침해한다는 주장에 부딪혔고 임기 만료로 폐기됐다. 2021년 방통위는 유튜브, 온라인동영상서비스(OTT)까지 하나의 법으로 규율하는 '시청각미디어서비스법' 제정을 추진하겠다고 밝힌 바 있다.

인터넷 개인방송이 등장한 지 수년이 지났음에도 이러한 문제가 계속되는 이유는 유해 콘텐츠 여부를 판별하는 기준이 불명해서다. 이를 규제하는 인력도 매우 부족하다. 몇 년 사이 개인방송 콘텐츠는 기하급수적으로 늘어났는데, 이에 대한 심의를 담당하는 방송통신심의위원회 인력은 모니터링 요원 10명을 포함해 12명에 불과하다.

2017년부터 2021년 7월 말 현재까지 인터넷 개인방송에 대한 심의 건수 1567건이지만, 시정 요구가 된 건수는 10%인 158건에 불과하다.

인터넷 방송을 규제하면 표현의 자유가 위축되고, 인터넷 개인방송 산업의 축소로 이어질 수 있다. 그러나 공론장에서 약자를 공격해 시민을 향한 혐오를 조장하고, 이목을 끌기 위해 선정적으로 운영되는 콘텐츠가 '공적 방송'이 아니라는 이유로 제재 없이 유통되면 곤란하다. 수십에서 수백만 구독자를 보유한 인터넷 방송인이 제작하는 콘텐츠는 지상파 방송보다 영향력이 크다.

코로나19 등으로 비대면 사회 진입이 가속화되면서 인터넷 개인방송 플랫폼의 책임성을 강화할 필요성이 커졌다. 규제가 표현의 자유를 제한해 콘텐츠산업 경쟁력을 저하시킨다는 일부 의견도 있지만 도를 넘은 저질 개인방송 규제는 누가 봐도 지극히 합당한 제재다. 개인방송의 여러 긍정적인 측면은 살리되, 부작용과 폐해를 줄이는 정책을 고민해야 할 때이다.

해결 방안② : '미디어 리터러시' 필요

기존 방송의 까다로운 기준에서 벗어나 자유롭게 자신의 생각을 표현할 수 있다는 것이 개인방송의 장점이라고 볼 수 있다. 인터넷 개인방송에 대한 별도의 규제 논의가 나오지만, 별도의 규제 체계 정립은 표현의 자유를 침해할 수 있다. 한국은 사실적시 명예훼손, 명예훼손 형사처벌, 모욕죄, 국가보안법, 공직선거법상 허위사실 유포죄 등 표현물 규제가 강력하다는 점도 고려해야 한다.

세계 각국은 대부분 이용자의 신고나 민간기관 혹은 플랫폼 사업자의 자율규제를 통해 인터넷 개인방송 콘텐츠를 규제하고 있다. 국가 주도에 의한 규제를 시행하는 경우 표현의 자유에 대한 인권 침해의 우려가 크기 때문이다. 또한 인터넷에 대한 직접적인 규제가 한 국가에서만 이루어진다고 해서 문제가 해결되지 않기에, 어느 국가에서도 인터넷 개인방송을 직접 규제하는 법률을 시행하지 않는다.

건전한 개인방송 문화를 위해서는 인터넷 방송인과 사업자, 시청자 모두가 노력해야 한다. 콘텐츠의 유해성을 판별하고 선별적으로 노출할 수 있는 능력 등 미디어 이용을 스스로 결정하고 통제하는 '미디어 리터러시(media literacy)' 교육이 필요하다.

미디어 리터러시란 미디어가 제공하는 정보와 콘텐츠의 배경과 맥락을 파악하여 비판적으로 이해하며, 자신의 생각을 미디어를 활용하여 표현, 공유할 수 있는 포괄적 역량을 말한다. 미디어 리터러시 교육은 인터넷 방송을 활성화하면서도 역기능을 최소화할 수 있는 수단 중 하나다.

인터넷 개인방송의 자극적인 콘텐츠의 완벽한 규제는 불가능에 가깝기에, 시청자가 미디어 콘텐츠에 대한 분별력을 기르고, 스스로 '게이트 키퍼(뉴스를 취사선택하고 검열하는 사람)'가 되어야 한다.

정부 차원에서 이러한 미디어교육 활성화를 통해 1인 방송에 대한 올바른 인식을 이끌어 내는 것이 중요하다. 급성장하는 미디어 시장의 규모만큼 빠른 미디어 변화 상황에 대비하는 인터넷 방송인을 비롯한 모두의 노력이 어느 때보다 절실한 시기다.

연습문제 2021 방송통신심의위원회

개인방송 선정성·폭력성 문제의 배경 및 원인과 문제점을 서술하고, 이를 해결하기 위해 방송통신심의위원회가 어떤 역할을 가져야 하는지 설명하시오. (1000자, 50분)

※ 논술대비는 실전연습이 필수적입니다. 반드시 시간을 정해 놓고 원고지에 직접 써 보세요.

200

400

한국식 나이 셈법을 폐지해야 하는가

"복수 나이로 혼란 초래" vs "한국 고유의 문화"

➕ 배경 상식

새해가 밝으면 우리나라 사람들은 한날한시에 모두 한 살을 더 먹는다. 12월 31일에 출생한 아기들은 1월 1일이 되자마자 2살이 되기도 한다. 이렇게 태어나면서부터 한 살을 먹고, 새해가 되면 한 살을 더 먹는 한국식 나이 셈법이 적절하지 않다는 주장이 연말·연초마다 힘을 얻고 있다. 우리나라에서 쓰이는 나이 셈법은 대표적으로 2개다. 일상생활에서는 출생할 때 한 살이 되고 새해가 되면 한 살씩 늘어나는 '세는 나이'를 주로 사용하고, 민법 등의 법률에서는 출생 때를 0살로 하고 그로부터 1년이 지나 생일이 되면 한 살씩 증가하는 '만 나이'를 사용한다. 청소년 보호법 등 일부 법률에서는 드물게 '연 나이'(현재 연도에서 태어난 연도를 뺀 나이)를 사용하기도 하는데, 연 나이까지 합치면 나이 셈법이 총 3개인 셈이다.

한 명의 사람이 셈법에 따라 총 3개의 나이를 갖고 있다 보니, 일상생활에서 불편이 발생하는 경우가 많다. 일상에서는 관습적으로 세는 나이가 활용되지만, 정부가 발표하는 정책 등 공적인 상황에서는 만 나이가 활용돼 혼선이 발생하는 경우가 대표적이다. 한국식 나이를 폐지하고, 만 나이를 본격적으로 표준화해야 한다는 주장은 국제화 기조에 맞춰 더욱 강하게 주장되고 있다. 세는 나이를 적용하고 있는 나라는 우리나라가 유일한 것으로 알려져 있다. 과거 동아시아 나라에서 세는 나이를 쓰는 관습이 있었지만, 중국을 비롯한 홍콩, 일본 등이 모두 일상에서 만 나이 셈법을 표준화했다. 이는 한국식 나이 폐지를 주장하는 사람들에게 힘을 실어주고 있다. 그러나 일각에서는 한국식 나이가 우리나라 고유의 문화이며, 관습적으로 굳어졌기에 굳이 만 나이로 통일해 혼란을 초래할 이유가 없다고 주장한다.

한국식 나이 셈법 폐지 찬성1 복수 나이로 각종 사회적 혼란 초래

통일된 기준 없이 셈법에 따라 나이를 세 가지 방식으로 사용하다 보니 사회적 혼란이 적지 않다. 각기 다른 나이에 따른 혼란이 공공부문 일 처리에서 나타날 경우에는 이를 바로 잡기 위한 사회적 비용이 발생하기도 한다. 의료 분야에서는 만 나이를 기준으로 투약 기준이 정해져 있는데, 한국식 나이로 혼동했다가는 큰 위험을 초래할 가능성도 있다.

나아가 한국식 나이 셈법이 우리나라 특유의 나이에 따른 서열 문화를 조장한다는 주장도 있다. 사적으로도 공적으로도 불편을 낳는 세는 나이를 시급히 폐지해야 한다.

한국식 나이 셈법 폐지 찬성2 국제 표준에 어긋나

동아시아 국가를 중심으로 세는 나이를 사용하는 관습이 있었으나, 일본은 1902년부터 만 나이를 정착시켰고, 중국은 1960~70년대 문화대혁명 때 세는 나이를 버렸으며, 북한마저 1980년대 이후 만 나이만 쓰도록 규정하고 있다. 전 세계가 만 나이를 쓰는 추세에 세는 나이를 고집하는 나라는 우리나라가 유일하다.

외국인들은 한국의 세는 나이를 두고 코리안 에이지(Korean Age)라고 부르며 조롱하기도 한다. 극단적인 경우 태어난 지 하루 만에 2살이 되는 셈법이 비상식적이라는 것이다. 이제는 조롱거리로 전락한 세는 나이를 버리고 만 나이를 표준화해 국제화 시대에 발맞춰야 한다.

한국식 나이 셈법 폐지 반대1 한국 고유의 문화

우리나라 사람들은 1월 1일이 되면 떡국을 먹고 나이 한 살을 더 먹었다고 여기는 풍습이 있다. 한국식 나이 셈법은 그 자체로 우리나라의 고유한 문화다. 나아가 어머니의 배 속에 있는 1년여의 시간도 인간 생명으로 본다면, 오히려 태어난 아기를 0살로 보는 것이 부적절할 수 있다. 이는 관점의 차이에 따른 것으로, 무작정 국제 사례를 따를 이유가 없다.

더욱이 한국의 세는 나이는 법적인 근거가 있는 나이가 아니며, 국민의 관습에 의해 유지되는 것인데 이를 타파해야 할 대상으로 바라봐서는 안 된다. 오랜 시간 국민이 이어온 문화를 억지로 바꾸려 들면 혼란을 초래할 것이다.

한국식 나이 셈법 폐지 반대2 관습 버리려면 사회적 합의 필요

우리나라에서도 법률적으로는 만 나이가 통일되어 있는 상태다. 일상에서 한국식 나이를 사용하는 것에 따른 불편도 엄청난 사회적 비용을 들여 수정해야 할 만큼 크지 않다. 만약 일상의 불편이 그만큼 컸다면, 이미 국민 스스로 캠페인을 벌여 세는 나이를 없앴을 것이다.

만 나이 도입에 찬성하는 비율이 높은 것은 주로 젊은 층으로, 노년층을 포함해 국민 전체를 두고 보면 아직도 한국식 나이에 찬성하는 국민 비율이 낮지 않다. 오랜 시간 이어온 관습인 한국식 나이 폐지는 사회적 공감대가 더욱 커진 이후에 논의돼야 한다.

청년희망ON 프로젝트 '시즌 2' 시작...
대기업→중견·플랫폼 기업

김부겸 국무총리가 취임 이후 역점을 두고 추진하고 있는 민관 협업 청년 일자리 창출프로젝트인 '청년희망온(ON)' 프로젝트의 시즌2가 대기업에서 중견기업과 플랫폼기업으로 참여기업 영역을 확대해 시작된다.

▲ 청년희망ON 프로젝트(청와대 공식 유튜브 캡처)

총리실에 따르면 김 총리는 1월 18일 청년희망ON 프로젝트 시즌2의 첫 기업인 경1북 포항 이차전지 기업인 에코프로를 방문했다. 또 조만간 국내 대표 IT기업인 카카오도 이 프로젝트에 참여할 것으로 알려졌다.

총리실은 시즌1이 대기업 중심이었다면 시즌2는 중견기업과 플랫폼기업과 함께 프로젝트를 진행할 방침이다. 또 청년들의 기술 창업을 위해 공공부문이 보유한 기술을 개방, 참신한 아이디어는 있지만 구현 능력이 부족한 청년들에게 전문가를 매칭해주는 등 청년 창업을 다방면으로 지원하기로 했다.

지난해 9월 7일 KT를 시작으로 삼성(9월 14일), LG(10월 20일), SK(10월 25일), 포스코(11월 10일), 현대차(11월 22일) 등 6개 대기업이 이 청년희망ON 프로젝트와의 협약을 통해 3년간 총 17만9000개의 청년 일자리를 창출하겠다는 계획을 발표했다.

올해부터 3년간 본격 청년일자리 창출에 나서는 기업들은 지난해부터 일부 프로그램을 이미 실행하고 있다. 가장 먼저 프로젝트에 참여한 KT의 경우 1월부터 'KT AIVLE스쿨' 1기 교육을 시작했다. 연간 1200명, 3년간 3600명을 교육하고 이중 10% 이상을 KT의 그룹사·협력사가 직접 채용하도록 할 계획이다.

삼성은 청년 SW아카데미 1150명을 선발하고 1월부터 교육을 시작한다. 또 지역 청년활동가 지원사업의 대상이 될 9개 지자체 21개 청년단체를 최근 선정했다. LG는 신입 채용을 앞당겨 1월 2600명을 채용하고, 3월부터는 배터리·디스플레이·인공지능 분야와 관련한 채용 계약학과 6개를 추가로 개설한다.

포스코는 창업보육공간인 '체인지업 그라운드 광양'을 건립하기로 최근 확정했다. SK는 최근 인재양성분야 실행계획을 수립했고 관계사별 채용계획을 수립 중이며 현대차의 경우 'H-모빌리티클래스' 과정을 진행하고 있다.

작년 취업자 7년만 최고조...
자영업자는 감소

코로나19 타격이 컸던 2020년에 대한 기저효과와 수출 호조 등의 영향으로 지난해 취업자가 7년 만에 가장 많이 늘었다.

1월 12일 통계청이 발표한 '2021년 12월 및 연간 고용동향'에 따르면 지난해 연간 취업자 수는 2727만 3000명으로 전년보다 36만9000명 증가했다.

코로나19가 처음 닥친 2020년에는 연간 취업자가 21만8000명 급감해 외환위기 때인 1998년(−127만

6000명) 이후 22년 만에 가장 큰 감소 폭을 기록했는데, 코로나19 2년차인 2021년에는 취업자가 증가로 돌아선 것이다.

그러나 산업별·종사상 지위별 취업자 증감 상황을 살펴보면 취약계층의 고용 한파가 계속되고 있다는 것이 드러난다. 코로나19의 대표적 타격 업종인 숙박음식점업 취업자는 4만7000명 감소했다. 2020년 (−15만9000명)보다 감소 폭은 줄었지만 2년 연속 감소세를 이어갔다.

도소매업 취업자도 15만 명 급감했고, 예술·스포츠 및 여가 관련 서비스업, 협회 및 단체·수리 및 기타 개인서비스업도 각각 2만9000명과 5만5000명 감소했다. 제조업 취업자도 8000명 줄어든 것으로 집계됐다.

고용원을 둔 자영업자는 6만5000명 줄어 2019년 이후 3년째 감소했다. 일용근로자도 9만6000명 줄었다. 반면 상용근로자와 임시근로자가 각각 36만6000명, 15만2000명 늘었고 고용원 없는 자영업자도 4만 7000명 증가했다.

언택트 면접,
꼼꼼한 준비로 나에게 찾아온 기회를 잡자

언택트 면접의 특징

언택트 면접은 크게 AI 면접을 포함한 화상 면접, 동영상 업로드, 현장 녹화 면접으로 이루어진다. 언택트 면접도 면접관과 면접자가 만나는 공간만 달라질 뿐이지 면접의 진행방식과 질문유형은 기존 면접과 동일하다. 차이가 있다면 익숙하지 않은 환경에서 충분한 사전 준비를 통해 최대한 불안요소를 줄이고 면접의 몰입도를 높이는 것이 관건이다.

❶ 화상 면접

언택트 면접 방식 중 가장 많이 활용되는 방식은 화상 면접으로 사전에 이메일을 통해 면접 날짜와 소요시간, 화상 면접을 위한 플랫폼, 플랫폼 접속을 위한 링크 등의 정보가 안내된다. 면접 당일에 면접관과 실시간으로 만나기 때문에 오프라인 면접과 달리 면접 시간 전에 스스로 화상 면접의 환경을 미리 세팅하고 준비하는 것이 중요하다. 면접 자체도 긴장이 되기 마련인데 플랫폼의 연결이 제대로 안 되거나 마이크가 인식이 안 되는 등 돌발 상황이 생긴다면 당황할 수밖에 없다. 그 결과 지각을 하거나 긴장하면 면접 결과에 돌이킬 수 없는 영향을 준다. 지원회사의 공문을 꼼꼼히 읽어보고 화상 면접 환경에 대한 사전 준비를 철저히 한 뒤 테스트를 꼭 해봐야 한다.

❷ 동영상 업로드 면접

동영상 업로드 면접은 기업이나 학교에서 사전에 공개한 면접질문에 대한 답변을 지원자가 직접 녹화하여 영상을 제출하는 방식이다. 대부분 짧은 시간에 질문의 대답을 동영상으로 촬영하여 업로드해야 하므로 화상 면접에 비해 실시간으로 발생하는 실수는 없지만 짧은 시간에 논리적인 답을 완성해야 하며 답변 시간도 체크해야 한다. 또 동영상 업로드 방식에 대해서도 공문에서 제시된 주의사항을 꼭 지켜야 하고 마감시간을 반드시 지켜야 하니 마감일 전에 업로드 하는 것이 안전하다. 마감시간 직전에 면접자들이 한꺼번에 몰려 서버가 폭주해 동영상이 업로드가 되지 않을 수 있다는 것도 알아두어야 한다.

❸ 현장 녹화 면접

현장 녹화 면접은 기업이나 학교에서 미리 공지된 사이트에 지원자가 접속해 감독관의 지시에 따라 질문에 답하고 그 과정을 동영상으로 녹화하여 평가하는 방식이다. 이 방식은 화상 면접과 동영상 업로드 면접을 섞어놓은 것이다. 면접이 시작되면 질문을 받고 대답을 준비한 후 제한된 시간 안에 녹화를 해야 하는데 정해진 시간 동안 여러 차례 영상을 촬영하여 가장 마음에 드는 것을 업로드할 수 있다. 하지만 사전에 질문을 알 수 없어 면접관과 대화를 나눌 수도 없고 부족한 대답을 추가 질문으로 보완할 수 없기에 긴장도가 높은 방식이다. 따라서 사전에 현장 녹화 면접과 비슷한 상황 속에서 충분히 연습하고 시뮬레이션 한 후 실제 면접장에 들어가는 것이 유리하다.

언택트 면접의 준비

언택트 면접 중 가장 많이 활용되는 화상면접을 중심으로 면접을 위해 준비해야 할 내용들을 살펴보자. 언택트 면접의 질문 유형은 기존의 면접과 유사하게 진행되기 때문에 질문에 대한 답변을 준비하는 연습이나 스피치 훈련은 동일하다. 따라서 언택트 면접 준비를 위해서는 기존의 면접과 언택트 면접의 가장 큰 차이인 면접 플랫폼의 특성과 기술적인 부분을 잘 이해하고 미리 세팅하여 점검하는 것에 신경을 써야한다.

❶ 화상면접 프로그램(소프트웨어, 인터넷 속도)

화상면접의 플랫폼으로 사용되는 프로그램에는 ZOOM, 팀즈, 구글MEET, 스카이프, 웹엑스 등으로 다양하다. 대체적으로 주요 기능은 비슷하지만 비디오 설정, 오디오 설정에서 미세한 기능들의 차이가 있으므로 자신의 이미지를 최적화하려면 각 플랫폼별 기능을 잘 이해하고 적용할 수 있어야 한다. 인터넷 속도의 체크도 중요하다. 와이파이로 화상 면접을 진행하면 도중에 연결이 불안정하여 화면과 음성이 끊기는 경우가 있다. 화상 면접을 진행할 때는 와이파이보다는 랜선으로 대체하여 사전에 이러한 문제를 예방하길 권장한다.

❷ 화면(카메라 위치, 시선처리, 배경)

화상 면접 시에도 자신의 이미지를 위해 카메라의 위치가 위에서 아래로 향하도록 하는 것이 좋다. 카메라의 위치가 아래에 있어서 지원자의 얼굴을 아래에서 위쪽으로 비추게 될 경우 지원자의 하관이 집중될 수 있다. 그리고 카메라의 위치에 따라 시선처리가 달라지므로 위치를 확인해야 한다. 사전에 셀프모니터링을 통해 모니터와 카메라 중 어디를 바라볼 때 실제로 면접관과 아이컨택을 하는 느낌을 주는지 확인해 보아야 한다.

❸ 오디오

면접에서 면접관에게 정확하게 자신의 의사를 전달하는 것은 매우 중요한 일이다. 언택트 면접도 마찬가지다. 실제 자신의 목소리는 자신감이 넘치고 명확하였으나 마이크 설정의 문제로 면접관에게 잘 들리지 않는다면 안타까운 결과로 이어질 수 있다. 노트북에 내장된 마이크의 경우 주변의 소음까지 들릴 수 있어 가능하면 핀마이크나 마이크가 내장된 이어폰을 사용하기를 추천한다. 무선 이어폰의 경우 인터넷 연결 상태에 따라 연길이 끊기거나 배터리가 방전되는 경우가 생길 수 있으니 이 부분도 꼼꼼하게 체크해야 한다.

❹ 복장&헤어&메이크업

언택트 면접도 지원자의 복장은 첫 인상을 결정하는 중요한 부분이므로 깔끔한 인상을 주기 위해 면접에 걸맞게 준비해야 한다. 복장의 색상은 화면의 배경에 따라 달라지는데 가급적 단색이 좋으며 배경이 무채색일 경우 색깔 있는 의상이 좋다. 배경색을 고려하지 않고 복장을 준비할 경우 배경과 옷의 컬러가 겹쳐 얼굴만 떠 보이는 상황이 생길 수 있다. 또한 카메라의 상황에 따라 피부 상태가 적나라하게 보일 수 있으니 미리 카메라 테스트를 해 보는 것을 추천한다.

윤 지 연 cherry4248@naver.com

- 現) U&R PROJECT 교육PD
- 고용노동부 주관 NCS 직업기초능력 온라인 과정(의사소통능력) 내용전문가
- 한국생산성본부 PAC(Presentation Ability Certificate : 프레젠테이션 능력 자격) 전문교수
  https://license.kpc.or.kr/nasec/qlfint/qlfint/selectPat.do
- 저서 : 『착한 언니들이 알려주는 NCS 취업 면접 성공비법』

세계로 뻗어가는
K방산

2021년은 K방산의 기념비적 해

한국은 반도체·자동차·선박 등 높은 제조업 경쟁력을 갖췄지만 미국·러시아·프랑스·독일과 같은 강대국의 독무대인 방위산업(방산)에서 좀처럼 명함을 내밀지 못했다. 그러나 2000년대 초반부터 정부가 무기 체계 국산화 전략을 도입하고 방산 기업들이 기술 개발에 적극 나선 결과 2021년 'K방산'이 괄목할 만한 결실을 맺었다.

지난 12월 문재인 대통령이 호주를 국빈 방문한 자리에서 한화디펜스는 호주 정부와 1조원대 K9 자주포(사진) 수출 계약을 체결했다. K9이 영·미권 정보동맹인 파이브 아이즈(미국·영국·캐나다·호주·뉴질랜드) 국가에 진출한 것은 처음으로서 의미가 크다.

방산업계에 따르면 우리나라의 2021년 무기 수출액은 46억달러(약 5조4000억원)를 넘기면서 사상 처음으로 무기 수입액을 추월할 전망이다. '2021 세계 방산시장 연감'에서 우리나라는 5년간(2016~2020년) 세계에서 9번째로 무기 수출을 많이 한 국가에 이름을 올렸다. 직전 기간(2015~2019년)에는 세계 10위였다. 이밖에도 2021년에 우리나라는 세계에서 7번째로 잠수함 탄도미사일(SLBM) 발사에 성공해 이를 실전 배치했고, 한국형 전투기 KF-21 보라매 시제기를 출시하며 자국산 전투기 개발국으로 등극했다. 또한 미국이 일방적으로 설정했던 한국 미사일 사거리 제한의 완전 폐지로 발사체 기술의 봉인이 풀리는 등 K방산의 더 큰 도약을 기약했다.

소총도 못 만들던 나라에서 신흥 방산 강국으로

현재 미 공군의 핵심 전략자산(strategic asset) 중 하나인 B-52 전략 폭격기가 처음 배치된 때가 1955년이지만 한국은 1960년대까지 소총 한 자루도 제대로 만들지 못했다. 그러던 1968년 1월 북한 무장 특수부대가 청와대를 습격하고 박정희 대통령을 제거하려다 미수에 그친 1·21 사태(김신조 사건)가 벌어졌다.

이어서 1970년 미국의 주한미군 7사단 철수 결정으로 안보 위기감을 느낀 박정희 대통령은 국방과학연구소(ADD) 설립을 지시했다. ADD는 설립 8년 만인 1978년 백곰 미사일 시험발사에 성공하며 우리나라를 7번째 미사일 개발국으로 이끌었고 현재까지도 K9 자주포와 K2 전차 등 국산 무기 핵심 기술의 산실 역할을 하고 있다.

그러나 제5공화국이 방산 체계를 미국에 절대적으로 의존하며 방산업은 천덕꾸러기 신세를 면치 못했다. 제6공화국의 율곡사업 비리 사건, 문민정부의 린다 김 사건 등 걸핏하면 대형 방산 비리가 터져 인식도 좋지 않았다. 2008년 취임한 이명박 대통령은 기업인 출신답게 중동과 동남아시아에서 T-50 훈련기 세일즈에 적극적으로 나서는 등 방산 수출의 토대를 쌓았다. 박근혜 대통령도 해외 순방을 다니며 T-50과 다목적 경전투기 FA-50 등의 수출에 교두보를 놓았다. K9 수출 대부분이 당시에 이뤄졌다.

문재인 정부는 방산 수출 활성화를 위해 방산업체가 무기를 만들 때마다 ADD에 내야 하는 기술 로열티를 전액 면제해줬다. 그 결과 국산 무기의 수출 가격 경쟁력이 생겼다. 일례로 전 세계에 1700여 문이 운용되며 세계 자주포 1위를 지키고 있는 K9은 독일 자주포 PzH2000과 성능이 비슷하지만 가격은 2분의 1 내지 3분의 1로 저렴한 편이다.

한국 방산의 1등 효자 상품인 K9은 재래식 무기이지만 고도 기술 무기 분야에서도 K방산 수출의 전망은 밝다. LIG넥스원은 아랍에미리트(UAE)와 국내 방산 사상 최대 규모인 4조1500억원 규모의 천궁2(M-SAM) 탄도탄 요격 미사일 계약을 추진하고 있다. 탄도탄 요격 체계는 극소수 선진국만 개발할 수 있는 최첨단 기술이다. 이 밖에도 항공우주산업(KAI)은 향후 20년간 FA-50 1000대 수출을 목표로 하고 있다. '미니 이지스함'으로 불리는 한국형 차기 구축함 사업(KDDX)도 2024년쯤 건조에 착수해 K방산의 위상을 떨칠 전망이다.

한국판 록히드마틴을 기대한다

일취월장한 K방산이지만 아직 갈 길은 멀다. 미국은 일명 '천조국(千兆國)'이라고 불린다. 국방예산만으로 대한민국 전체 예산 규모의 2배 가까운 약 1000조원을 퍼붓기 때문이다. 방산 규모도 천문학적이다. 세계 1위 방산 기업인 록히드마틴의 2019년 매출은 560억달러(65조원)로 국내 1위 방산업체인 한화의 방산 부문 매출인 39억달러(4조3100원)의 10배 이상이다.

K방산 수출은 아직 재래식 무기와 특정 국가에 한정돼 있고 고도 기술 무기는 미국과 유럽 업체가 독식하고 있다. 전문가들은 K방산이 고도 기술형으로 진화하려면 규제 완화와 인식 개선이 필요하다고 조언한다. 무기 개발은 첫 단계에서 성능 요구 조건을 충족할 가능성이 매우 낮다. 그런데도 우월적 지위에 있는 정부가 개발 장려보다는 실패 책임을 방산 기업에 떠넘기고 개발이 지체되면 지체상금(遲滯償金 : 계약상대자가 계약상의 의무를 기한 내에 이행하지 못하고 지체한 때 손해배상 성격으로 징수하는 금액)을 물리는 실정이다. 록히드마틴과 같은 글로벌 방산업체가 국내에서 나오려면 규제 완화를 통해 실패와 시행착오를 용인하고 연구 개발에 집중할 수 있도록 과감한 지원이 이뤄질 필요가 있다.

생각이 많아지는
2022년의 시작에
**오귀스트 로댕의
'생각하는 사람'**

오귀스트 로댕의 조각
작품 '생각하는 사람'. 한
인간의 진지한 사유가 깊이
있게 느껴지는 이 작품은
19C경에 만들어졌다.

2022년 새해가 밝았다. 그러나 끝날 기미가 보이지 않는 코로나19 때문에 많은 사람이 새해를 기쁜 마음으로 맞이하지 못하고, 깊은 고민에 빠진 듯하다. 해결되지 않는 코로나19 시국에 또 한 번 밝아버린 한 해를 어떻게 보내야 할지 생각만 많아지는 가운데 자연스레 떠오르는 작품이 하나 있다.

전 세계에서 가장 유명한 조각 중 하나인 오귀스트 로댕(Auguste Rodin, 1840~1917)의 '생각하는 사람'은 너무나 잘 알려진 작품이다. '생각하는 사람'이 초면인 사람은 아마 없을 테지만, 이 '생각하는 사람'이 도대체 어떤 생각에 잠겨 있는지 그 의미를 아는 사람은 드문 것 같다.

로댕의 '생각하는 사람'은 본래 '지옥의 문'이라고 불린 조각품의 일부분이었다. 로댕의 대작 '지옥의 문'에는 단독상이나 단체상으로 유명해진 작품이 여럿 포함돼 있는데, 그 조각상들에는 '세 망령', '웅크린 여인' 등과 같은 고유한 제목이 붙게 됐다. '생각하는 사람' 역시 고유한 제목이 붙어 별도로 만들어진 작품 중 하나로, 지옥에 스스로의 몸을 내던지기 전에 자신의 삶과 운명에 대해 진지하게 고민하는 인간의 내면세계를 표현한 작품이다.

혼돈 가운데에서 깊어지는 사유

오른쪽의 작품이 바로 '지옥의 문'이다. '지옥의 문'은 로댕이 중세의 이탈리아 시인 단테의 '신곡'에서 영향을 받아 만들기 시작한 작품으로, 로댕의 예술에서 가장 중요한 작품 중 하나로 손꼽힌다. 이 작품에는 지옥으로 향하는 인간군상의 고통과 번뇌를 보여주는 조각 작품들이 펼쳐져 있다.

'생각하는 사람'은 '지옥의 문' 상부 중앙에 자리를 잡아 서사의 중심을 탄탄하게 잡고 있는 모습을 확인할 수 있는데, 엄청난 혼돈 가운데에서 깊어지는 한 인간의 사유를 서글픔, 체념, 고독과 같은 정서로, 또한 알 수 없는 긴장감이 느껴지는 정서로 인상 깊게 전달하고 있다.

코로나19로 전 세계가 '지옥의 문'처럼 혼란스러운 가운데 2022년 새해가 밝았다. 물론 우리가 겪고 있는 코로나19 상황을 지옥이라는 극단적인 표현에 빗대고 싶지는 않지만, 많은 사람이 그에 버금가는 고통을 받고 있

▲ 오귀스트 로댕, '지옥의 문', 1880~1917

는 것도 사실인 듯하다. 나를 위해, 또 이 사회와 이 지구를 위해 새롭게 밝은 2022년을 어떻게 살아가는 것이 좋을지, 로댕의 작품 속 인물처럼 깊은 사유에 빠져 자기만의 지혜로운 답을 찾아보는 것도 좋을 듯하다.

대한민국
대통령사 일람

오늘날 '삼권분립'이라 불리는 것은 국가권력의 작용을 입법·행정·사법의 셋으로 나눈 뒤, 권력의 집중과 남용을 막음으로써 국가권력으로부터 국민의 자유를 지키려는 데 그 목적이 있다. 그중 행정부의 수반인 대통령大統領은 명실상부 국가를 대표하는 존재로, 대통령의 지위는 법적으로 입법부(국회)·사법부(법원)와 동격의 지위를 갖지만, 국가를 대표한다는 측면에서 국회나 법원보다 조금은 우월한 지위에 있다고 볼 수 있다.

차기 대선이 코앞인 지금, 역대 대한민국 대통령의 면면을 들여다보며 다시금 이 나라의 미래를 위한 한 표를 누구에게 던질지 가늠하는 시간을 갖고자 한다.

해방 후 미·소 냉전 체제가 심화되는 가운데 1948년 2월 유엔에서 사실상 남한 지역만의 총선거가 결의되자 김구 등은 이를 막기 위해 남북협상을 추진하였다. 그러나 협상은 특별한 성과를 거두지 못했고, 결국 1948년 7월 공포된 제헌헌법에 따라 국회 간접선거를 통해 미주지역에서 독립운동을 펼쳤던 이승만이 명실상부 대한민국의 초대 대통령으로 선출되었다.

이승만은 1952년 재선에 성공하였고, 1954년 자신의 장기 집권을 위해 대통령의 연임제한 철폐를 골자로 한 사사오입 개헌을 강행하여 1956년 3대 대통령에도 당선되었다. 1960년 3월 15일 치러진 정·부통령 선거에서 이승만은 자신의 네 번째 집권을 위해 부정과 폭력을 동원하였으며 (3·15 부정선거), 이에 항의하는 시위대에게 실탄을 발사하여 유혈사태를 초래하였다. 이는 전국적 시위인 4·19 혁명의 도화선이 되었고, 이승만은 결국 스스로 대통령직에서 물러나 하와이로 망명 후 그곳에서 생을 마감하였다.

1960년 제1공화국이 붕괴된 후 개헌을 통해 4대 대통령에 윤보선, 국무총리에 장면이 선출되어 제2공화국이 성립하였다. 대통령의 독재를 경험한 후 들어선 제2공화국은 행정부의 성립과 존립을 입법부(의회)의 신임에 근거를 두는 의원내각제를 채택하였으나, 1961년 5월 16일 박정희를 비롯한 군인들의 군사정변(5·16 군사정변)으로 인해 정부 성립 9개월 만에 붕괴되고 말았다.

군사정변 이후 권력을 장악한 국가재건최고회의는 치밀한 계획하에 의원내각제를 대통령제로 환원하고 '부통령제 폐지 및 국무총리제 실시, 대통령의 임기는 4년이되 1차에 한하여 연임 가능'을 골자로 하는 개헌을 단행하였다(제3공화국). 이듬해인 1963년에 5대 대통령으로 군사정변을 주도한 박정희가 취임하였고, 박정희는 1967년 6대 대통령 선거에서 연임에 성공하였다.

박정희는 7대 대통령 선거를 2년 앞둔 1969년부터 자신의 3선 연임을 위한 개헌을 진행하였고, 정부여당은 야당과 학생들의 치열한 반대시위에도 불구하고 개헌안을 통과시켜 박정희의 장기집권을 향한 발판을 마련하였다(3선개헌). 그 결과 1971년 7대 대통령 선거에서도 박정희가 3선 연임에 성공하여 대통령직을 유지하였다. 박정희는 이에 그치지 않고 1972년 10월 '통일주체국민회의에서 대통령을 선출한다'는 내용이 담긴 유신 헌법을 제정하여 공포하였다(제4공화국). 이에 따라 박정희는 자신의 뜻대로 8대와 9대 대통령까지 취임할 수 있었다.

1979년 10월 26일 이른바 10·26 사태로 박정희가 갑작스럽게 서거하자 통일주체국민회의는 같은 해 12월 당시 국무총리였던 최규하를 10대 대통령으로 선출하였으나, 불과 6일 후 벌어진 신군부의 군사반란(12·12 사태)으로 인해 실권은 전두환을 필두로 한 신군부 세력에 넘어갔다. 국민들이 신군부의 퇴진을 요구하며 일으킨 민주화운동을 군대를 동원하면서까지 무력 탄압한 전두환 세력은 최규하에게 압력을 가해 사임하게 만들었고, 결국 1980년 8월 29일 통일주체국민회의에서 11대 대통령으로 전두환이 선출되었다.

전두환은 취임 약 두 달 후인 1980년 10월 '대통령 임기 7년 단임'과 '대통령선거인단의 간접선거에 의한 대통령 선출'을 골자로 하는 개헌을 단행하였고(제5공화국), 개정 헌법에 따라 당시 권력을 잡고 있던 전두환이 1981년 3월 12대 대통령으로 선출되었다. 1987년 정권 말기, 대통령을 국민이 직접 뽑아야 한다는 민주화의 불길이 다시금 치솟기 시작하자 전두환은 헌법을 지키겠다는 호헌을 선포하였다. 그러나 대통령 직선제를 요구하는 국민들의 열망은 날로 커져만 갔고, 전국적으로 시위가 확산되자 결국 당시 집권당 대통령 후보였던 노태우가 개헌 요구를 받아들이는 6·29 선언을 발표함으로써 상황은 일단락되었다.

대통령 직선제의 제9차 개헌 후 치러진 선거에서 여권의 노태우가 후보 단일화를 이루지 못한 야권의 김영삼·김대중·김종필 등을 누르고 13대 대통령으로 선출되었다. 노태우 정부를 시작으로 문을 연 제6공화국은 14대 김영삼(1992)·15대 김대중(1997)·16대 노무현(2002)·17대 이명박(2007)·18대 박근혜(2013), 그리고 지금의 19대 문재인 대통령으로 이어지고 있다.

20대 대통령 선거가 코앞으로 다가왔다. '역대급 비호감 대선'이라는 오명 속에 있는 현재의 선거판을 보며 국민들은 과연 '희망'을 그리고 있을까. 새 대통령은 이 오명을 국민들의 머릿속에서 지워야 하는 의무가 있다. 그것이 차기 대통령의 기본과제가 되어야 한다.

신민용
에듀윌 한국사연구소 연구원

猫 鼠 同 處

고양이 묘　　　쥐 서　　　한가지 동　　　곳 처

도둑 잡을 사람이 도둑과 한 패가 됐다

출전:『구당서舊唐書』

매년 연말 교수신문에 대학교수들이 선정한 '올해의 사자성어'가 실린다. 전국 대학교수들은 2021년을 상징하는 사자성어로 묘서동처猫鼠同處를 택했다. 묘서동처는 중국 당나라 역사를 서술한『구당서舊唐書』에서 '고양이와 쥐가 같은 젖을 빤다'라는 뜻을 가진 '묘서동유猫鼠同乳'라는 말과 함께 나온다. 묘서동처란 곡식을 훔쳐 먹는 쥐와 이를 지켜야 할 고양이가 한통속이란 뜻으로 위아래 벼슬아치들이 부정 결탁해 나쁜 짓을 함께 저지르는 상황을 의미한다.

지방 군인이 집에서 고양이와 쥐가 같은 젖을 빨고 사이좋게 지내는 모습을 봤고, 그 상관이 고양이와 쥐를 임금에게 바쳤다고 한다. 중앙 관리들은 예사롭지 않은 징조로 보고 "복이 들어올 것"이라며 환호했다. 그러나 오직 한 관리만이 "이

사람들이 실성했구나"라고 한탄했다.

묘서동처의 교훈은 단순하다. 쥐는 사리사욕을 채우기 위해 온갖 범법을 마다않는 범죄자를 은유한다. 반면 고양이는 쥐가 나쁜 짓을 못하도록 감시·감독하는 것이 본분이다. 하지만 도둑을 잡아야 할 사람이 도둑과 한패거리가 된다면 국가 사회의 질서는 무너질 수밖에 없다.

비리 세력과 부패한 권력이 결탁하고, 단속하는 자와 단속받는 자가 야합하는 것도 국가로서는 위기다. 곳간을 축내는 쥐를 잡아내는 것도 중요하지만 곳간을 제대로 지키지 못한 고양이에 대한 질책의 의미도 크다.

▌한자 돋보기

猫는 동물을 뜻하는 犭과 음을 뜻하는 苗가 합하여 이뤄진 글자로, '고양이'를 뜻한다.

- 猫項懸鈴(묘항현령) 고양이 목에 방울달기
- 黑猫白猫(흑묘백묘) 어떤 방법이든 결과만 좋으면 됨

고양이 **묘**

犭 총11획

鼠는 곡식을 갉아먹는 쥐를 형상화한 글자로, '쥐'를 뜻한다.

- 首鼠兩端(수서양단) 거취를 정하지 못하고 망설이는 모양

鼠

쥐 **서**

鼠 총13획

同은 '모두'라는 뜻을 가진 凡자에 입의 뜻을 가진 口자를 더해 '함께'라는 의미를 뜻한다.

- 同苦同樂(동고동락) 같이 고생하고 같이 즐김
- 草綠同色(초록동색) 같은 처지의 사람과 어울리거나 기우는 것

한가지 **동**

口 총6획

處은 범(虍)이 앉아있는 모습(処)을 그린 글자로, '곳'을 뜻한다.

- 到處春風(도처춘풍) 가는 곳마다 일이 순조롭게 되거나 좋은 일이 있음

곳 **처**

虍 총11획

▌한자 상식 | 2021년 "에듀윌 시사상식" '고전강독'에서 소개한 고사성어 정리 ①

구분	의미
작심삼일(作心三日)	결심한 마음이 오래가지 못 감
아시타비(我是他非)	나는 옳고 다른 사람은 틀림
각주구검(刻舟求劍)	배에다 표시를 새기고 강에 빠뜨린 검을 찾음
새옹지마(塞翁之馬)	인생의 길흉화복은 예측하기 어려움
모수자천(毛遂自薦)	자기 스스로를 추천함
천려일실(千慮一失)	천 가지 생각 중 한 가지 실수가 있음

Books

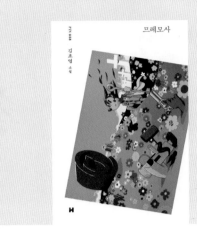

최소한의 선의

문유석 저 | 문학동네

1997년부터 판사로 일한 문유석이 서로를 향한 날 선 증오에 지쳐가는 현대인들을 위한 '최소한의 선의'를 이야기한다. 현대사회에는 매일같이 증오로 가득 찬 사건사고가 일어난다. 사람들은, 특히 온라인 세상 속 사람들은 이러한 사건사고에 대한 저마다의 성토를 쏟아내며 대립하지만, 어느새 사건의 본질은 잊고 서로에 대한 증오와 혐오만이 앙금으로 남을뿐이다. 『개인주의자 선언』으로 한국 특유의 집단주의 문화를 비판한 바 있는 저자 문유석이 『최소한의 선의』에서는 한 사회의 개인들이 공유해야 할 가치가 무엇인지 법학적 관점에서 예리하게 짚어본다. '법치주의라는 사고방식', '인간이라는 이름의 공해', '도대체 왜 법은 범죄자들에게 관대할까', '■언더도그마와 약자 혐오' 등의 매력적인 글들이 책에 담겨있다.

■ **언더도그마(underdogma)** 맹목적으로 약자는 선하고, 강자는 악하다고 인식하는 현상으로, 힘의 차이를 근거로 선악을 판단하려는 오류다.

컬러의 일

로라 페리먼 저·서미나 역 | 윌북

디자이너나 예술가가 아니더라도, 색채 감각은 누구에게나 필요하다. 중요한 자리에 입고 나갈 옷을 고를 때 색채에 대한 감각이 있다면 상대방에게 훨씬 좋은 인상을 남길 수 있다. 코로나19로 집에 머무는 시간이 늘어나면서 많은 사람이 인테리어에 관심을 보이고 있는데, 집을 편안하면서도 매력적으로 꾸미기 위해서도 색채 감각은 중요하다. 『컬러의 일』은 색이 지닌 힘을 이해하고 제대로 활용하고자 하는 모든 사람을 위한 컬러 가이드 북이다. ■ **미켈란젤로**가 사랑했던 색인 레드 오커부터 자외선 차단 기능을 가지고 있어 요즘 건축계에서 주목받는 멜라닌 등까지, 각각의 컬러들이 지닌 과거와 현재 이야기와 나아가 이 컬러들을 어떻게 사용하면 효과적일지, 갖가지 컬러 아이디어를 들려준다.

■ **미켈란젤로(Michelangelo Buonarroti, 1475~1564)** 르네상스 시대를 대표하는 예술가 중 한 명으로, 조각 작품 '다비드'·'피에타', 회화 작품 '천지창조'·'최후의 심판' 등을 남겼다.

므레모사

김초엽 저 | 현대문학

2017년 데뷔 후 『우리가 빛의 속도로 갈 수 없다면』, 『지구 끝의 온실』, 『행성어 서점』 등을 발표하며, 한국 SF문학의 새로운 지평을 연 작가 김초엽이 이번에는 SF호러 소설을 선보인다. 김초엽이 'SF호러'를 선보이는 것은 이번이 처음이다. 『므레모사』는 화학 물질 유출 사고로 출입이 금지된 구역이었던 므레모사의 첫 관광객이 된 여행자들의 사연과 예상치 못한 진실들이, 평온한 듯 보이지만 뒤집힌 환상의 도시 므레모사에 투영되어 입체적으로 그려진 소설이다. 죽은 땅 위에 건설된 귀환자들의 마을이자 지구상 최후의 ■ **디스토피아**의 감춰진 진실과 예상을 뒤엎는 결말을 통해 독자들을 또 한 번 전율하게 한다.

■ **디스토피아(dystopia)** 유토피아(utopia : 현실적으로는 존재하지 않는 이상의 나라, 또는 이상향)와 대비되는 말로, 현대 사회의 부정적인 측면들이 극대화되어 나타나는 어두운 미래상을 말한다.

하우스 오브 구찌

리들리 스콧 감독

| 레이디 가가·아담 드라이버 출연

전 세계 18개국에서 박스오피스 1위를 차지한 영화 '하우스 오브 ■구찌'가 한국에서도 개봉됐다. 지금까지도 패션계를 발칵 뒤집어 놓은 세기의 사건으로 회자되는 구찌 가문의 실제 살인 사건을 그린 영화 '하우스 오브 구찌'는 레이디 가가, 아담 드라이버, 자레드 레토, 알 파치노, 셀마 헤이엑 등 쟁쟁한 캐스팅을 자랑한다. 특히 구찌 그룹의 총수 미우라치오 구찌를 살해한 구찌 가문의 여인 '파트리치아' 역을 맡은 레이디 가가의 열연이 찬사를 받고 있다. 레이디 가가는 실존 인물인 파트리치아를 연기하기 위해 이탈리아 북부의 억양을 6개월간 연습하고, 실제 지역에 거주하는 등 노력을 기울였다는 후문이다. 이 영화는 패션 제국 구찌 패밀리에 관한 영화인 만큼, 시선을 사로잡는 의상으로도 관객들의 혼을 빼놓는다.

■ 구찌(Gucci) 구찌오 구찌에 의해 1921년 설립된 이탈리아의 대표적인 패션 브랜드다.

초현실주의 거장들

예술의전당 한가람미술관

| 2021. 11. 27.~2022. 03. 06.

네덜란드 로테르담에 있는 박물관인 보이만스 판뵈닝언 박물관의 걸작들이 한국에 선보여지고 있다. 보이만스 판뵈닝언 박물관은 유럽 전역에서 가장 큰 규모의 ■초현실주의 컬렉션을 보유하고 있는 박물관이다. 이 박물관은 대표적인 초현실주의 예술가인 살바도르 달리, 르네 마그리트 등의 작품을 보유하고 있다. 이번 전시에서는 앞서 말한 예술가들의 작품을 포함하여, 20C 초 현대 예술의 일대 혁명을 일으킨 마르셀 뒤샹의 작품부터, 초현실주의를 창시한 앙드레 브르통의 대표작까지 만나볼 수 있다. 총 6개의 섹션으로 나누어진 전시를 관람하며, 관람객들은 이 세계 너머에 존재하는 듯한 초현실의 세계에서 색다른 감정을 느낄 수 있을 것이다.

■ 초현실주의(surrealism) 1924년 앙드레 브르통이 『쉬르레알리즘 선언』을 발표하면서 본격화된 개념으로, 무의식과 환상의 세계를 지향한다. 처음에는 문학에서 시작됐지만, 회화, 조각 등으로 확산됐다.

썸씽로튼

유니버설아트센터

| 2021. 12. 23.~2022. 04. 10.

'썸씽로튼'은 르네상스 시대, 당대 최고의 극작가였던 셰익스피어에 맞서 인류 최초로 뮤지컬을 제작하게 된 바텀 형제의 코믹한 고군분투기를 그린 뮤지컬이다. '레미제라블', '에비뉴Q', '코러스라인', '렌트', '위키드' 등 관객들에게 익숙한 작품의 대사와 ■넘버, 장면 등을 패러디하고, 셰익스피어의 소설 속에 등장하는 단어와 대목 등을 유래하게 차용해 재미를 더했다. 특히 한국 공연에서는 뮤지컬 '서편제'의 넘버가 나와 우리나라만의 고유성을 살렸다. 한편, '인류 최초의 뮤지컬은 어떻게 탄생했을까?'라는 커크패트릭 형제의 호기심에서 시작된 이 작품은 2015년 브로드웨이에서 최초로 막을 올렸고, 한국에서는 2020년 국내 초연 후 곧바로 재연으로 돌아왔다.

■ 넘버(number) 뮤지컬에서 넘버는 뮤지컬에 등장하는 모든 노래를 일컫는 말이다. 뮤지컬 대본에 노래마다 번호가 순서대로 매겨져 있어 제목 대신 번호를 부르기 때문에 이같이 일컫는다.

eduwill

누적 다운로드 수 35만 돌파*
에듀윌 시사상식 앱

86개월 베스트셀러 1위 상식 월간지가 모바일에 쏙!*
어디서나 상식을 간편하게 학습하세요!

매월 업데이트 되는
HOT 시사뉴스

20개 분야 1007개
시사용어 사전

합격에 필요한
무료 상식 강의

에듀윌 시사상식 앱 설치
(QR코드를 스캔 후 해당 아이콘 클릭하여 설치
or 구글 플레이스토어나 애플 앱스토어에서 '에듀윌 시사상식'을 검색하여 설치)

에듀윌 취업 아카데미에서
제대로 공부하세요!

공기업·대기업 수준별 맞춤 커리큘럼
온종일 밀착 학습관리부터 전공&자격증 준비까지 케어

고품질 영상 및 음향 장비를 갖춘 최고의 강의실

언제나 전문 학습 매니저와 상담이 가능한 안내데스크

1:1 대면 첨삭 및 전문 컨설팅이 가능한 일대일 상담실

공용 PC, 프린터, 충전기 등 편의시설을 갖춘 휴게실

강남 캠퍼스	운영시간 [월~금] 09:00~22:00 [토/일/공휴일] 09:00~18:00
	주　　소 서울 강남구 테헤란로 8길 37 한동빌딩 1, 2층
	상담문의 02)6486-0600

취업 아카데미
바로가기

매달, 최신 취업 트렌드를 배송 받으세요!

업계 유일! NCS 월간지

HOT 이달의 취업
최신 공기업 최신 이슈&정보

매달 만나는 100% 새 문항
NCS 영역별 최신기출 30제
+NCS 실전모의고사 50제

월간NCS 무료특강 2강
취업 대표 NCS 전문가의 무료특강

꾸준한 문제풀이로 감을 유지하는 것이 중요한 NCS!
#정기구독 으로 NCS를 정복하세요!

정기구독 신청 시 정가 대비 10% 할인+배송비 무료	정기구독 신청 시 선물 증정	3개월/6개월/12개월/무기한 기간 설정 가능

※ 구독 중 정가가 올라도 추가 부담없이 이용할 수 있습니다.
※ '매월 자동 결제'는 매달 20일 카카오페이로 자동 결제되며, 구독 기간을 원하는 만큼 선택할 수 있습니다.
※ 자세한 내용은 정기구독 페이지를 참조하세요.

정기구독
신청·혜택 바로가기

베스트셀러 1위! 1,824회 달성[*]
에듀윌 취업 교재 시리즈

공기업 NCS | 쏟아지는 100% 새 문항[*]

월간NCS
NCS BASIC 기본서 | NCS 모듈형 기본서
NCS 모듈학습 2021 Ver. 핵심요약집

NCS 통합 기본서/봉투모의고사
피듈형 | 휴노형 | 행과연 봉투모의고사
PSAT형 NCS 수문끝
매일 1회씩 꺼내 푸는 NCS

한국철도공사 | 부산교통공사
서울교통공사 | 5대 철도공사·공단
국민건강보험공단 | 한국전력공사
한국전력+7대 에너지공기업

한수원+5대 발전회사
한국수자원공사 | 한국수력원자력
한국토지주택공사 | IBK 기업은행
인천국제공항공사

NCS를 위한 PSAT 기출완성 시리즈
NCS, 59초의 기술 시리즈
NCS 6대 출제사 찐기출문제집
NCS 10개 영역 찐기출문제집

대기업 인적성 | 온라인 시험도 완벽 대비!

대기업 인적성 통합 기본서

GSAT 삼성직무적성검사

LG그룹 인적성검사

SKCT SK그룹 종합역량검사
롯데그룹 L-TAB

농협은행
지역농협

취업상식 1위!

월간 시사상식

다통하는 일반상식
상식 통합대비 문제풀이집

공기업기출 일반상식
언론사기출 최신 일반상식
기출 금융경제 상식

자소서부터 면접까지!

NCS 자소서&면접
면접관이 말하는 NCS 자소서와
면접_사무·행정/전기 직렬

끝까지 살아남는 대기업 자소서

더 많은
에듀윌 취업 교재

취업, 공무원, 자격증 시험준비의 흐름을 바꾼 화제작!
에듀윌 히트교재 시리즈

에듀윌 교육출판연구소가 만든 히트교재 시리즈!
YES24, 교보문고, 알라딘, 인터파크, 영풍문고 등 전국 유명 온/오프라인 서점에서 절찬 판매 중!

공인중개사 기초서/기본서/핵심요약집/문제집/기출문제집/실전모의고사 외 11종

주택관리사 기초서/기본서/핵심요약집/문제집/기출문제집/실전모의고사

7·9급공무원 기본서/단원별 기출&예상 문제집/기출문제집/기출팩/실전, 봉투모의고사

공무원 국어 한자·문법·독해/영어 단어·문법·독해/한국사 모의고사·흐름노트/행정학 요약노트/행정법 판례집/헌법 판례집

7급공무원 PSAT 기본서/기출문제집

계리직공무원 기본서/문제집/기출문제집

군무원 기출문제집/봉투모의고사

경찰공무원 기본서/기출문제집/모의고사/판례집/면접

소방공무원 기출문제집/실전, 봉투모의고사

맞춤형 화장품 조제관리사

검정고시 고졸/중졸 기본서/기출문제집/실전모의고사/총정리

사회복지사(1급) 기본서/기출문제집/핵심요약집

직업상담사(2급) 기본서/기출문제집

경비 기본서/기출/1차 한권끝장/2차 모의고사

전기기사 필기/실기/기출문제집

전기기능사 필기/실기

한국사능력검정시험 기본서/2주끝장/기출/우선순위50/초등

조리기능사 필기/실기

제과제빵기능사 필기/실기

SMAT 모듈A/B/C

ERP정보관리사 회계/인사/물류/생산(1, 2급)

전산세무회계 기초서/기본서/기출문제집

어문회 한자 2급 | 상공회의소한자 3급

ToKL 한권끝장/2주끝장

KBS한국어능력시험 한권끝장/2주끝장/문제집/기출문제집

한국실용글쓰기

매경TEST 기본서/문제집/2주끝장

TESAT 기본서/문제집/기출문제집

스포츠지도사 필기/실기구술 한권끝장

산업안전기사 | 산업안전산업기사

위험물산업기사 | 위험물기능사

무역영어 1급 | 국제무역사 1급

운전면허 1종·2종

컴퓨터활용능력 | 워드프로세서

월간시사상식 | 일반상식

월간NCS | 매1N

NCS 통합 | 모듈형 | 피듈형

PSAT형 NCS 수문끝

PSAT 기출완성 | 6대 출제사 찐기출문제집

한국철도공사 | 서울교통공사 | 부산교통공사

국민건강보험공단 | 한국전력공사

한수원 | 수자원 | 토지주택공사

행과연 | 기업은행 | 인천국제공항공사

대기업 인적성 통합 | GSAT

LG | SKCT | CJ | L-TAB

ROTC·학사장교 | 부사관

합격자 모임 실제 현장
(서울 강남 코엑스)

eduwill 에듀윌 합격자 모임

우리는 평생을 함께할
에듀윌 동문입니다

6년간 아무도 깨지 못한 기록
합격자 수 1위
에듀윌

• 공인중개사 최다 합격자 배출 공식 인증
(KRI 한국기록원 / 2016, 2017, 2019년 인증, 2022년 현재까지 업계 최고 기록)